Treaty Series

Treaties and international agreements registered or filed and recorded with the Secretariat of the United Nations

VOLUME 3181

Recueil des Traités

Traités et accords internationaux enregistrés ou classés et inscrits au répertoire au Secrétariat de l'Organisation des Nations Unies

United Nations • Nations Unies
New York, 2025

Print ISBN: 978-92-1-003252-0
e-ISBN: 978-92-1-106681-4
ISSN: 0379-8267
e-ISSN: 2412-1495

TABLE OF CONTENTS

I

Treaties and international agreements registered in March 2017 Nos. 54391 to 54401

TABLE DES MATIÈRES

I

Traités et accords internationaux
enregistrés en mars 2017
N°s 54391 à 54401

NOTE BY THE SECRETARIAT

Under Article 102 of the Charter of the United Nations, every treaty and every international agreement entered into by any Member of the United Nations after the coming into force of the Charter shall, as soon as possible, be registered with the Secretariat and published by it. Furthermore, no party to a treaty or international agreement subject to registration which has not been registered may invoke that treaty or agreement before any organ of the United Nations. The General Assembly, by resolution 97 (I), established regulations to give effect to Article 102 of the Charter (see text of the regulations, vol. 859, p. VIII; https://treaties.un.org/Pages/Resource.aspx?path=Publication/Regulation/Page1_en.xml).

The terms "treaty" and "international agreement" have not been defined either in the Charter or in the regulations, and the Secretariat follows the principle that it acts in accordance with the position of the Member State submitting an instrument for registration that, so far as that party is concerned, the instrument is a treaty or an international agreement within the meaning of Article 102. Registration of an instrument submitted by a Member State, therefore, does not imply a judgement by the Secretariat on the nature of the instrument, the status of a party or any similar question. It is the understanding of the Secretariat that its acceptance for registration of an instrument does not confer on the instrument the status of a treaty or an international agreement if it does not already have that status, and does not confer upon a party a status which it would not otherwise have.

*

* *

Disclaimer: All authentic texts in the present Series are published as submitted for registration by a party to the instrument. Unless otherwise indicated, the translations of these texts have been made by the Secretariat of the United Nations, for information.

NOTE DU SECRÉTARIAT

Aux termes de l'Article 102 de la Charte des Nations Unies, tout traité ou accord international conclu par un Membre des Nations Unies après l'entrée en vigueur de la Charte sera, le plus tôt possible, enregistré au Secrétariat et publié par lui. De plus, aucune partie à un traité ou accord international qui aurait dû être enregistré mais ne l'a pas été ne pourra invoquer ledit traité ou accord devant un organe de l'Organisation des Nations Unies. Par sa résolution 97 (I), l'Assemblée générale a adopté un règlement destiné à mettre en application l'Article 102 de la Charte (voir texte du règlement, vol. 859, p. IX; https://treaties.un.org/Pages/Resource.aspx?path=Publication/Regulation/Page1_fr.xml).

Les termes « traité » et « accord international » n'ont été définis ni dans la Charte ni dans le règlement, et le Secrétariat a pris comme principe de s'en tenir à la position adoptée à cet égard par l'État Membre qui a présenté l'instrument à l'enregistrement, à savoir que, en ce qui concerne cette partie, l'instrument constitue un traité ou un accord international au sens de l'Article 102. Il s'ensuit que l'enregistrement d'un instrument présenté par un État Membre n'implique, de la part du Secrétariat, aucun jugement sur la nature de l'instrument, le statut d'une partie ou toute autre question similaire. Le Secrétariat considère donc que son acceptation pour enregistrement d'un instrument ne confère pas audit instrument la qualité de traité ou d'accord international si ce dernier ne l'a pas déjà, et qu'il ne confère pas à une partie un statut que, par ailleurs, elle ne posséderait pas.

*

* *

Déni de responsabilité : Tous les textes authentiques du présent Recueil sont publiés tels qu'ils ont été soumis pour enregistrement par l'une des parties à l'instrument. Sauf indication contraire, les traductions de ces textes ont été établies par le Secrétariat de l'Organisation des Nations Unies, à titre d'information.

I

Treaties and international agreements registered in March 2017 Nos. 54391 to 54401

Traités et accords internationaux enregistrés en mars 2017 Nos 54391 à 54401

No. 54391

United Kingdom of Great Britain and Northern Ireland and Uzbekistan

Agreement between the Government of the United Kingdom of Great Britain and Northern Ireland and the Government of the Republic of Uzbekistan on the air transit of cargo and personnel through the territory of the Republic of Uzbekistan in connection with the participation of the United Kingdom of Great Britain and Northern Ireland in efforts to ensure the security, stabilisation and reconstruction of the Islamic Republic of Afghanistan (with annex). Tashkent, 5 September 2012

Entry into force: *18 May 2013 by notification, in accordance with article 23*

Authentic texts: *English and Russian*

Registration with the Secretariat of the United Nations: *United Kingdom of Great Britain and Northern Ireland, 28 March 2017*

Royaume-Uni de Grande-Bretagne et d'Irlande du Nord et Ouzbékistan

Accord entre le Gouvernement du Royaume-Uni de Grande-Bretagne et d'Irlande du Nord et le Gouvernement de la République d'Ouzbékistan sur le transport aérien de marchandises et de personnel en transit sur le territoire de la République d'Ouzbékistan dans le cadre de la participation du Royaume-Uni de Grande-Bretagne et d'Irlande du Nord aux efforts visant à assurer la sécurité, la stabilisation et la reconstruction de la République islamique d'Afghanistan (avec annexe). Tachkent, 5 septembre 2012

Entrée en vigueur : *18 mai 2013 par notification, conformément à l'article 23*

Textes authentiques : *anglais et russe*

Enregistrement auprès du Secrétariat de l'Organisation des Nations Unies : *Royaume-Uni de Grande-Bretagne et d'Irlande du Nord, 28 mars 2017*

[TEXT IN ENGLISH – TEXTE EN ANGLAIS]

AGREEMENT BETWEEN THE GOVERNMENT OF THE UNITED KINGDOM OF GREAT BRITAIN AND NORTHERN IRELAND AND THE GOVERNMENT OF THE REPUBLIC OF UZBEKISTAN ON THE AIR TRANSIT OF CARGO AND PERSONNEL THROUGH THE TERRITORY OF THE REPUBLIC OF UZBEKISTAN IN CONNECTION WITH THE PARTICIPATION OF THE UNITED KINGDOM OF GREAT BRITAIN AND NORTHERN IRELAND IN EFFORTS TO ENSURE THE SECURITY, STABILISATION AND RECONSTRUCTION OF THE ISLAMIC REPUBLIC OF AFGHANISTAN

The Government of the United Kingdom of Great Britain and Northern Ireland, and the Government of the Republic of Uzbekistan (hereinafter referred to as the "Parties"),

Mindful of Resolution 1386 (2001) of the United Nations Security Council adopted on 20 December 2001 on the basis of Chapter VII of the United Nations Charter as well as all relevant resolutions of the United Nations Security Council that call upon neighbouring states of the Islamic Republic of Afghanistan and other member states of the United Nations to provide to the International Security Assistance Force (ISAF), including the United Kingdom of Great Britain and Northern Ireland (hereinafter referred to as the UK), any such necessary assistance as may be required,

Noting that the Parties are parties to the Agreement between the member states of the North Atlantic Treaty and other states participating in "Partnership for Peace" on the status of their Armed Forces, concluded in Brussels on 19 June 1995 ;

Have agreed the following:

ARTICLE 1

This Agreement, which defines the procedure for the transit by the UK through the airspace of the Republic of Uzbekistan of cargo and personnel for the purposes of supporting the efforts to provide for the security, stabilisation and reconstruction of the Islamic Republic of Afghanistan (hereinafter "Afghanistan"), constitutes a substantial contribution on the part of the Republic of Uzbekistan to these international efforts.

ARTICLE 2

The following definitions are used for the purposes of this Agreement:

"aircraft" – UK military transport aircraft or a civil aircraft chartered by the UK;

"cargo":

- resources of a humanitarian nature, including food products, medicine, equipment and materials intended for free distribution amongst the population of Afghanistan;
- vital supplies intended for UK personnel and UK contractor personnel;
- arms, military equipment and military property intended for UK personnel in accordance with the list of categories of cargo attached to this Agreement, with the exception of nuclear, chemical, biological (bacteriological) weapons and their components in accordance with their definitions in international conventions to which the Parties are subscribed;

"UK personnel" – military and civilian personnel of the UK Government, including personnel of other States serving with or employed by the UK Armed Forces;

"UK contractor personnel" – personnel hired by a legal entity which has entered into an agreement with the UK Government, or is acting in its name;

"territory of the Republic of Uzbekistan" – land areas and territorial bodies of water adjacent thereto, and also the airspace above such areas and under the sovereignty of the Republic of Uzbekistan;

"technical experts" – UK personnel specialising in aircraft maintenance;

"identification card of UK personnel" – identity card with a photograph issued by the UK, with the surname, initials, date of birth, rank, staff number and arm of service stated (if such things are present);

"transit" – the movement by aircraft through the airspace of the Republic of Uzbekistan of UK cargo, personnel and UK contractor personnel, commencing and concluding outside the territory of the Republic of Uzbekistan;

"authorisation for transit" – authorisation granted by the competent authority of the Uzbek Party, within the framework of this Agreement and in accordance with the procedure established by the legislation of the Republic of Uzbekistan, for a series of flights (or an individual flight in exceptional circumstances) through the airspace of the Republic of Uzbekistan by aircraft with cargo and personnel over the period of 30 (thirty) days, but no more than 10 (ten) overflights per day.

"Force majeure" – circumstances arising as a result of uncontrollable or unforeseeable external events, beyond the control of the Parties, which prevent the obligations assumed under this Agreement from being fulfilled.'

ARTICLE 3

The transit shall be made along the air corridors of the Republic of Uzbekistan indicated in paragraph 2 of Article 8 of this Agreement, without intermediate landing on the territory of the Republic of Uzbekistan, with the exception of cases stipulated by paragraph 1 of Article 4 and paragraph 1 of Article 10 of this Agreement.

ARTICLE 4

1. Intermediate landing of an aircraft on the territory of the Republic of Uzbekistan can be effected in the event of an emergency situation onboard and/or in the event of force majeure hindering the transit.

2. All aircraft that have made an unscheduled landing at any airport made available by the Uzbek Party, as stipulated by this Article, shall vacate the airport once the reasons for the unscheduled landing have been eliminated.

3. The Uzbek Party shall assist personnel of the British Embassy in the Republic of Uzbekistan in getting access to an aircraft that has effected a landing in accordance with the procedure, as established in the legislation of the Republic of Uzbekistan, for assisting UK personnel and UK contractor personnel onboard an aircraft in cooperation with representatives of the airport and the relevant state bodies of the Republic of Uzbekistan. In such cases the surnames and first names of the personnel of the Office of the Defence Attaché of the British Embassy in the Republic of Uzbekistan shall be officially communicated to the Ministry of Foreign Affairs of the Republic of Uzbekistan in the shortest possible timeframe.

4. In cases stipulated in paragraph 1 of this Article, the Uzbek Party shall allow UK technical experts and equipment access to the aircraft in order to carry out maintenance works. Such technical experts shall come to the territory of the Republic of Uzbekistan on a visa-free basis if they are in possession of a passport or, in relevant cases, a UK personnel identity card (on a visa-free basis and without a passport) and are to leave the Republic of Uzbekistan in the shortest possible timeframe once the maintenance works have been performed.

ARTICLE 5

The airspace of the Republic of Uzbekistan shall be used by aircraft on the basis of transit authorisation granted by the Uzbek Party in accordance with the request of the UK via diplomatic channels.

ARTICLE 6

1. In the request of the UK for authorisation for transit the following information shall be indicated:

a) types of aircraft used by the UK (main and reserves);

b) the number of personnel, information about the country of origin of the cargo to be transported, information about the nature of the cargo in accordance with the Foreign Economic Activity Commodity Nomenclature code (TN VED) of the Republic of Uzbekistan, the classification of the UN, the item's classification code, the aggregate state, hazardous properties. In extremis, if the Uzbek Party makes an enquiry, the UK shall provide additional detailed information about the personnel and cargo which is due to be transited;

c) the itinerary of the flights, points of entry into and exit from the airspace of the Republic of Uzbekistan;

d) the total number of planned flights;

e) the origin, owner and place of registration of the aircraft and full name and legal address of the operator of the aircraft;

f) the method of payment for the air navigation service in the airspace of the Republic of Uzbekistan, with the payer's address, telephone and fax specified.

2. In the event that there are no obstacles to carrying out the transit, the Uzbek Party is to grant and send the authorisation for transit to the UK no later than 20 (twenty) days after the date on which the request for such authorisation is received.

3. In the event that the authorisation for transit is annulled the UK or the operator of the civil aircraft that is chartered by the UK is to ensure at their expense the exit of the relevant aircraft, with any cargo, UK personnel and UK contractor personnel onboard, from the airspace of the Republic of Uzbekistan via the point of its entry into the airspace of the Republic of Uzbekistan or, if so required for technical reasons, via a point located nearby, without completing the transit through the airspace of the Republic of Uzbekistan to the aircraft's planned destination.

ARTICLE 7

1. For the purposes of regulating air traffic in the airspace of the Republic of Uzbekistan the UK is to provide notification of the carrying out of each flight before 09.00 Coordinated Universal Time (UTC) on the day preceding the day on which the aircraft is to take off by means of sending the notification to the address of the Air Traffic Flight Management Unit (UTTTZDZX) of the Republic of Uzbekistan, containing the following information:

a) name of the operator of the aircraft and the three-character code in accordance with the International Civil Aviation Organisation ("ICAO") classification;

b) information about the aircraft:

   1) the type of the aircraft according to the ICAO classification;

   2) the identification number of the aircraft (flight number and call sign);

   3) the registration number of the aircraft;

   4) the take off/end-of-mission aircraft weight;

   5) the type of navigation and communications equipment;

   6) the operator of the aircraft and its registered address;

c) information about the crew:

   1) the captain of the aircraft;

   2) the number of crew members (with their citizenship stated);

d) information about the planned flight:

1) purpose of the flight;

2) date of the flight and the flight schedule in UTC specifying the point of take off and landing (in ICAO codes), the points and estimated time of entry into and exit from the airspace of the Republic of Uzbekistan;

3) the route and altitude of the flight in the airspace of the Republic of Uzbekistan;

4) the passengers (number, citizenship);

5) a list of the cargo being transported and the nature thereof;

6) the presence onboard of weapons and ammunition in the possession of UK personnel, and also video and photo cameras;

e) the method of payment for the air navigation service in the airspace of the Republic of Uzbekistan with the payer's address, bank details, telephone and fax stated.

2. No later than 4 (four) hours before each planned take off of an aircraft the UK is to provide the flight plan in ICAO format to the address of the Air Traffic Flight Management Unit (UTTTZDZX) of the Republic of Uzbekistan and the air traffic authorities of the Republic of Uzbekistan in respect of the direction of the flight path:

a) by the UK as applied to a UK military transport aircraft; or

b) by the operator of the aircraft appointed by a representative or another commercial enterprise using the aircraft, or by another organisation acting in its name – as applied to a civil aircraft chartered by the UK.

3. Any aircraft in respect of which notification and a flight plan have not been sent to the Air Traffic Flight Management Unit (UTTTZDZX) of the Republic of Uzbekistan is forbidden from entering the airspace of the Republic of Uzbekistan.

ARTICLE 8

1. The State Border of the Republic of Uzbekistan shall be crossed in an aircraft, and flights in the airspace of the Republic of Uzbekistan shall be made, in accordance with the legislation of the Republic of Uzbekistan, and also in accordance with the provisions of the Aeronautical Information Publication (AIP) of the Republic of Uzbekistan and this Agreement.

2. Flights of aircraft through the airspace of the Republic of Uzbekistan shall be carried out only along the following air corridors that have been specially allocated by the Uzbek Party:

a) KUNAS (305 km west of Nukus) – B275 – TMD – B275 – DY – B275 – HA – A466 – AMDAR (10 km south of Termez);

b) DIDOP (180 km north of Uchkuduk) – A66 – TMD – B275 – DY – B275 – HA – A466 – AMDAR (10 km south of Termez);

c) ASLOK (115 km west of Syrdarya) – A359 – PD – A230 – DS – A66 – TRZ – A466 – AMDAR (10 km south of Termez);

3. The UK shall not refuel its aircraft in the airspace of the Republic of Uzbekistan.

ARTICLE 9

1. The Uzbek Party has the right to refuse to grant the transit authorisation requested by the UK in accordance with Article 6 of this Agreement, to annul it or to suspend the validity of authorisation that has been granted if the Uzbek Party has established that the conveyance of UK cargo and personnel and UK contractor personnel does not conform to the purposes and provisions of this Agreement or could threaten the national security of the Republic of Uzbekistan, and also in other cases stipulated by the legislation of the Republic of Uzbekistan.

2. The Uzbek Party shall notify the UK within the most reasonable timeframe of any decision concerning a refusal to grant authorisation for transit or concerning its annulment, or of the suspension of the validity of authorisation that has been granted.

ARTICLE 10

1. The Uzbek Party can exercise its sovereign right to direct to land an aircraft making a flight in accordance with this Agreement.

2. In the event of the landing of an aircraft on the territory of the Republic of Uzbekistan, the UK shall, at the request of the Uzbek Party, provide the necessary confirmation of the fact that the cargo is or was intended for the purpose of providing for the security, stabilisation and reconstruction of Afghanistan.

3. In the event of the landing of an aircraft on the territory of the Republic of Uzbekistan, the Uzbek Party may conduct regular inspections:

(a) of the air waybill, goods bill of lading or another similar document for the purpose of determining whether the cargo is or was intended for the purpose of providing for the security, stabilisation and reconstruction of Afghanistan;

(b) of documentation relating to UK personnel and UK contractor personnel onboard the aircraft, for the purposes of border and customs control.

4. When undergoing border and customs control within the framework of this Agreement, the UK must comply with the legislation of the Republic of Uzbekistan. The UK shall take measures to ensure that the cargo meets the requirements of the legislation of the Republic of Uzbekistan, including sanitary-epidemiological, veterinary and phytosanitary regulations.

5. The customs authorities of the Republic of Uzbekistan have the right to conduct a customs inspection onboard an aircraft. In the event of an inspection of the cargo, UK personnel and UK contractor personnel being transported by civil aircraft chartered by the UK, the UK is to allow the competent authorities of the Uzbek Party access to the aircraft for the inspection.

6. In the event of there being grounds on the part of the representatives of the customs control bodies of the Republic of Uzbekistan to think that the cargo being transported on the civil aircraft does not correspond to the declared specifications and/or any other document, this cargo must be unloaded in part or in full for further examination if it cannot be inspected to a sufficient degree onboard the aircraft.

7. In the event of a request on the part of the Uzbek Party for an inspection of a UK military transport aircraft, the UK shall either unload the cargo and get UK personnel off the plane to carry out an inspection outside the aircraft, or as an alternative take the decision to fly the aircraft out of the territory of the Republic of Uzbekistan via the point of its entry into the airspace of the Republic of Uzbekistan or, if so required for technical reasons, via a point nearby, without completing the transit through the airspace of the Republic of Uzbekistan to the aircraft's scheduled destination.

8. If the customs and border authorities of the Republic of Uzbekistan exercise their right to conduct an inspection of the cargo and the personnel for the purposes described in this Article, a certificate of inspection shall be written up in respect of such an inspection and the results thereof in Uzbek and/or Russian, a copy of which shall be sent to and signed by the UK. If, during the inspection that is conducted in accordance with this Article, cargo and/or personnel not relating to the definitions specified in Article 2 of this Agreement are discovered, the Parties shall hold a consultation to resolve such a situation.

ARTICLE 11

1. The transit of UK personnel and UK contractor personnel through the territory of the Republic of Uzbekistan is to be conducted on a visa-free basis if there is a passport or, in appropriate cases, a UK personnel identity card (on a visa-free basis and without a passport).

2. UK personnel and UK contractor personnel, when on the territory of the Republic of Uzbekistan, in those cases stipulated in Articles 4 and 10 of this Agreement, are to cooperate with the Uzbek Party in respect of all matters relating to their stay.

ARTICLE 12

1. Respect for the legislation, and non-interference in the internal affairs, of the Republic of Uzbekistan is an obligation of UK personnel when on the territory of the Republic of Uzbekistan in accordance with this Agreement.

2. UK contractor personnel, when on the territory of the Republic of Uzbekistan in accordance with this Agreement, are to observe the legislation of the Republic of Uzbekistan and are not to interfere in the internal affairs of the Republic of Uzbekistan.

3. The UK is to guarantee that UK personnel and UK contractor personnel are informed of their responsibilities.

ARTICLE 13

UK personnel and UK contractor personnel, when on the territory of the Republic of Uzbekistan, can leave an aircraft only with the authorisation of the competent authorities of the Uzbek Party. UK personnel and UK contractor personnel may not leave an aircraft when bearing arms.

ARTICLE 14

In the event of landing and at the request of the commander of an aircraft (in the case of a UK military transport aircraft) or the captain of an aircraft (in the case of a civil aircraft chartered by the UK), the competent authorities of the Uzbek Party authorise the provision to UK personnel and UK contractor personnel of standard medical attention and everyday amenities and the suppliers shall be reimbursed the cost of any services and medical attention rendered.

ARTICLE 15

1. During their stay on the territory of the Republic of Uzbekistan within the framework of this Agreement, UK personnel and UK contractor personnel shall be subject to the jurisdiction of the Republic of Uzbekistan, with the exception of those cases indicated in paragraph 2 of this Article.

2. The jurisdiction of the Republic of Uzbekistan does not apply to UK personnel during their stay on the territory of the Republic of Uzbekistan within the framework of this Agreement:

a) in the event that an offence has been committed by UK personnel exclusively against the property or state security of the UK, or against the person or property of UK personnel;

b) in the event that UK personnel have committed legal violations resulting from an action or negligence in the course of the fulfilment of their official duties.

3. Immunity from the jurisdiction of the Republic of Uzbekistan in accordance with paragraph 2 of this Article does not exempt UK personnel from UK jurisdiction. The UK is to notify the Uzbek Party of any decisions taken in respect of such matters.

ARTICLE 16

1. Aircraft flying in transit through the airspace of the Republic of Uzbekistan in accordance with this Agreement must not have or make use onboard of a video or photo camera, or of other corresponding devices designed for carrying out reconnaissance and surveillance.

2. Telecommunications devices used by aircraft must conform to the Constitution and Convention of the International Telecommunication Union (Geneva, 22 December 1992) , with amendments.

ARTICLE 17

1. When carrying out transit flights in the airspace of the Republic of Uzbekistan in accordance with this Agreement, the UK is to pay the tolls for the air navigation services in accordance with the provisions of the AIP of the Republic of Uzbekistan.

2. The UK shall take measures to ensure the serviceability of the technical means of communication between the body servicing the air traffic of Afghanistan and the body servicing the air traffic of the Republic of Uzbekistan for the coordination of their actions in servicing air traffic.

ARTICLE 18

1. Information received by one of the Parties in relation to transit cannot be passed on to a third party without the prior written consent of the Party that presented such information.

2. Paragraph 1 of this Article does not apply to information presented by the UK to the Uzbek Party in accordance with Articles 6 and 7 of this Agreement. Such information can be passed on to a third party exclusively for the purpose of assisting transit within the framework of this Agreement.

ARTICLE 19

This Agreement shall not affect the rights and obligations of either Party under any international agreements to which it is party.

ARTICLE 20

1. Claims for damage caused during the carrying out of transit within the framework of the present Agreement, depending on the case in question, shall be met:

a) by the physical and/or legal entities responsible for the damage;

b) by means of consultation between the Parties;

c) in accordance with the provisions of Article VIII of the Agreement between the Parties to the North Atlantic Treaty regarding the Status of their Forces, signed in London on 19 June 1951 , once consultations have been conducted.

2. The UK is to ensure that the operators of civil aircraft chartered by the UK have sufficient insurance cover for the settlement of any claims that may arise during any stay on the territory of the Republic of Uzbekistan.

ARTICLE 21

In the event that this Agreement ceases to be in effect in accordance with Article 23, the authorisation for transit is annulled from the date on which this Agreement ceases to be in effect.

ARTICLE 22

1. The Parties may hold consultations on organisational-technical issues relating to the implementation of this Agreement.

2. Disputes relating to the application and interpretation of this Agreement are to be resolved by means of consultation and negotiations between the Parties

ARTICLE 23

1. This Agreement shall enter into force on the date of the last written notification via diplomatic channels of the Parties' completion of internal procedures necessary for it to enter into force.

2. By written consent of the Parties, amendments and supplements may be made to this Agreement, to be covered by separate protocols, which shall form an integral part thereof and shall enter into force in accordance with the procedure established for this Agreement.

3. This Agreement shall remain in force for a period of one year and if necessary its period of validity may be extended for a year by mutual written consent of the Parties by notification via diplomatic channels.

4. Either Party may terminate at any time the operation of this Agreement by giving at least 30 days written notice via diplomatic channels of their intention to terminate.

Done in Tashkent on this 5th day of September 2012 in duplicate, in the English and Russian languages, both texts being equally authentic.

For the Government of the United Kingdom of Great Britain and Northern Ireland:

AIR VICE MARSHAL GRAHAM HOWARD

For the Government of the Republic of Uzbekistan:

ABDULAZIZ KOMILOV

ANNEX

CATAGORIES OF UK EQUIPMENT THAT MAY TRANSIT THE AIRSPACE OF THE REPUBLIC OF UZBEKISTAN

The following categories of cargo, including all of their subcategories, are authorised to transit through the airspace of the Republic of Uzbekistan:

EQUIPMENT CATEGORY	SUMMARY DESCRIPTION	EXAMPLES
Aircraft	Helicopters	Chinook, Merlin, Sea King, Puma, Lynx, Apache
	Fixed Wing Aircraft	Tornado GR4, UAVs, ISTAR (UN Code 8802)
Vehicles	Motorised Armoured Vehicles	Buffalo, CAT 257, CAT 434E, CAT 938G, Coyote, Foxhound, HET, Husky, Iveco SLDT, Jackal, King Trailer, Mastiff, Panther, Ridgeback, Snatch Vixen, SY 15T, Vector, Warthog, Wolfhound
	Motorised Protected Support / Plant Vehicles	Trucks, Tractors, Diggers, Bridging Vehicles, Forklift Trucks
Weapons and Munitions	Military Explosives	Explosives, Fuses, Flares, Small Arms Ammunition, Mortar Rounds, Specialist Demolition Munitions, Specialist CIED Explosives, Bombs (UN Codes 360100 000 0, 360200 000 0, 3603 00, 3604 90 000 0, 9306),
	Weapons and Firearms	Personal Weapons, Pistols, Revolvers, Support Weapons, Mortars (UN Codes 9013, 9301, 9302 00 000 0, 9303)
Spares	Spare Parts	Equipment spares, Weapon spares (UN Code 9305)
	Aircraft Spares	Engines, Drop Tanks, Wheels, Tyres
	Vehicle Spares	Axles, Engines, Wheels, Tyres, Armoured Windscreens and Windows,
Engineering	Infrastructure Support	Tents, Generators, Water Purification Systems, Lighting systems
	Combat Engineering	Bridging Equipment, Force Protection Equipment
Medical	Hospital Support	Beds, Screens, Trolleys, Operating Tables, X-Ray Machines, Anesthetic Machines, Dental Surgical Machines, Monitors, Blood Transfusion Equipment, Surgical Equipment, Small Medical and Dental Modules

Catering	Kitchen Equipment	Cookers, Ovens, Cutlery, Crockery
Information Technology / Communications	Electronic Equipment	Desktop Computers, Laptops, Mass Storage Devices, Printers, Fax machines, Tactical Radios, Telephones, Radar and radio navigation equipment (UN Code 8526)
Oils and Lubricants		Specialist fuel, oils, lubricants, Compressed Gas Cylinders
General Stores	Miscellaneous	Clothing, Office stores, Furniture
	Personal Baggage	Personal baggage of personnel in transit

[TEXT IN RUSSIAN – TEXTE EN RUSSE]

Соглашение
между Правительством Соединенного Королевства Великобритании и Северной Ирландии и Правительством Республики Узбекистан о воздушном транзите груза и персонала через территорию Республики Узбекистан в связи с участием Соединенного Королевства Великобритании и Северной Ирландии в усилиях по обеспечению безопасности, стабилизации и восстановлению Исламской Республики Афганистан

Правительство Республики Узбекистан и Правительство Соединенного Королевства Великобритании и Северной Ирландии, именуемые в дальнейшем «Сторонами»,

принимая во внимание Резолюцию 1386 (2001), принятую Советом Безопасности ООН 20 декабря 2001 года на основании Главы VII Устава ООН, а также всех соответствующих резолюций Совета Безопасности Организации Объединенных Наций, которые призывают государства, соседние с Исламской Республикой Афганистан и другие государства-члены ООН предоставить Международным силам содействия безопасности (МССБ), включая Соединенное Королевство Великобритании и Северной Ирландии (далее – Великобритания), такую необходимую помощь, которая может потребоваться;

отмечая, что Стороны являются участниками Соглашения между государствами-участниками Североатлантического договора и другими государствами, участвующими в программе «Партнерство во имя мира», относительно статуса их вооруженных сил, подписанного в Брюсселе 19 июня 1995 года;

договорились о нижеследующем:

Статья 1

Настоящее Соглашение, в котором определяется порядок осуществления транзита Британской Стороной через воздушное пространство Республики Узбекистан груза и персонала в целях поддержки усилий по обеспечению безопасности, стабилизации и восстановлению Исламской Республики Афганистан (в дальнейшем - Афганистан), представляет собой весомый вклад Республики Узбекистан в эти международные усилия.

Статья 2

Для целей настоящего Соглашения используемые в нем термины означают следующее:

«воздушное судно» - военно-транспортное воздушное судно Правительства Соединенного Королевства Великобритании и Северной Ирландии или гражданское воздушное судно, зафрахтованное Британской Стороной;

«груз»:

- средства гуманитарного характера, в том числе продукты питания, медицинские препараты, оборудование и материалы, предназначенные для безвозмездного распространения среди населения Афганистана;

- средства обеспечения жизнедеятельности, предназначенные для персонала Великобритании и персонала подрядчиков Великобритании;

- вооружение, военная техника и военное имущество, предназначенные для персонала Великобритании (согласно прилагаемому списку категорий грузов, являющемуся приложением к настоящему Соглашению), за исключением ядерного, химического, биологического (бактериологического) оружия и их компонентов согласно их определениям в международных конвенциях, участниками которых являются Стороны;

«персонал Великобритании» - военнослужащие и гражданские служащие Правительства Великобритании, включая представителей других государств, проходящих службу или нанятых Вооруженными Силами Великобритании;

«персонал подрядчиков Великобритании» - персонал, нанятый юридическим лицом, состоящим в договорных отношениях с Правительством Великобритании, либо действующим от его имени;

«территория Республики Узбекистан» - земельные площади и прилегающие к ним территориальные воды, а также воздушное пространство, расположенное над ними и находящееся под суверенитетом Республики Узбекистан;

«технические эксперты» - специалисты Британской Стороны по ремонту воздушных судов;

«идентификационная карточка персонала Великобритании» - удостоверение личности с фотографией, выданное Британской стороной, с указанием фамилии, инициалов, даты рождения, звания, личного номера и рода войск (в случае наличия таковых);

«транзит» - осуществляемое воздушными судами перемещение через воздушное пространство Республики Узбекистан груза, персонала Великобритании и персонала подрядчиков Великобритании, начинающееся и заканчивающееся за пределами территории Республики Узбекистан;

«разрешение на транзит» - разрешение, выдаваемое компетентным органом Узбекской Стороны, в рамках настоящего Соглашения в порядке, установленном законодательством Республики Узбекистан, на серию полетов (или отдельный полет в исключительных случаях) через воздушное пространство Республики Узбекистан, осуществляемых воздушными судами с грузом и персоналом в течение 30 (тридцати) суток, но не более 10 (десяти) пролетов в сутки.

«Форс-мажорные обстоятельства» - обстоятельства, возникшие вследствие непреодолимой силы или непредвиденных внешних событий, неподконтрольных Сторонам, препятствующие выполнению обязательств в рамках настоящего Соглашения.

Статья 3

Транзит осуществляется по воздушным коридорам Республики Узбекистан, указанным в пункте 2 статьи 8 настоящего Соглашения, без совершения промежуточной посадки на территории Республики Узбекистан, за исключением случаев, предусмотренных пунктом 1 статьи 4 и пунктом 1 статьи 10 настоящего Соглашения.

Статья 4

1. Промежуточная посадка воздушного судна на территории Республики Узбекистан может быть произведена в случае аварийной ситуации на борту и/или форс-мажорных обстоятельств, препятствующих осуществлению транзита.

2. Все воздушные суда, совершившие незапланированную посадку в каком-либо аэропорту, предоставленном Узбекской Стороной, как предусмотрено настоящей статьей, покидают аэропорт по устранении причин незапланированной посадки.

3. Узбекская Сторона содействует доступу к совершившему посадку воздушному судну сотрудникам Посольства Великобритании в Республике Узбекистан в установленном законодательством Республики Узбекистан порядке для содействия персоналу Великобритании и персоналу подрядчиков Великобритании на борту воздушного судна во взаимодействии с представителями аэропорта и компетентными государственными органами Республики Узбекистан. В таких случаях, фамилии и имена сотрудников Офиса военного атташе Посольства

Великобритании в Республике Узбекистан официально сообщаются в Министерство иностранных дел Республики Узбекистан в максимально короткие сроки.

4. В случаях, предусмотренных в пункте 1 настоящей статьи, Узбекская Сторона предоставляет доступ техническим экспертам и оборудованию Великобритании к воздушному судну для осуществления ремонта. Такие технические эксперты прибывают на территорию Республики Узбекистан на безвизовой основе при наличии паспортов или, в соответствующих случаях, идентификационной карточки персонала Великобритании (на безвизовой основе и без паспорта) и покидают Республику Узбекистан в возможно кратчайший срок после завершения ремонтных работ.

Статья 5

Воздушное пространство Республики Узбекистан используется воздушными судами на основании разрешения на транзит, выданного Узбекской Стороной в соответствии с запросом Британской Стороны по дипломатическим каналам.

Статья 6

1. В запросе Британской Стороны на получение разрешения на транзит указывается следующая информация:

a) типы воздушных судов, используемых Британской Стороной (основных и резервных);

b) расчетное количество персонала, наименование и общее описание перевозимого груза (информация о стране происхождения груза, сведения о характере груза по Товарной номенклатуре внешнеэкономической деятельности (ТН ВЭД) Республики Узбекистан, номенклатуре ООН, классификационный шифр вещества, агрегатное состояние, опасные свойства). В случае необходимости, по запросу Узбекской Стороны, Британская Сторона представляет дополнительную подробную информацию о персонале и грузе, планируемых к перевозке;

c) маршруты полётов, точки входа и выхода в воздушное пространство Республики Узбекистан;

d) общее количество планируемых полётов;

e) принадлежность, владелец и место регистрации воздушного судна, полное наименование и юридический адрес эксплуатанта воздушного судна;

f) форма оплаты за аэронавигационное обслуживание в воздушном пространстве Республики Узбекистан с указанием адреса плательщика, телефона и факса.

2. В случае, если не имеется никаких препятствий для осуществления транзита, Узбекская Сторона выдает и препровождает разрешение на транзит Британской Стороне не позднее 20 (двадцати) дней с даты получения запроса на такое разрешение.

3. В случае аннулирования разрешения на транзит Британская Сторона или эксплуатант гражданского воздушного судна, зафрахтованного Британской Стороной, обеспечивает за свой счет убытие соответствующего воздушного судна со всем находящимся на борту грузом, персоналом Великобритании и персоналом подрядчиков Великобритании из воздушного пространства Республики Узбекистан через точку его входа в воздушное пространство Республики Узбекистан или, если это потребуется по техническим причинам, через точку, расположенную рядом, без завершения транзита через воздушное пространство Республики Узбекистан в планируемый пункт назначения воздушного судна.

Статья 7

1. В целях регулирования потоков движения воздушных судов в воздушном пространстве Республики Узбекистан Британская Сторона представляет уведомление на выполнение каждого полета до 09.00 по универсальному скоординированному времени (UTC) дня, предшествующего дате вылета воздушного судна путем направления в адрес Главного центра единой системы управления использованием воздушного пространства (UTTTZDZX) Республики Узбекистан, содержащее следующую информацию:

a) наименование эксплуатанта воздушного судна и трехзначное обозначение по классификации ИКАО;

b) сведения о воздушном судне:

1) тип воздушного судна по классификации ИКАО;

2) опознавательный индекс воздушного судна (номер рейса и позывной);

3) регистрационный номер воздушного судна;

4) взлетно-посадочная масса воздушного судна;

5) тип навигационного и связного оборудования;

6) эксплуатант воздушного судна и его юридический адрес;

c) сведения об экипаже:

1) капитан воздушного судна;

2) количество членов экипажа (с указанием их гражданства);

d) информация о планируемом полете:

1) цель полета;

2) дата выполнения и график полета по UTC с указанием пункта вылета и посадки (в кодах ИКАО), точек и расчетного времени входа и выхода в/из воздушного пространства Республики Узбекистан;

3) маршрут и высота полета в воздушном пространстве Республики Узбекистан;

4) пассажиры (количество, гражданство);

5) перечень перевозимого груза и его характер;

6) наличие на борту оружия, боеприпасов у персонала Великобритании, а также кино- и фотоаппаратуры;

e) форма оплаты за аэронавигационное обслуживание в воздушном пространстве Республики Узбекистан с указанием адреса плательщика, банковских реквизитов, телефона и факса.

2. Британская Сторона не позднее чем за 4 (четыре) часа до каждого запланированного вылета воздушного судна представляет план полета в формате ИКАО в адреса Главного центра единой системы управления использованием воздушного пространства (UTTTZDZX) Республики Узбекистан и органов обслуживания воздушного движения Республики Узбекистан по направлению маршрута полета:

a) Британской Стороной применительно к военно-транспортному воздушному судну Правительства Великобритании; или

b) эксплуатантом воздушного судна, назначенным представителем или иным коммерческим предприятием, осуществляющим эксплуатацию воздушного судна, либо же действующей от его имени иной организацией - применительно к гражданскому воздушному судну, зафрахтованному Британской Стороной.

3. Вход в воздушное пространство Республики Узбекистан запрещен воздушному судну, для которого в Главный центр единой системы управления использованием воздушного пространства Республики Узбекистан (UTTTZDZX) не представлены уведомление и план полета.

Статья 8

1. Пересечение Государственной границы Республики Узбекистан воздушным судном и полеты в воздушном пространстве Республики Узбекистан выполняются согласно законодательству Республики Узбекистан, а также положениями Сборника аэронавигационной информации (AIP) Республики Узбекистан и настоящим Соглашением.

2. Полеты воздушных судов через воздушное пространство Республики Узбекистан осуществляются только по следующим специально выделенным Узбекской Стороной воздушным коридорам:

a) KUNAS (305 км западнее г. Нукус) - B275 - TMD - B275 - DY - B275 -HA - A466 - AMDAR (10 км южнее г. Термез);

b) DIDOP (180 км севернее г. Учкудук) - A66 - TMD - B275 - DY - B275 -HA - A466 - AMDAR (10 км южнее г. Термез);

c) ASLOK (115 км западнее г. Сырдарья) - A359 - PD - A230 - DS - A66 -TRZ - A466 - AMDAR (10 км южнее г. Термез);

3. Британская Сторона не может производить дозаправку воздушного судна в воздушном пространстве Республики Узбекистан.

Статья 9

1. Узбекская Сторона вправе отказать в выдаче разрешения на транзит, запрошенного Британской Стороной в соответствии со статьей 6 настоящего Соглашения, аннулировать его или приостановить действие выданного разрешения, если Узбекская Сторона установила, что перемещение груза и персонала Великобритании и персонала подрядчиков Великобритании не соответствует целям и положениям настоящего Соглашения или может представлять угрозу национальной безопасности Республики Узбекистан, а также в других случаях, предусмотренных законодательством Республики Узбекистан.

2. Узбекская Сторона уведомляет Британскую Сторону в максимально разумные сроки о любом своем решении, касающегося отказа в выдаче разрешения на транзит или его аннулировании, либо же о приостановлении действия выданного разрешения.

Статья 10

1. Узбекская Сторона может воспользоваться своим суверенным правом направления на посадку воздушного судна, совершающего полет в соответствии с настоящим Соглашением.

2. В случае посадки воздушного судна на территории Республики Узбекистан Британская Сторона, по запросу Узбекской Стороны, предоставляет необходимое подтверждение того, что груз предназначался/предназначен для целей обеспечения безопасности, стабилизации и восстановления Афганистана.

3. В случае посадки воздушного судна на территории Республики Узбекистан Узбекская Сторона может проводить регулярные проверки:

(a) авиагрузовой накладной, товаросопроводительной накладной или другого аналогичного документа в целях определения того, что груз предназначался/предназначен для целей обеспечения безопасности, стабилизации и восстановлению Афганистана;

(b) документации, относящейся к персоналу Великобритании и персоналу подрядчиков Великобритании, находящимся на борту воздушного судна, в целях пограничного и таможенного контроля.

4. Во время прохождения пограничного и таможенного контроля в рамках настоящего Соглашения Британская Сторона должна соблюдать законодательство Республики Узбекистан. Британская Сторона предпримет меры для обеспечения соответствия груза требованиям законодательства Республики Узбекистан, в том числе санитарно-эпидемиологическим, ветеринарным и фитосанитарным нормам.

5. Таможенные органы Республики Узбекистан имеют право проводить таможенный досмотр на борту воздушного судна. В случае досмотра груза, персонала Великобритании и персонала подрядчиков Великобритании, перевозимых гражданскими воздушными судами, зафрахтованными Британской Стороной, Британская Сторона обеспечивает доступ компетентных органов Узбекской Стороны на борт воздушного судна для досмотра.

6. В случае наличия у представителей органов таможенного контроля Республики Узбекистан оснований полагать, что груз перевозимый гражданским воздушным судном, не соответствует заявленной спецификации и/или иной документации, то этот груз должен быть частично или полностью выгружен для проведения дальнейшего досмотра, если он не может быть в достаточной степени досмотрен на борту воздушного судна.

7. В случае запроса Узбекской Стороны о досмотре военно-транспортных воздушных судов Правительства Великобритании, Британская Сторона либо выгружает груз и высаживает персонал Великобритании для прохождения досмотра за пределами воздушного судна, либо в качестве альтернативы принимает решение о вылете воздушного судна с территории Республики Узбекистан через пункт его входа в воздушное пространство Республики Узбекистан или, если это потребуется по техническим причинам, через пункт, расположенный рядом, без завершения транзита через воздушное пространство Республики Узбекистан в планируемый пункт назначения воздушного судна.

8. Если таможенные и пограничные органы Республики Узбекистан воспользуются правом проведения досмотра груза и персонала в целях, описанных в настоящей статье, то по такому досмотру и его результатам составляется акт досмотра на узбекском и/или русском языках, экземпляр которого передается Британской Стороне под роспись. Если в ходе досмотра, проводимого по данной статье, обнаружен груз и/или персонал, которые не относятся к определениям, указанным в статье 2 настоящего Соглашения, Стороны проводят консультации по разрешению данной ситуации.

Статья 11

1. Транзит персонала Великобритании и подрядчиков Великобритании через территорию Республики Узбекистан осуществляется на безвизовой основе при наличии паспорта или, в соответствующих случаях, идентификационной карточки персонала Великобритании (на безвизовой основе и без паспорта).

2. Персонал Великобритании и персонал подрядчиков Великобритании, находясь на территории Республики Узбекистан, в случаях, оговоренных в статьях 4 и 10 настоящего Соглашения, взаимодействуют с Узбекской Стороной по всем вопросам, связанным со своим пребыванием.

Статья 12

1. Уважение законодательства и невмешательство во внутренние дела Республики Узбекистан является обязанностью персонала Великобритании, находящегося на территории Республики Узбекистан в соответствии с настоящим Соглашением.

2. Персонал подрядчиков Великобритании, находящийся на территории Республики Узбекистан в соответствии с настоящим Соглашением, соблюдает законодательство Республики Узбекистан и не вмешивается во внутренние дела Республики Узбекистан.

3. Британская сторона гарантирует осведомленность персонала Великобритании и персонала подрядчиков Великобритании об их ответственности.

Статья 13

Персонал Великобритании и персонал подрядчиков Великобритании, находящиеся на территории Республики Узбекистан, могут покидать воздушное судно только при наличии разрешения компетентных органов Узбекской Стороны. Персонал Великобритании и персонал подрядчиков Великобритании не может покидать воздушное судно, имея при себе оружие.

Статья 14

В случае посадки и по запросу командира воздушного судна (в случае военно-транспортного воздушного судна Правительства Великобритании) или капитана воздушного судна (в случае гражданского воздушного судна, зафрахтованного Британской Стороной) компетентные органы Узбекской Стороны санкционируют предоставление персоналу Великобритании и персоналу подрядчиков Великобритании стандартного медицинского обслуживания и бытовых услуг на основе возмещения поставщикам стоимости предоставленных ими услуг и медицинского обслуживания.

Статья 15

1. На персонал Великобритании и персонал подрядчиков Великобритании во время их пребывания на территории Республики Узбекистан в рамках настоящего Соглашения распространяется юрисдикция Республики Узбекистан, за исключением случаев, указанных в пункте 2 настоящей статьи.

2. Юрисдикция Республики Узбекистан не распространяется на персонал Великобритании, во время его пребывания на территории Республики Узбекистан в рамках настоящего Соглашения:

a) в случае, если правонарушение совершено персоналом Великобритании и исключительно против собственности или государственной безопасности Британской Стороны, либо против личности или собственности персонала Великобритании;

b) в случае совершения персоналом Великобритании правонарушений, вытекающих из какого-либо действия или бездействия в ходе исполнения им служебных обязанностей.

3. Иммунитет от юрисдикции Республики Узбекистан в соответствии с пунктом 2 настоящей статьи не освобождает персонал Великобритании от юрисдикции Британской Стороны. Британская Сторона уведомляет Узбекскую Сторону о решениях, принятых в отношении таких дел.

Статья 16

1. Воздушное судно, пролетающее транзитом через воздушное пространство Республики Узбекистан в соответствии с настоящим Соглашением, не должно иметь или не должны использовать на борту кино- и фотоаппаратуру, а также другие соответствующие средства, предназначенные для проведения разведки и наблюдения.

2. Средства телекоммуникаций, используемые воздушными судами, должны соответствовать Уставу и Конвенции Международного союза электросвязи (Женева, 22 декабря 1992 г.), с поправками.

Статья 17

1. При выполнении транзитных полетов воздушных судов в воздушном пространстве Республики Узбекистан в соответствии с настоящим Соглашением Британская Сторона оплачивает сборы за аэронавигационное обслуживание в соответствии с положениями AIP Республики Узбекистан.

2. Британская Сторона принимает меры по обеспечению работоспособности технических средств связи органа обслуживания воздушного движения Афганистана с органом обслуживания воздушного движения Республики Узбекистан для координации их действий в обслуживании движения воздушных судов.

Статья 18

1. Информация, получаемая одной из Сторон в связи с транзитом, не может быть передана третьей стороне без предварительного письменного согласия Стороны, предоставившей такую информацию.

2. Пункт 1 настоящей статьи не распространяется на информацию, представленную Британской Стороной Узбекской Стороне согласно статьям 6 и 7 настоящего Соглашения. Такая информация может быть передана третьей стороне исключительно в целях содействия транзиту в рамках настоящего Соглашения.

Статья 19

Настоящее Соглашение не затрагивает прав и обязательств ни одной из Сторон в рамках других международных соглашений, участниками которых они являются.

Статья 20

1. Иски о возмещении ущерба, нанесенного при осуществлении транзита в рамках настоящего Соглашения, в зависимости от случая, удовлетворяются:

a) ответственными за ущерб физическими и/или юридическими лицами;

b) путем консультаций между Сторонами;

c) в соответствии с положениями статьи VIII Соглашения между государствами-участниками Североатлантического договора относительно статуса их вооруженных сил, подписанного в Лондоне 19 июня 1951 года, после проведения консультаций.

2. Британская Сторона обеспечивает наличие у эксплуатантов гражданских воздушных судов, зафрахтованных Британской Стороной, достаточного страхового покрытия для оплаты претензий, которые могут возникнуть во время их пребывания на территории Республики Узбекистан.

Статья 21

В случае прекращения действия настоящего Соглашения согласно статье 23, разрешение на транзит аннулируется с даты прекращения действия настоящего Соглашения.

Статья 22

1. Стороны могут проводить консультации по организационно-техническим вопросам, относящимся к реализации настоящего Соглашения.

2. Спорные вопросы, связанные с применением и толкованием настоящего Соглашения, решаются путем консультаций и переговоров между Сторонами.

Статья 23

1. Настоящее Соглашение вступает в силу в день последнего письменного уведомления Сторон по дипломатическим каналам о выполнении Сторонами внутригосударственных процедур, необходимых для его вступления в силу.

2. По взаимному письменному согласию Сторон, в настоящее Соглашение могут быть внесены изменения и дополнения, оформляемые отдельными протоколами, которые являются его неотъемлемой частью и вступают в силу в порядке, предусмотренным для настоящего Соглашения.

3. Настоящее Соглашение заключено сроком на один год и при необходимости срок его действия может быть продлен на годичный период по взаимному согласию Сторон путем уведомления по дипломатическим каналам.

4. Любая из Сторон может прекратить действие настоящего Соглашения в любой момент, и не менее чем за 30 дней предоставляет другой Стороне по дипломатическим каналам заблаговременное письменное уведомление о своем намерении прекратить действие настоящего Соглашения.

Совершено в Ташкенте 5 сентября 2012 года в двух экземплярах на русском и английском языках, причем оба текста имеют одинаковую силу.

Graham Howard
Air Vice Marshal

За Правительство
Соединенного Королевства
Великобритании и Северной Ирландии

За Правительство
Республики Узбекистан

Приложение

КАТЕГОРИИ ОБОРУДОВАНИЯ ВС ВЕЛИКОБРИТАНИИ, РАЗРЕШЕННОГО ДЛЯ ТРАНЗИТА ЧЕРЕЗ ВОЗДУШНОЕ ПРОСТРАНСТВО РЕСПУБЛИКИ УЗБЕКИСТАН

Следующие категории грузов, включая подкатегории, разрешены для транзита через воздушное пространство Республики Узбекистан:

Категория оборудования	Общее описание	Пример
Воздушные суда	Вертолет	Chinook, Merlin, Sea King, Puma, Lynx, Apache
	ЛА с неизменяемой геометрией крыла	Торнадо GR4, беспилотные ЛА, ISTAR (номер ООН 8802)
Транспортные средства	Бронированные автотранспортные средства	Buffalo, CAT 257, CAT 434E, CAT 938G, Coyote, Foxhound, HET, Husky, Iveco SLDT, Jackal, King Trailer, Mastiff, Panther, Ridgeback, Snatch Vixen, SY 15T, Vector, Warthog, Wolfhound
	Бронированные инженерно-строительные и технологические машины	Грузовики, тракторы, траншеекопатели, мостоукладчики, вилочные автопогрузчики
Оружие и боеприпасы	Боевые взрывчатые вещества	ВВ, запалы, сигнальные ракеты, боеприпасы для стрелкового вооружения, минометные выстрелы, инженерные боеприпасы специального назначения, средства специального назначения для подрыва СВУ, бомбы (номера ООН 360100 000 0, 360200 000 0, 3603 00, 3604 90 000 0, 9306),
	Огнестрельное оружие	Личное оружие, пистолеты, револьверы, оружие поддержки, минометы (номера ООН 9013, 9301, 9302 00 000 0, 9303)
Запасные части	Запчасти	Запчасти для техники, запчасти для вооружения (номер ООН 9305)
	Запчасти для ВС	Двигатели, подвесные баки, колеса, пневматики
	Запчасти для ТС	Оси, двигатели, колесные диски и пневмошины, лобовые бронестекла и бронированные окна
Инженерное	Поддержка инфраструктуры	Палатки, генераторы, системы водоочистки, системы освещения
	Непосредственная инженерная поддержка	Оборудование для наведения мостов, оборудование по защите войск
Медицинское	Обеспечение	Кровати, экраны, тележки, операционные столы, рентгеновские установки, оборудование для анестезии,

		установки для зубной хирургии, мониторы, оборудование для переливания крови, хирургическое оборудование, малые медицинские и зубоврачебные модули
Обеспечение питания	Кухонное оборудование	Плиты, печи, кухонная утварь, посуда
Информационные технологии/связь	Электронное оборудование	Настольные компьютеры, ноутбуки, запоминающие устройства, принтеры, аппараты факсимильной связи, войсковые радиостанции, телефоны, РЛС и радионавигационное оборудование (номер ООН 8526)
Горючие и смазочные материалы		Специальные виды топлива, масла, смазочные материалы, баллоны со сжатым газом
Имущество общего назначения	Разное	Одежда, канцтовары, мебель
	Персональный багаж	Персональный багаж ЛС при перевозках

[TRANSLATION IN FRENCH – TRADUCTION EN FRANÇAIS]

ACCORD ENTRE LE GOUVERNEMENT DU ROYAUME-UNI DE GRANDE-BRETAGNE ET D'IRLANDE DU NORD ET LE GOUVERNEMENT DE LA RÉPUBLIQUE D'OUZBÉKISTAN SUR LE TRANSPORT AÉRIEN DE MARCHANDISES ET DE PERSONNEL EN TRANSIT SUR LE TERRITOIRE DE LA RÉPUBLIQUE D'OUZBÉKISTAN DANS LE CADRE DE LA PARTICIPATION DU ROYAUME-UNI DE GRANDE-BRETAGNE ET D'IRLANDE DU NORD AUX EFFORTS VISANT À ASSURER LA SÉCURITÉ, LA STABILISATION ET LA RECONSTRUCTION DE LA RÉPUBLIQUE ISLAMIQUE D'AFGHANISTAN

Le Gouvernement du Royaume-Uni de Grande-Bretagne et d'Irlande du Nord et le Gouvernement de la République d'Ouzbékistan (ci-après dénommés « Parties »),

Ayant à l'esprit la résolution 1386 (2001) du Conseil de sécurité des Nations Unies adoptée le 20 décembre 2001, sur la base du Chapitre VII de la Charte des Nations Unies, ainsi que toutes les résolutions pertinentes du Conseil de sécurité des Nations Unies demandant aux États voisins de la République islamique d'Afghanistan et aux autres États Membres des Nations Unies de fournir à la Force internationale d'assistance à la sécurité (FIAS), y compris le Royaume-Uni de Grande-Bretagne et d'Irlande du Nord (ci-après dénommé « Royaume-Uni »), toute l'aide nécessaire,

Observant que les Parties sont parties à la Convention entre les États parties au Traité de l'Atlantique Nord et les autres États participant au Partenariat pour la paix sur le statut de leurs forces, adoptée à Bruxelles le 19 juin 1995,

Sont convenus de ce qui suit :

Article premier

Le présent Accord, qui définit la procédure pour le transit, par le Royaume-Uni, de marchandises et de personnel à travers l'espace aérien de la République d'Ouzbékistan afin de soutenir les efforts visant à assurer la sécurité, la stabilisation et la reconstruction de la République islamique d'Afghanistan (ci-après dénommée « Afghanistan »), constitue une contribution substantielle de la République d'Ouzbékistan à ces efforts internationaux.

Article 2

Les définitions suivantes sont appliquées aux fins du présent Accord :

Le terme « aéronef » désigne un avion de transport militaire britannique ou un aéronef civil affrété par le Royaume-Uni ;

Le terme « marchandises » désigne :

- Des ressources à caractère humanitaire, notamment des produits alimentaires, des médicaments, des équipements et des matériaux destinés à être distribués gratuitement à la population afghane ;

- Des fournitures essentielles destinées au personnel britannique et au personnel contractuel britannique ;
- Des armes, équipements militaires et biens militaires destinés au personnel britannique, conformément à la liste des catégories de marchandises jointe au présent Accord, à l'exception des armes nucléaires, chimiques, biologiques (bactériologiques) et de leurs composants, conformément à leur définition dans les conventions internationales auxquelles les Parties ont adhéré ;

L'expression « personnel britannique » désigne le personnel militaire et civil du Gouvernement britannique, y compris le personnel d'autres États servant dans les forces armées britanniques ou employé par celles-ci ;

L'expression « personnel contractuel britannique » désigne le personnel engagé par une personne morale qui a conclu un accord avec le Gouvernement britannique, ou qui agit en son nom ;

L'expression « territoire de la République d'Ouzbékistan » désigne les zones terrestres et les masses d'eau territoriales qui leur sont adjacentes, ainsi que l'espace aérien au-dessus de ces zones et qui sont sous la souveraineté de la République d'Ouzbékistan ;

L'expression « experts techniques » désigne le personnel britannique spécialisé dans l'entretien d'aéronefs ;

L'expression « carte d'identité du personnel britannique » désigne une carte d'identité assortie d'une photographie délivrée par le Royaume-Uni, sur laquelle sont indiqués le nom de famille, les initiales, la date de naissance, le grade, le numéro de matricule et l'arme de service (le cas échéant) ;

Le terme « transit » désigne le déplacement par aéronef de marchandises provenant du Royaume-Uni, de personnel britannique et de personnel contractuel britannique à travers l'espace aérien de la République d'Ouzbékistan, ce déplacement commençant et se terminant en dehors du territoire de la République d'Ouzbékistan ;

L'expression « autorisation de transit » désigne l'autorisation accordée par l'autorité compétente de la Partie ouzbèke, dans le cadre du présent Accord et conformément à la procédure établie par la législation de la République d'Ouzbékistan, pour une série de vols (ou un seul vol dans des circonstances exceptionnelles) à travers l'espace aérien de la République d'Ouzbékistan par des aéronefs transportant des marchandises et du personnel, cette autorisation étant valable pendant une période de 30 jours, mais étant limitée à 10 survols par jour ;

L'expression « force majeure » désigne des circonstances résultant d'événements extérieurs incontrôlables ou imprévisibles, hors du contrôle des Parties, qui empêchent l'exécution des obligations assumées en vertu du présent Accord.

Article 3

Le transit s'effectue le long des couloirs aériens de la République d'Ouzbékistan indiqués au paragraphe 2 de l'article 8 du présent Accord, sans atterrissage intermédiaire sur le territoire de la République d'Ouzbékistan, à l'exception des cas visés au paragraphe 1 de l'article 4 et au paragraphe 1 de l'article 10 du présent Accord.

Article 4

1. L'atterrissage intermédiaire d'un aéronef sur le territoire de la République d'Ouzbékistan peut être effectué en cas d'urgence à bord et/ou en cas de force majeure empêchant le transit.

2. Tout aéronef ayant effectué un atterrissage non programmé dans un aéroport mis à disposition par la Partie ouzbèke, conformément au présent article, quitte l'aéroport lorsque les raisons de cet atterrissage non programmé ont cessé d'exister.

3. La Partie ouzbèke aide le personnel de l'ambassade du Royaume-Uni en République d'Ouzbékistan à accéder à tout aéronef ayant effectué un atterrissage conformément à la procédure, établie dans la législation de la République d'Ouzbékistan, concernant l'aide au personnel britannique et au personnel contractuel britannique à bord d'un aéronef, en coopération avec des représentants de l'aéroport et avec les organes étatiques compétents de la République d'Ouzbékistan. Dans de tels cas, les noms et prénoms du personnel du service de l'Attaché de défense de l'ambassade du Royaume-Uni en République d'Ouzbékistan sont communiqués officiellement au Ministère des affaires étrangères de la République d'Ouzbékistan dans les plus brefs délais.

4. Dans les cas prévus au paragraphe 1 du présent article, la Partie ouzbèke autorise des experts techniques et des équipements britanniques à accéder à l'aéronef afin d'effectuer des travaux d'entretien. Ces experts techniques entrent sur le territoire de la République d'Ouzbékistan sans visa s'ils sont en possession d'un passeport ou, le cas échéant, d'une carte d'identité du personnel britannique (sans visa et sans passeport), et doivent quitter la République d'Ouzbékistan dans les plus brefs délais après l'exécution des travaux d'entretien.

Article 5

L'espace aérien de la République d'Ouzbékistan est utilisé par les aéronefs sur la base d'une autorisation de transit accordée par la Partie ouzbèke conformément à la demande présentée par le Royaume-Uni par voie diplomatique.

Article 6

1. Toute demande d'autorisation de transit présentée par le Royaume-Uni contient les informations suivantes :

a) Les types d'aéronefs (principaux et de réserve) utilisés par le Royaume-Uni ;

b) Le nombre de personnes, des informations sur le pays d'origine des marchandises à transporter, des renseignements sur la nature des marchandises, en utilisant les codes de la nomenclature des marchandises relevant des échanges extérieurs (TN VED) de la République d'Ouzbékistan, la classification de l'ONU, le code de classification des articles, l'état d'agrégation et les propriétés dangereuses. En cas d'urgence, si la Partie ouzbèke fait une demande, le Royaume-Uni fournit un complément d'information détaillé sur le personnel et les marchandises devant être transportés en transit ;

c) L'itinéraire des vols, les points d'entrée et de sortie de l'espace aérien de la République d'Ouzbékistan ;

d) Le nombre total de vols programmés ;

e) L'origine, le propriétaire et le lieu d'immatriculation de l'aéronef ainsi que le nom complet et l'adresse légale de l'exploitant de l'aéronef ;

f) Le mode de paiement du service de navigation aérienne dans l'espace aérien de la République d'Ouzbékistan, avec indication de l'adresse, du numéro de téléphone et du numéro de télécopie du payeur.

2. Lorsqu'il n'existe aucun obstacle à l'exécution du transit, la Partie ouzbèke doit accorder et envoyer l'autorisation de transit au Royaume-Uni au plus tard 20 jours après la date de réception de la demande concernée.

3. En cas d'annulation de l'autorisation de transit, le Royaume-Uni ou l'exploitant de l'aéronef civil affrété par le Royaume-Uni doit assurer, à ses frais, la sortie de l'aéronef concerné, avec toute marchandise, tout personnel britannique et tout personnel contractuel britannique à bord, de l'espace aérien de la République d'Ouzbékistan via le point d'entrée de cet aéronef dans l'espace aérien de la République d'Ouzbékistan ou, si cela est nécessaire pour des raisons techniques, via un point situé à proximité, sans achever le transit dans l'espace aérien de la République d'Ouzbékistan vers la destination prévue de l'aéronef.

Article 7

1. Aux fins de la régulation de la circulation aérienne dans l'espace aérien de la République d'Ouzbékistan, le Royaume-Uni doit notifier l'exécution de chaque vol avant 9 heures, temps universel coordonné (UTC), le jour précédant celui où l'aéronef doit décoller, en envoyant cette notification à l'adresse de l'unité de gestion du trafic aérien (UTTTZDZX) de la République d'Ouzbékistan et en y incluant les informations suivantes :

a) Le nom de l'exploitant de l'aéronef et le code à trois caractères correspondant à la classification de l'Organisation de l'aviation civile internationale (OACI) ;

b) Les informations suivantes relatives à l'aéronef :

  1) Le type d'aéronef correspondant à la classification de l'OACI ;

  2) Le numéro d'identification de l'aéronef (numéro de vol et indicatif d'appel) ;

  3) Le numéro d'immatriculation de l'aéronef ;

  4) Le poids de l'aéronef au décollage et en fin de mission ;

  5) Le type de matériel de navigation et de communication ;

  6) L'exploitant de l'aéronef et son adresse enregistrée ;

c) Les informations suivantes relatives à l'équipage :

  1) Le commandant de bord de l'aéronef ;

  2) Le nombre de membres d'équipage (avec mention de leur nationalité) ;

d) Les informations suivantes relatives au vol programmé :

  1) Le but du vol ;

  2) La date du vol et le plan d'organisation du vol en UTC, précisant le point de décollage et d'atterrissage (en codes OACI) ainsi que les points et les heures estimées d'entrée dans l'espace aérien de la République d'Ouzbékistan et de sortie de cet espace ;

  3) L'itinéraire et l'altitude du vol au sein de l'espace aérien de la République d'Ouzbékistan ;

  4) Des informations sur les passagers (nombre, nationalité) ;

  5) Une liste des marchandises transportées, précisant leur nature ;

  6) La présence à bord d'armes et de munitions détenues par le personnel britannique, ainsi que la présence de caméras et d'appareils photo ;

e) Le mode de paiement du service de navigation aérienne dans l'espace aérien de la République d'Ouzbékistan, avec indication de l'adresse, des coordonnées bancaires, du numéro de téléphone et du numéro de télécopie du payeur.

2. Au plus tard quatre heures avant chaque décollage programmé d'un aéronef, le Royaume-Uni doit fournir le plan de vol au format OACI à l'adresse de l'unité de gestion du trafic aérien (UTTTZDZX) de la République d'Ouzbékistan et aux autorités responsables du trafic aérien de la République d'Ouzbékistan en ce qui concerne la direction de la trajectoire du vol :

a) Par le Royaume-Uni, pour les avions de transport militaire du Royaume-Uni ; ou

b) Par l'exploitant de l'aéronef désigné par un représentant ou une autre entreprise commerciale utilisant l'aéronef, ou par une autre organisation agissant en son nom, pour les aéronefs civils affrétés par le Royaume-Uni.

3. L'entrée dans l'espace aérien de la République d'Ouzbékistan est interdite à tout aéronef dont la notification et le plan de vol n'ont pas été envoyés à l'unité de gestion du trafic aérien (UTTTZDZX) de la République d'Ouzbékistan.

Article 8

1. Le franchissement par avion de la frontière ouzbèke et les vols au sein de l'espace aérien de la République d'Ouzbékistan sont effectués conformément à la législation de la République d'Ouzbékistan, ainsi qu'aux dispositions de la publication d'information aéronautique (AIP) de la République d'Ouzbékistan et à celles du présent Accord.

2. Les vols d'aéronefs traversant l'espace aérien de la République d'Ouzbékistan sont effectués uniquement le long des couloirs aériens suivants, qui leur ont été spécialement attribués par la Partie ouzbèke :

a) KUNAS (305 km à l'ouest de Nukus) - B275 - TMD - B275 - DY - B275 - HA-A466 - AMDAR (10 km au sud de Termez) ;

b) DIDOP (180 km au nord d'Uchkuduk) - A66 - TMD - B275 - DY - B275 - HA - A466 - AMDAR (10 km au sud de Termez) ;

c) ASLOK (115 km à l'ouest de Syrdarya) - A359 - PD - A230 - DS - A66 - TRZ - A466 - AMDAR (10 km au sud de Termez).

3. Le Royaume-Uni ne ravitaille pas ses aéronefs en carburant dans l'espace aérien de la République d'Ouzbékistan.

Article 9

1. La Partie ouzbèke a le droit de refuser d'accorder l'autorisation de transit demandée par le Royaume-Uni conformément à l'article 6 du présent Accord, de l'annuler ou d'en suspendre la validité si Partie ouzbèke a établi que le transport des marchandises et du personnel britanniques et du personnel contractuel britannique n'est pas conforme aux objectifs et aux dispositions du présent Accord ou pourrait menacer la sécurité nationale de la République d'Ouzbékistan, ainsi que dans d'autres cas prévus par la législation de la République d'Ouzbékistan.

2. La Partie ouzbèke notifie au Royaume-Uni, dans le délai le plus raisonnable, toute décision concernant le refus d'accorder une autorisation de transit ou concernant l'annulation ou la suspension de la validité d'une autorisation accordée.

Article 10

1. La Partie ouzbèke peut exercer son droit souverain d'ordonner l'atterrissage d'un aéronef effectuant un vol conformément au présent Accord.

2. En cas d'atterrissage d'un aéronef sur le territoire de la République d'Ouzbékistan, le Royaume-Uni fournit, à la demande de la Partie ouzbèke, la confirmation nécessaire du fait que les marchandises sont ou étaient destinées à assurer la sécurité, la stabilisation et la reconstruction de l'Afghanistan.

3. En cas d'atterrissage d'un aéronef sur le territoire de la République d'Ouzbékistan, la Partie ouzbèke peut effectuer des inspections de routine :

a) De la lettre de transport aérien, du connaissement des marchandises ou de tout autre document similaire afin de déterminer si les marchandises sont ou étaient destinées à assurer la sécurité, la stabilisation et la reconstruction de l'Afghanistan ;

b) De la documentation relative au personnel britannique et au personnel contractuel britannique à bord de l'aéronef, aux fins du contrôle frontalier et douanier.

4. Lors de la réalisation de contrôles frontaliers et douaniers dans le cadre du présent Accord, le Royaume-Uni doit se conformer à la législation de la République d'Ouzbékistan. Le Royaume-Uni prend des mesures pour garantir que les marchandises répondent aux exigences de la législation de la République d'Ouzbékistan, y compris aux réglementations sanitaires, épidémiologiques, vétérinaires et phytosanitaires.

5. Les autorités douanières de la République d'Ouzbékistan ont le droit de procéder à une visite douanière à bord d'un aéronef. En cas d'inspection des marchandises, du personnel britannique et du personnel contractuel britannique transporté par un aéronef civil affrété par le Royaume-Uni, le Royaume-Uni doit autoriser les autorités compétentes de la Partie ouzbèke à accéder à l'aéronef pour l'inspection.

6. Si les représentants des organismes de contrôle douanier de la République d'Ouzbékistan ont des raisons de penser que les marchandises transportées à bord de l'aéronef civil ne correspondent pas aux spécifications déclarées et/ou à tout autre document, ces marchandises doivent être déchargées, en partie ou en totalité, pour un examen plus approfondi si elles ne peuvent pas être inspectées de manière satisfaisante à bord de l'aéronef.

7. Si la Partie ouzbèke requiert l'inspection d'un avion de transport militaire britannique, le Royaume-Uni doit soit décharger les marchandises et faire descendre le personnel britannique de l'avion pour effectuer une inspection à l'extérieur de l'aéronef, soit décider de faire sortir l'avion du territoire de la République d'Ouzbékistan via le point d'entrée de cet aéronef dans l'espace aérien de la République d'Ouzbékistan ou, si cela est nécessaire pour des raisons techniques, via un point situé à proximité, sans achever le transit dans l'espace aérien de la République d'Ouzbékistan vers la destination prévue de l'aéronef.

8. Si les autorités douanières et frontalières de la République d'Ouzbékistan exercent leur droit de procéder à une inspection des marchandises et du personnel aux fins décrites dans le présent article, un certificat d'inspection est rédigé, en ouzbek et/ou en russe, au sujet de cette inspection et de ses résultats, et une copie de ce certificat est envoyée au Royaume-Uni et signée par celui-ci. Si, au cours de l'inspection menée conformément au présent article, il apparaît que des marchandises et/ou du personnel ne correspondent pas aux définitions énoncées à l'article 2 du présent Accord, les Parties se consultent pour résoudre ce problème.

Article 11

1. Le transit du personnel britannique et du personnel contractuel britannique par le territoire de la République d'Ouzbékistan doit s'effectuer sans obligation de visa si les personnes concernées sont titulaires d'un passeport ou, dans les cas appropriés, d'une carte d'identité du personnel britannique (sans obligation de visa et sans passeport).

2. Le personnel britannique et le personnel contractuel britannique, lorsqu'ils se trouvent sur le territoire de la République d'Ouzbékistan dans les cas prévus aux articles 4 et 10 du présent Accord, doivent coopérer avec la Partie ouzbèke pour toutes les questions relatives à leur séjour sur ce territoire.

Article 12

1. Le respect de la législation et la non-ingérence dans les affaires intérieures de la République d'Ouzbékistan sont une obligation pour le personnel britannique se trouvant sur le territoire de la République d'Ouzbékistan conformément au présent Accord.

2. Le personnel contractuel britannique se trouvant sur le territoire de la République d'Ouzbékistan conformément au présent Accord doit respecter la législation de la République d'Ouzbékistan et le principe de non-ingérence dans les affaires intérieures de la République d'Ouzbékistan.

3. Le Royaume-Uni est tenu de garantir que le personnel britannique et le personnel contractuel britannique sont informés de leurs responsabilités.

Article 13

Le personnel britannique et le personnel contractuel britannique se trouvant sur le territoire de la République d'Ouzbékistan ne peuvent quitter un aéronef qu'avec l'autorisation des autorités compétentes de la Partie ouzbèke. Le personnel britannique et le personnel contractuel britannique ne peuvent pas quitter un aéronef lorsqu'ils portent des armes.

Article 14

En cas d'atterrissage et à la demande du commandant d'un aéronef (dans le cas d'un avion de transport militaire du Royaume-Uni) ou du commandant de bord d'un aéronef (dans le cas d'un aéronef civil affrété par le Royaume-Uni), les autorités compétentes de la Partie ouzbèke autorisent la fourniture de soins médicaux standard et de commodités quotidiennes au personnel britannique et au personnel contractuel britannique, et les fournisseurs sont remboursés du coût de tous les services et soins médicaux fournis.

Article 15

1. Pendant leur séjour sur le territoire de la République d'Ouzbékistan dans le cadre du présent Accord, le personnel britannique et le personnel contractuel britannique sont soumis à la compétence de la République d'Ouzbékistan, à l'exception des cas visés au paragraphe 2 du présent article.

2. La compétence de la République d'Ouzbékistan ne s'applique pas au personnel britannique pendant son séjour sur le territoire de la République d'Ouzbékistan dans le cadre du présent Accord :

a) Lorsque le personnel britannique a commis une infraction exclusivement à l'égard de biens ou de la sécurité de l'État du Royaume-Uni, ou une infraction portant atteinte à une personne ou à la propriété du personnel britannique ;

b) Lorsque le personnel britannique a commis des violations de la loi résultant d'une action ou d'une négligence dans le cadre de l'accomplissement de ses fonctions officielles.

3. L'immunité de juridiction de la République d'Ouzbékistan prévue au paragraphe 2 du présent article ne confère pas au personnel britannique une immunité de juridiction du Royaume-Uni. Le Royaume-Uni est tenu de notifier à la Partie ouzbèke toute décision prise à cet égard.

Article 16

1. Les aéronefs volant en transit dans l'espace aérien de la République d'Ouzbékistan conformément au présent Accord ne doivent pas avoir ou utiliser à bord une caméra, un appareil photo ou tout autre dispositif correspondant conçu à des fins de reconnaissance et de surveillance.

2. Les dispositifs de télécommunications utilisés par les aéronefs doivent être conformes à la Constitution et à la Convention de l'Union internationale des télécommunications (signée à Genève le 22 décembre 1992) ainsi qu'à leurs amendements.

Article 17

1. Lorsqu'il effectue des vols en transit dans l'espace aérien de la République d'Ouzbékistan conformément au présent Accord, le Royaume-Uni est tenu de payer les péages associés aux services de navigation aérienne conformément aux dispositions de la publication d'information aéronautique de la République d'Ouzbékistan.

2. Le Royaume-Uni prend des mesures pour assurer le bon état de fonctionnement des moyens techniques de communication entre l'organisme chargé du service courant du trafic aérien de l'Afghanistan et l'organisme chargé du service courant de la circulation aérienne de la République d'Ouzbékistan en vue de la coordination de leurs activités de service courant de la circulation aérienne.

Article 18

2. Les informations reçues par l'une ou l'autre des Parties dans le cadre du transit ne peuvent être transmises à une tierce partie que sur accord écrit préalable de la Partie qui a présenté ces informations.

3. Le paragraphe 1 du présent article ne s'applique pas aux informations présentées par le Royaume-Uni à la Partie ouzbèke conformément aux articles 6 et 7 du présent Accord. Ces informations peuvent être transmises à une tierce partie exclusivement dans le but de faciliter le transit dans le cadre du présent Accord.

Article 19

Le présent Accord n'a aucune incidence sur les droits et les obligations de l'une ou l'autre des Parties en vertu des accords internationaux auxquels elle est partie.

Article 20

1. Les demandes d'indemnisation pour les dommages causés lors de l'exécution du transit dans le cadre du présent Accord sont satisfaites, suivant le cas :

   a) Par les personnes physiques et/ou morales responsables des dommages ;

   b) Par le biais d'une consultation entre les Parties ;

   c) Conformément aux dispositions de l'article VIII de la Convention entre les États parties au Traité de l'Atlantique Nord sur le statut de leurs forces, signée à Londres le 19 juin 1951, après la tenue de consultations.

2. Le Royaume-Uni est tenu de veiller à ce que les exploitants d'aéronefs civils affrétés par le Royaume-Uni disposent d'une couverture d'assurance suffisante pour le règlement de toute réclamation pouvant survenir lors de tout séjour sur le territoire de la République d'Ouzbékistan.

Article 21

Si le présent Accord cesse d'être en vigueur conformément à l'article 23, l'autorisation de transit est annulée à partir de la date à laquelle le présent Accord cesse d'être en vigueur.

Article 22

1. Les Parties peuvent se consulter au sujet des questions organisationnelles et techniques liées à la mise en œuvre du présent Accord.

2. Tout différend entre les Parties portant sur l'application ou l'interprétation du présent Accord est réglé par voie de consultations et de négociations entre les Parties.

Article 23

1. Le présent Accord entre en vigueur à compter de la date de la dernière notification écrite communiquée par la voie diplomatique confirmant que les Parties ont accompli les procédures internes nécessaires à son entrée en vigueur.

2. Sur consentement écrit des Parties, des amendements et des ajouts peuvent être apportés au présent Accord, faisant l'objet de protocoles spécifiques. Ces protocoles font partie intégrante du présent Accord et entrent en vigueur conformément à la procédure prévue pour cet Accord.

3. Le présent Accord reste en vigueur pour une période d'un an et, si nécessaire, sa période de validité peut être prolongée d'un an par consentement mutuel écrit des Parties, communiqué par la voie diplomatique.

4. Chaque Partie peut, à tout moment, mettre fin à l'application du présent Accord en notifiant son intention par écrit au moins 30 jours à l'avance par la voie diplomatique.

FAIT à Tashkent, le 5 septembre 2012, en deux exemplaires en langues anglaise et russe, les deux textes faisant également foi.

Pour le Royaume-Uni de Grande-Bretagne et d'Irlande du Nord :

GRAHAM HOWARD
Général de division aérienne

Pour le Gouvernement de la République d'Ouzbékistan :

ABDOULAZIZ KOMILOV

ANNEXE

CATÉGORIES D'ÉQUIPEMENTS BRITANNIQUES POUVANT ÊTRE TRANSPORTÉS EN TRANSIT DANS L'ESPACE AÉRIEN DE LA RÉPUBLIQUE D'OUZBÉKISTAN

Les catégories suivantes de marchandises, y compris toutes leurs sous-catégories, sont autorisées à transiter par l'espace aérien de la République d'Ouzbékistan :

CATÉGORIE D'ÉQUIPEMENTS	DESCRIPTION SOMMAIRE	EXEMPLES
Aéronefs	Hélicoptères	Chinook, Merlin, Sea King, Puma, Lynx, Apache
	Avions	Tornado GR4, drones aériens, ISTAR (code ONU 8802)
Véhicules	Véhicules blindés motorisés	Buffalo, CAT 257, CAT 434E, CAT 938G, Coyote, Foxhound, HET, Husky, Iveco SLDT, Jackal, King Trailer, Mastiff, Panther, Ridgeback, Snatch Vixen, SY 15T, Vector, Warthog, Wolfhound
	Véhicules motorisés de soutien protégé / véhicules industriels	Camions, tracteurs, pelleteuses, véhicules de pontage, chariots élévateurs à fourche
Armes et munitions	Explosifs militaires	Explosifs, allumeurs, fusées éclairantes, munitions d'armes légères, cartouches de mortier, munitions de démolition spécialisées, explosifs spécialisés pour la lutte contre les engins explosifs improvisés, bombes (codes ONU 360100 000 0, 360200 000 0, 3603 00, 3604 90 000 0, 9306),
	Armes et armes à feu	Armes de défense individuelle, pistolets, revolvers, armes d'appui, mortiers (codes ONU 9013, 9301, 9302 00 000 0, 9303)
Pièces détachées	Pièces de rechange	Pièces détachées d'équipements, pièces détachées d'armements (code ONU 9305)
	Pièces détachées pour aéronefs	Moteurs, réservoirs largables, roues, pneus
	Pièces détachées pour véhicules	Essieux, moteurs, roues, pneus, pare-brise et fenêtres blindés
Services techniques	Soutien à l'infrastructure	Tentes, générateurs, systèmes de purification de l'eau, systèmes d'éclairage
	Génie de combat	Équipement de pontage, équipement de protection des forces

Santé	Soutien hospitalier	Lits, écrans, chariots, tables d'opération, appareils de radiographie, appareils d'anesthésie, appareils de chirurgie dentaire, moniteurs, matériel de transfusion sanguine, matériel chirurgical, petits modules médicaux et dentaires
Restauration	Équipements de cuisine	Cuisinières, fours, coutellerie, vaisselle
Technologies de l'information / Communications	Matériel électronique	Ordinateurs de bureau, ordinateurs portables, supports de mémoire de masse, imprimantes, télécopieurs, radios tactiques, téléphones, équipements de radar et de radionavigation (code ONU 8526)
Produits pétroliers et lubrifiants		Carburants spéciaux, produits pétroliers, lubrifiants, bombonnes de gaz comprimé
Magasins généraux	Produits divers	Vêtements, fournitures de bureau, meubles
	Bagages personnels	Bagages personnels du personnel en transit

No. 54392

United Kingdom of Great Britain and Northern Ireland and Uzbekistan

Agreement between the Government of the United Kingdom of Great Britain and Northern Ireland and the Government of the Republic of Uzbekistan concerning the procedure for the ground transit of cargo from the Islamic Republic of Afghanistan through the territory of the Republic of Uzbekistan in connection with the participation of the United Kingdom of Great Britain and Northern Ireland in efforts to ensure the security, stabilisation and reconstruction of the Islamic Republic of Afghanistan with mandatory involvement of the state joint-stock railway company "Uzbekiston temir yullari" (with annex). Tashkent, 5 September 2012

Entry into force: *16 May 2013 by notification, in accordance with article 19*

Authentic texts: *English and Russian*

Registration with the Secretariat of the United Nations: *United Kingdom of Great Britain and Northern Ireland, 28 March 2017*

Royaume-Uni de Grande-Bretagne et d'Irlande du Nord et Ouzbékistan

Accord entre le Gouvernement du Royaume-Uni de Grande-Bretagne et d'Irlande du Nord et le Gouvernement de la République d'Ouzbékistan sur la procédure pour le transit terrestre de marchandises provenant de la République islamique d'Afghanistan par le territoire de la République d'Ouzbékistan dans le cadre de la participation du Royaume-Uni de Grande-Bretagne et d'Irlande du Nord aux efforts visant à assurer la sécurité, la stabilisation et la reconstruction de la République islamique d'Afghanistan avec la participation obligatoire de la société par actions ferroviaire de l'État « Uzbekiston temir yullari » (avec annexe). Tachkent, 5 septembre 2012

Entrée en vigueur : *16 mai 2013 par notification, conformément à l'article 19*

Textes authentiques : *anglais et russe*

Enregistrement auprès du Secrétariat de l'Organisation des Nations Unies : *Royaume-Uni de Grande-Bretagne et d'Irlande du Nord, 28 mars 2017*

[TEXT IN ENGLISH – TEXTE EN ANGLAIS]

AGREEMENT BETWEEN THE GOVERNMENT OF THE UNITED KINGDOM OF GREAT BRITAIN AND NORTHERN IRELAND AND THE GOVERNMENT OF THE REPUBLIC OF UZBEKISTAN CONCERNING THE PROCEDURE FOR THE GROUND TRANSIT OF CARGO FROM THE ISLAMIC REPUBLIC OF AFGHANISTAN THROUGH THE TERRITORY OF THE REPUBLIC OF UZBEKISTAN IN CONNECTION WITH THE PARTICIPATION OF THE UNITED KINGDOM OF GREAT BRITAIN AND NORTHERN IRELAND IN EFFORTS TO ENSURE THE SECURITY, STABILISATION AND RECONSTRUCTION OF THE ISLAMIC REPUBLIC OF AFGHANISTAN WITH MANDATORY INVOLVEMENT OF THE STATE JOINT-STOCK RAILWAY COMPANY "UZBEKISTON TEMIR YULLARI"

The Government of the United Kingdom of Great Britain and Northern Ireland, and the Government of the Republic of Uzbekistan (hereinafter referred to as the "Parties"),

Striving to establish constructive and mutually beneficial relations in military and other areas of cooperation, including combating terrorism, extremism and transnational threats,

Confirming that such cooperation is based on complete respect for the state sovereignty of each of the Parties, on non-interference in the internal affairs of the other Party as well as on other principles and goals of the United Nations Charter , ("hereinafter referred to as the UN")

Mindful of Resolution 1386 (2001) of the United Nations Security Council adopted on 20 December 2001 on the basis of Chapter VII of the United Nations Charter as well as all relevant resolutions of the United Nations Security Council that call upon neighbouring states of the Islamic Republic of Afghanistan and other member states of the United Nations to provide to the International Security Assistance Force (ISAF), including the United Kingdom of Great Britain and Northern Ireland (hereinafter referred to as the "UK"), any such necessary assistance as may be required,

Desiring to establish necessary measures and procedures with a view to organise the transit through the territory of the Republic of Uzbekistan of cargo originating from units of the UK Armed Forces deployed on the territory of the Islamic Republic of Afghanistan,

Have agreed the following:

ARTICLE 1

The following definitions are used for the purposes of this Agreement:

"Transit" – movement of cargo from the Islamic Republic of Afghanistan through the territory of the Republic of Uzbekistan by rail, for which the departure and destination points are outside the Republic of Uzbekistan;

"Competent authorities" - authorities of the Parties entrusted in accordance with the legislation of the Parties, with authority to make decisions on the transit of cargo in accordance with this Agreement;

"Authorisation" – a document granting the right for the transit of cargo;

"Cargo" – supplied items, except for the cargo listed in the Annex to this Agreement, accepted for transport in accordance with the legislation of the Republic of Uzbekistan by the Uzbekiston Temir Yullari;

"Supplied items" – fuels and lubricants, emergency rescue and airfield technical equipment, logistics equipment and materials, repair equipment, military uniforms and accessories, foodstuffs, medicines and medical equipment, systems to support the daily activities of armed forces personnel, collective and individual means of protection against weapons of mass destruction, as well as other property not intended for waging combat but intended to support the everyday activities of personnel;

"SMGS" – the Agreement on International Goods Transport by Rail dated 1 November 1951 with amendments;

"Hazardous cargo" – cargo that, because of the cargo's inherent characteristics and features when in the presence of specific factors, during transportation through the territory of the Republic of Uzbekistan in accordance with its legislation, and during shunting, loading, unloading and storage could cause an explosion, fire, chemical or other type of pollution of the environment, or cause harm to technical means, devices, equipment and expose other rail transport infrastructure or third parties, during which human life and health or the environment may be exposed to danger;

"Emergency card" – a document used during an emergency that regulates the actions of railway company employees as well as rescue teams responding to the consequences of transportation accidents. The form of the document is determined in accordance with the legislation of the Republic of Uzbekistan;

"Transport accident" – any event which occurred during transport by rail and involved injury to human life or health or damage to the environment or to the property of physical or legal persons;

"Oversize cargo" – cargo the size of which exceeds loading dimensions indicated in the Technical Conditions for Loading and Securing of Cargo, Rules for the Storage and Securing of Cargo in SMGS railway Cars and Containers, as well as normative legal acts of the Republic of Uzbekistan depending on the form of transport.

ARTICLE 2

The provisions of this Agreement apply in respect of the transit through the territory of the Republic of Uzbekistan of cargo being transported from the Islamic Republic of Afghanistan in connection with the participation of the UK in efforts to ensure the security, stabilization and reconstruction of the Islamic Republic of Afghanistan.

ARTICLE 3

Within the framework of this Agreement any transit from the Islamic Republic of Afghanistan through the territory of the Republic of Uzbekistan of cargo being transported of military contingents and of arms, ammunition, military stores and equipment specified in the Annex to this Agreement shall not be permitted.

ARTICLE 4

The Parties intend to effect the transit of cargo within the framework of this Agreement on the basis of commercial agreements (contracts) concluded between the forwarding agencies (companies) on behalf of the UK and the Uzbekiston Temir Yullari as follows:

a. The transit through the territory of the Republic of Uzbekistan of cargo entering from the territory of the Islamic Republic of Afghanistan (via the "Galaba" border railway station) bound for the Republic of Kazakhstan (via the "Karakalpakstan" border railway station) shall be effected by the rail transport of the Uzbekiston Temir Yullari.

b. Loading for the transit through the territory of the Republic of Uzbekistan of cargo being transported from the Islamic Republic of Afghanistan shall be organised by the forwarding agencies (companies) authorised by the UK, on the territory of the Islamic Republic of Afghanistan.

c. The transportation documents shall be processed in the territory of the Republic of Uzbekistan. In this connection, loading and unloading while the cargo is inspected during processing shall be done by representatives of the forwarding agency (company) authorised by the UK.

d. After the appropriate bodies have been set up in the Islamic Republic of Afghanistan to oversee the Afghan railway, loading shall be organised, and transportation documents for the transit through the territory of the Republic of Uzbekistan of cargo being transported from the Islamic Republic of Afghanistan shall be processed on the territory of the Islamic Republic of Afghanistan.

ARTICLE 5

1. When cargo is in transit, the UK and the forwarding agency (company), acting in accordance with its instructions according to the terms of the contract, shall ensure compliance with the SMGS, the legislation of the Republic of Uzbekistan and other rules and regulations in force on the railways of the Republic of Uzbekistan, including the sanitary and epidemiological standards of the Republic of Uzbekistan.

2. The UK is committed to carry out disinfection and insect and rodent extermination measures and other forms of decontamination in accordance with the requirements of international public health regulations on the territory of the Islamic Republic of Afghanistan in respect of cargo in transit through the territory of the Republic of Uzbekistan, in order to prevent cross border transmission of infectious diseases (zoonotic, parasitic and vector-borne infections).

ARTICLE 6

Cargo in transit through the territory of the Republic of Uzbekistan in accordance with this Agreement shall be subject to border and customs control and processing in accordance with the legislation of the Republic of Uzbekistan.

ARTICLE 7

1. Cargo transit shall be effected on the basis of a single authorisation issued by the Ministry of Defence of the Republic of Uzbekistan in accordance with the legislation of the Republic of Uzbekistan and as provided for by this Agreement. The authorisation shall be automatically cancelled in the event that this Agreement is terminated. In this case any shipments started shall be completed in accordance with the authorisation that has been granted.

2. To obtain the authorisation for transit specified in paragraph 1 of this Article, the competent authorities of the UK shall send via diplomatic channels a request to the Ministry of Defence of the Republic of Uzbekistan in Russian or in English

with a translation into Russian attached. The following shall be stated in the request:

a) a list of the cargo requiring transit, with an indication of its specification, a certificate of the country of origin, an environmental certificate in cases prescribed by law, the number (or quantity) in conventional units of measurement, the Foreign Economic Activity Commodity Nomenclature code of the Republic of Uzbekistan, and the purpose of the transit;

b) the planned transit period, and the names of the despatcher and the authorised forwarding agency (company);

c) the route, including the point of departure and destination of the cargo and the planned crossing points over the State border of the Republic of Uzbekistan for the completion of border and customs procedures;

d) information:

aa) in relation to the cargo requiring transit: overall dimensions, weight; where necessary, coordinates of the centre of gravity of the cargo; surface weight bearing characteristics, whether or not there are moving parts or components, means of attachment during shipment, fastening and lifting the cargo with a sling; drawings of any oversize cargo; where necessary a diagram of the loading and attachment of the cargo with an explanatory note and calculations annexed to it with information on the methods of transfer and transhipment of the cargo;

bb) in respect of hazardous cargo: the type of material or product, the UN list number, packing information, whether or not there is an emergency card; if the materials or products are not on the UN list – information to the extent provided for in the "Informational Passport to be Provided to the UN for Classification or Reclassification of Substances" (UN Recommendations on the Transport of Dangerous Goods);

e) a document confirming that the forwarding agency (company) authorised by the UK to transport hazardous cargo is backed up by guarantees in the form of an insurance policy, a bank guarantee or other indemnity to compensate for any damage that may be caused to human life or health, property or the environment while implementing this Agreement.

3. In the event of any need to clarify the information submitted in the request, the UK shall immediately supply the further information necessary to grant the authorisation for transit as requested.

4. Furthermore, the request shall include information on the types of cargo wagons and containers required, and on the attachment of the cargo being shipped on open and closed rolling stock in the event of transhipment. When hazardous cargo is transported, a list of available fire-fighting, neutralisation and decontamination equipment and information on safety precautions for the purposes of individual protection of persons escorting and/or guarding the cargo shall be provided.

5. The authorisation of the Uzbek Party for transit shall include:

   a. the consent of the Uzbek Party for transit in bulk and in conformity with the cargo schedule and specification and within a timescale set by the Uzbek Party, and the conditions for making the transit;

   b. a statement as to whether the cargo to be shipped needs to be escorted and/or guarded;

   c. the procedure for settling any other matters to do with the planning, organisation and carrying out of the transit, which fall under the authority of the Uzbek Party;

   d. the name of the shipping organisation and the recipient organisation;

   e. information on the nature of the cargo according to the Foreign Economic Activity Commodity Nomenclature code of the Republic of Uzbekistan.

6. In the event of there being no obstacles to the transit, the Ministry of Defence of the Republic of Uzbekistan shall grant and despatch an authorisation for transit to the UK no later than 30 days from the date of receipt of the request.

ARTICLE 8

1. The Uzbek Party has the right to refuse to grant authorisation or to suspend action on the granting of authorisation requested by the UK or to cancel an authorisation that has been granted if the cargo being transported is not consistent with the purposes of this Agreement, including data specified in the accompanying documents, or if it poses a threat to the national security of the Republic of Uzbekistan.

2. The Uzbek Party shall inform the UK in as short a time as possible of any refusal to grant authorisation or suspension of action on a request for authorisation by the UK or of the cancellation of any authorisation that has been granted.

ARTICLE 9

1. The choice of rolling stock for the transportation of cargo on the railways of the Republic of Uzbekistan shall be made in accordance with the legislation of the Republic of Uzbekistan.

2. Cargo shall be stowed on railway rolling stock and fastened during transhipment according to the requirements of the regulations for the loading and fastening of cargo in force on the railway of the Republic of Uzbekistan.

3. The forwarding agency (company) acting on behalf of the UK shall if necessary draw up a cargo loading and fastening diagram and provide means of fastening and install such means at their own expense, unless otherwise agreed in a specific case.

4. In order to ensure the effective operation of the Uzbekiston Temir Yullari in transporting cargo over the territory of the Republic of Uzbekistan, the forwarding agencies (companies) acting on behalf of the UK may use the empty rolling stock of other owners, and agree in advance with the Uzbek Party the date of loading and the number of wagons to be despatched at any one time.

ARTICLE 10

1. To proceed on the railway of the Republic of Uzbekistan transit shall be registered by an international railway waybill in accordance with the SMGS.

2. The transportation of Hazardous cargo shall be carried out in accordance with the regulations for the transport of hazardous cargo stipulated by the legislation of the Republic of Uzbekistan.

ARTICLE 11

Measures to prevent transport accidents and to handle them in relation to the transit of cargo and to respond to such accidents, as well as measures to deal with the consequences of such accidents and to establish the causes of such accidents shall be implemented by the competent authorities of the Republic of Uzbekistan within the framework of their powers and notified to the UK.

ARTICLE 12

Any claims for damages resulting from shipments by the forwarding agency (company) regulated by contracts signed under the framework of this Agreement shall be settled in accordance with the legislation of the Republic of Uzbekistan.

ARTICLE 13

1. The cost of railway services for transit and export cargo shipments through the territory of the Republic of Uzbekistan shall be calculated by the rates of the International Rail Transit tariff using a coefficient of 1.5.

2. Charges for cargo shipments as well as for other services shall be levied between the forwarding agency (company) acting on the instructions of the UK and the Uzbekiston Temir Yullari according to the contractual conditions and the legislation of the Republic of Uzbekistan.

3. The transit of UK cargo shall not be subject to custom duties, dues and taxes in Uzbekistan.

ARTICLE 14

The Uzbek Party shall take on the territory of the Republic of Uzbekistan the necessary measures to ensure the safety and security of the transit of cargo and shall offer assistance in carrying out the transit in accordance with the legislation of the Republic of Uzbekistan.

ARTICLE 15

In order to speed up customs control procedures at the border crossing points of the Republic of Uzbekistan, the UK shall consider the possibility of making available free of charge inspection equipment and technology including scanning equipment for high-capacity means of transport.

ARTICLE 16

This Agreement shall not affect the rights and obligations of either Party under any international agreements to which it is party.

ARTICLE 17

Any disputes which may occur as a result of the application or interpretation of this Agreement shall be resolved by consultations and negotiations between the Parties.

ARTICLE 18

Any issues arising from the shipment of cargo by the forwarding agency (company) on the basis of this Agreement shall be determined in accordance with the legislation of the Republic of Uzbekistan.

ARTICLE 19

1. This Agreement shall enter into force on the date of the last written notification via diplomatic channels of the Parties' completion of the internal procedures necessary for it to enter into force.

2. By written consent of the Parties amendments and supplements may be made to this Agreement, to be covered by separate protocols, entering into force in accordance with the procedure specified in paragraph 1 of this Article and shall be an integral part of this Agreement.

3. Amendments may be made to the Annex to this Agreement by exchange of diplomatic notes and shall be an integral part of this Agreement.

4. This Agreement shall remain in force for a period of one year and if necessary its period of validity may be extended for a year by mutual written consent of the Parties by notification via diplomatic channels.

5. Either Party may terminate at any time the operation of this Agreement by giving at least 30 days written notice via diplomatic channels of their intention to terminate.

Done in Tashkent on this 5th day of September 2012 in duplicate, in the English and Russian languages, both texts being equally authentic.

For the Government of the United Kingdom of Great Britain and Northern Ireland:

AIR VICE MARSHAL GRAHAM HOWARD

For the Government of the Republic of Uzbekistan:

ABDULAZIZ KOMILOV

Annex

LIST OF ARMS, AMMUNITION, EQUIPMENT AND MILITARY PROPERTY GOODS EXCLUDED FROM AUTHORISED COMMERCIAL TRANSIT

The following categories of cargo, including all of their subcategories, are not subject to commercial transportation.

360100 000 0	Powder [propellant]
360200 000 0	Military explosives other than powder
3603 00	Safety fuses; detonating cords; percussion fuse or disruptive detonators; primers; electric detonators
3604 90 000 0	Signal flare rockets, cloud-seeding missiles, anti-fog signals and other pyrotechnic items
8526	Radar equipment, radio navigation equipment, and radio equipment for remote control of weapons and combat equipment, and also remote tactical control of troops
8710 00 000 0	Tanks and other combat automotive armoured vehicles, with or without armament, and spare parts thereof
8801, 8802, 8803, 8805	Aircraft (helicopters and aeroplanes); spacecraft (including satellites) and suborbital and space boosters
8906	Warships and lifeboats, auxiliary military ships apart from rowing boats
9013	Weapon-attachable telescopic sights; periscopes; image amplification devices manufactured as parts of machines, or other image augmenting devices which could be used with weapons if they are not fitted to a firearm or are not accompanied by a firearm to which they should be fitted; laser sights which could be used with a weapon if they are not fitted to a firearm or are not accompanied by a firearm to which they should be fitted
9301	Military weapons apart from revolvers, pistols and weapons numbered 9307 in the Commodity Classification for Foreign Trade list
9302 00 000 0	Revolvers and pistols apart from those numbered 9303 and 9304 in the Commodity Classification for Foreign Trade list
9303	Firearms and other explosive charge-activated devices
9305	Spare parts of items numbered 9301-9303 in the commodity list
9306	Bombs, grenades, torpedoes, mines, rockets and similar devices for combat operations, parts thereof; cartridges, projectiles, other ammunitions and parts thereof, including a canister and wads for cartridges, and also cartridges for smoothbore weapons and parts thereof

[TEXT IN RUSSIAN – TEXTE EN RUSSE]

Соглашение
между Правительством Соединенного Королевства Великобритании и Северной Ирландии и Правительством Республики Узбекистан о порядке осуществления транзита груза, вывозимого наземным путем из Исламской Республики Афганистан через территорию Республики Узбекистан в связи с участием Соединенного Королевства Великобритании и Северной Ирландии в усилиях по обеспечению безопасности, стабилизации и восстановлению Исламской Республики Афганистан с обязательным привлечением Государственной акционерной железнодорожной компании«Ўзбекистон темир йўллари»

Правительство Республики Узбекистан и Правительство Соединенного Королевства Великобритании и Северной Ирландии, (именуемые в дальнейшем «Сторонами»),

стремясь к установлению конструктивных и взаимовыгодных отношений в военной и . других областях сотрудничества, включая борьбу с терроризмом, экстремизмом, транснациональными угрозами безопасности,

подтверждая, что такое сотрудничество основывается на полном уважении государственного суверенитета каждой из Сторон, на невмешательстве во внутренние дела другой Стороны, а также на других принципах и целях Устава Организации Объединенных Наций (далее - ООН),

принимая во внимание Резолюцию 1386 (2001) Совета Безопасности ООН, принятую 20 декабря 2001 года на основании Главы VII Устава ООН, а также все соответствующие резолюции Совета Безопасности ООН, которые призывают государства, соседние с Исламской Республикой Афганистан и другие государства-члены ООН предоставить Международным силам содействия безопасности (МССБ), в том числе Соединенному Королевству Великобритании и Северной Ирландии (далее - Великобритания), такую необходимую помощь, которая может потребоваться,

желая установить необходимые меры и процедуры в целях организации транзита через территорию Республики Узбекистан груза, отправляемого частями Вооруженных Сил Великобритании, дислоцированных на территории Исламской Республики Афганистан,

согласились о нижеследующем:

Статья 1

Для целей настоящего Соглашения используются следующие определения:

«Транзит» - перемещение груза из Исламской Республики Афганистан железнодорожным транспортом через территорию Республики Узбекистан, пункты отправления и назначения которого находятся за пределами Республики Узбекистан;
«Компетентные органы» - органы государств Сторон, наделенные в соответствии с законодательством государств Сторон полномочиями по принятию решений о транзите груза в соответствии с настоящим Соглашением;

«Разрешение» - документ, дающий право на транзит груза;

«Груз» - снабженческие грузы, за исключением грузов, перечисленных в Приложении к настоящему Соглашению, принятые к перевозке в соответствии с законодательством Республики Узбекистан Государственной акционерной железнодорожной компанией (ГАЖК) «Ўзбекистон темир йўллари»;

«Снабженческие грузы» - горюче-смазочные материалы, аварийно-спасательные и аэродромно-технические средства, тыловое оборудование и материалы, ремонтное оборудование, вещевое имущество, продовольствие, медикаменты и медицинское оборудование, системы обеспечения жизнедеятельности личного состава вооруженных сил, коллективные и индивидуальные средства защиты от оружия массового поражения, а также другое имущество, не предназначенное для ведения боевых действий и предназначенное для обеспечения повседневной жизнедеятельности личного состава;

«СМГС» - Соглашение о международном железнодорожном грузовом сообщении от 1 ноября 1951 года с поправками;

«Опасный груз» - груз, который в силу присущих ему свойств и особенностей при наличии определенных факторов при перевозке по территории Республики Узбекистан в соответствии с ее законодательством, а также при выполнении маневровых и погрузочно-разгрузочных работ и хранении может стать причиной взрыва, пожара, химического или иного вида загрязнения окружающей среды либо повреждения технических средств, устройств, оборудования и других объектов железнодорожного транспорта и третьих лиц, при которых могут быть подвергнуты опасности жизнь и здоровье людей или же окружающая среда;

«Аварийная карточка» - документ, используемый во время аварийных ситуаций, который регламентирует действия работников железнодорожной компании, а также спасательных подразделений при ликвидации ими последствий транспортных происшествий. Форма документа устанавливается в соответствии с законодательством Республики Узбекистан;

«Транспортное происшествие» - событие, возникшее при осуществлении перевозки железнодорожным транспортом и повлекшее за собой причинение вреда жизни или здоровью людей, или вреда окружающей среде, или имуществу физических или юридических лиц;

«Негабаритный груз» - груз, размер которого превышает габариты погрузки, указанные в Технических условиях погрузки и крепления грузов, Правил размещения и крепления грузов в вагонах и контейнерах СМГС, а также нормативно-правовых актах Республики Узбекистан в зависимости от вида транспортных средств.

Статья 2

Положения настоящего Соглашения применяются в отношении транзита груза через территорию Республики Узбекистан, вывозимого с территории Исламской Республики Афганистан в связи с участием Великобритании в усилиях по обеспечению безопасности, стабилизации и восстановлению Исламской Республики Афганистан.

Статья 3

В рамках настоящего Соглашения транзит из Исламской Республики Афганистан через территорию Республики Узбекистан воинских контингентов, а также вооружения, боеприпасов, техники и военного имущества, указанных в Приложении к настоящему Соглашению, не разрешается.

Статья 4

Стороны намерены осуществлять транзит груза через территорию Республики Узбекистан в рамках настоящего Соглашения на основе коммерческих договоров (контрактов), заключаемых между экспедиторскими организациями (компаниями) от имени Британской Стороны и ГАЖК «Ўзбекистон темир йўллари» в следующем порядке:

a) Транзит груза, поступающего с территории Исламской Республики Афганистан (через пограничную железнодорожную станцию «Галаба») в направлении Республики Казахстан (через пограничную железнодорожную станцию «Каракалпакстан») осуществляется железнодорожным транспортом ГАЖК «Ўзбекистон темир йўллари».

b) Организация погрузочных работ на транзит груза через территорию Республики Узбекистан, поступающего из Исламской Республики Афганистан, осуществляется экспедиторскими организациями (компаниями), уполномоченными Британской Стороной, на территории Исламской Республики Афганистан.

c) Оформление перевозочных документов производится на территории Республики Узбекистан. При этом разгрузочно-погрузочные работы при досмотре груза во время его оформления осуществляются представителями экспедиторской организации (компании), уполномоченной Британской Стороной.

d) После создания в Исламской Республике Афганистан соответствующих структур по управлению афганской железной дорогой организация погрузочных работ и оформление перевозочных документов на транзит груза через территорию Республики Узбекистан, поступающего из Исламской Республики Афганистан, будет осуществляться на территории Исламской Республики Афганистан.

Статья 5

1. При осуществлении транзита грузов Британская Сторона и экспедиторская организация (компания), действующая по ее поручению согласно условиям контракта обеспечивают соблюдение требований СМГС, законодательства Республики Узбекистан, а также других нормативных актов, действующих на железных дорогах Республики Узбекистан, в том числе санитарно-эпидемиологических норм Республики Узбекистан.

2. Британская сторона обязуется обеспечивать проведение дезинфекционных, дезинсекционных, дератизационных мероприятий и иных видов обеззараживания в соответствии с требованиями международных медико-санитарных правил на территории Исламской Республики Афганистан в отношении грузов, следующих транзитом через территорию Республики Узбекистан, с целью предупреждения трансграничного переноса инфекционных заболеваний (зоонозных, паразитарных и трансмиссивных инфекций).

Статья 6

Груз, следующий транзитом через территорию Республики Узбекистан в соответствии с настоящим Соглашением, подлежит пограничному и таможенному контролю и оформлению в соответствии с законодательством Республики Узбекистан.

Статья 7

1. Транзит груза осуществляется на основании разового разрешения, выдаваемого Министерством обороны Республики Узбекистан в соответствии с законодательством Республики Узбекистан и в порядке, предусмотренном настоящим Соглашением. Разрешение автоматически аннулируется в случае прекращения действия настоящего Соглашения. В этом случае, начатые перевозки завершаются в соответствии с выданным разрешением.

2. Для получения разрешения на транзит, указанного в пункте (1) настоящей статьи, компетентные органы Британской Стороны направляют по дипломатическим каналам запрос в Министерство обороны Республики Узбекистан на русском языке или на английском языке с приложением перевода на русский язык. В запросе должны быть указаны следующие сведения:

a) перечень груза, подлежащего транзиту, с указанием его спецификации, сертификата страны происхождения, экологический сертификат в случаях, установленных законодательством, количества в принятых единицах измерения, кода по Товарной номенклатуре внешнеэкономической деятельности Республики Узбекистан, цель транзита;

b) запланированные сроки транзита, а также наименования грузоотправителя и уполномоченной экспедиторской организации (компании);

c) маршрут, включая пункты отправления и назначения груза и планируемые пункты пропуска через Государственную границу Республики Узбекистан для выполнения пограничных и таможенных процедур;

d) сведения:

aa) в отношении груза, подлежащего к транзиту: габаритные размеры, масса; при необходимости координаты центра тяжести груза; характеристики опорных поверхностей, наличие подвижных деталей или узлов, средств для закрепления при перевозке, крепление и строповка груза; эскизы негабаритных единиц груза; при необходимости схему погрузки и крепления груза с приложением пояснительной записки и расчетов, сведения о способах перегрузки и перевалки груза;

bb) в отношении опасного груза: наименование вещества или

изделия, номер по списку ООН, сведения об упаковке, наличии аварийной карточки; если вещества или изделия в списке ООН отсутствуют - сведения в объеме, предусмотренном в «Информационном паспорте, подлежащем представлению в ООН с целью классификации или реклассификации веществ» (рекомендации ООН по перевозке опасных грузов);

e) документ, подтверждающий, что экспедиторская организация (компания), уполномоченная Британской Стороной перевозить опасные грузы, обеспечена гарантиями в форме страхового полиса, банковской гарантии или же иного обязательства о возмещении вреда, который может быть причинен жизни или здоровью людей, имуществу или окружающей среде при исполнении настоящего Соглашения.

3. В случае необходимости уточнения представленных в запросе сведений, Британская Сторона незамедлительно предоставляет затребованные дополнительные сведения, необходимые для выдачи разрешения на транзит;

4. Кроме того, запрос содержит сведения о требуемых типах грузовых вагонов, контейнеров, а также о креплении перевозимого груза на открытом и закрытом подвижном составе на случай перегрузочных работ. При перевозке опасного груза требуются перечень имеющихся средств пожаротушения, нейтрализации или дегазации, а также сведения о мерах предосторожности в целях индивидуальной защиты лиц, сопровождающих и/или охраняющих груз.

5. Разрешение Узбекской Стороны на транзит содержит:

a) согласие Узбекской Стороны на транзит в объеме и в соответствии с номенклатурой и спецификацией груза, а также в сроки, установленные Узбекской Стороной, и условия осуществления транзита;

b) указания о необходимости сопровождения и/или охраны перевозимого груза;

c) порядок регулирования иных вопросов, связанных с планированием, организацией и осуществлением транзита, отнесенных к ведению компетентных органов Узбекской Стороны;

d) наименование организации-перевозчика и организации-получателя;

e) сведения о характере груза по Товарной номенклатуре

внешнеэкономической деятельности Республики Узбекистан.

6. В случае, если не имеется никаких препятствий для осуществления транзита, Министерство обороны Республики Узбекистан выдает и препровождает разрешение на транзит Британской Стороне не позже 30 дней с даты получения запроса.

Статья 8

1. Узбекская Сторона вправе отказать в выдаче разрешения или приостановить решение вопроса о выдаче разрешения, запрошенного Британской Стороной, либо аннулировать выданное разрешение, если перемещаемые грузы не соответствуют целям настоящего Соглашения, в том числе данным, указанным в товарно-сопроводительных документах, или представляют угрозу национальной безопасности Республики Узбекистан.

2. Узбекская Сторона уведомляет Британскую Сторону в возможно короткие сроки об отказе или приостановлении решения вопроса о выдаче разрешения, запрошенного Британской Стороной, а также аннулировании выданного разрешения.

Статья 9

1. Выбор подвижного состава для перевозки грузов по железным дорогам Республики Узбекистан производится в соответствии с законодательством Республики Узбекистан.

2. Размещение груза на железнодорожном подвижном составе, а также его крепление при перегрузочных работах производится в соответствии с требованиями правил погрузки и крепления грузов, действующими на железной дороге Республики Узбекистан.

3. Экспедиторская организация (компания), действующая от имени Британской Стороны, при необходимости разрабатывает схему погрузки и крепления груза, а также предоставляет средства крепления и устанавливает такие средства крепления за свой счет, если в конкретном случае не будет достигнута договоренность об ином.

4. В целях обеспечения эффективной деятельности ГАЖК «Ўзбекистон темир йўллари» по перевозке грузов через территорию Республики Узбекистан экспедиторские организации (компании), действующие от имени Британской Стороны, могут привлекать порожний подвижной состав других собственников, предварительно согласовывают с Узбекской Стороной дату погрузки и количество одновременно отгружаемых вагонов

Статья 10

1. Для следования по железной дороге Республики Узбекистан транзит оформляется международной железнодорожной накладной в соответствии с СМГС.

2. Перевозка опасного груза осуществляется в соответствии с установленными законодательством Республики Узбекистан правилами перевозки опасных грузов.

Статья 11

Меры по предупреждению транспортных происшествий и управлению ими в связи с транзитом грузов и реагированию на такие происшествия, а также меры по ликвидации их последствий и установлению причин этих происшествий осуществляются компетентными органами Республики Узбекистан в рамках своих полномочий с уведомлением Британской Стороны.

Статья 12

Иски о возмещении ущерба, нанесенного при осуществлении перевозок экспедиторской организацией (компанией), регулируемых контрактами, заключенными в рамках настоящего Соглашения, решаются в соответствии с законодательством Республики Узбекистан.

Статья 13

1. Стоимость железнодорожных услуг по перевозкам транзитных и экспортных грузов через территорию Республики Узбекистан рассчитывается по ставкам Международного железнодорожного транзитного тарифа с применением коэффициента 1,5.

2. Расчеты за перевозки грузов, а также за другие услуги осуществляются между действующей по поручению Британской Стороны экспедиторской организацией (компанией) и ГАЖК «Ўзбекистон темир йўллари» согласно договорным условиям и законодательству Республики Узбекистан.

3. Транзит грузов Великобритании не будет облагаться таможенными пошлинами, сборами и налогами в Узбекистане.

Статья 14

Узбекская Сторона принимает на территории Республики Узбекистан необходимые меры для обеспечения безопасности транзита грузов и оказывает содействие в осуществлении транзита в соответствии с законодательством Республики Узбекистан.

Статья 15

С целью ускорения процедур таможенного контроля на пограничных пропускных пунктах Республики Узбекистан, Британская Сторона рассмотрит вопрос предоставления на безвозмездной основе оборудования и средств технического контроля согласно отдельной договоренности.

Статья 16

Настоящее Соглашение не затрагивает прав и обязательств ни одной из Сторон в рамках других международных соглашений, участником которых она является.

Статья 17

Споры, которые могут возникнуть в результате применения или толкования настоящего Соглашения, решаются путем консультаций и переговоров между Сторонами.

Статья 18

Вопросы, возникающие по поводу перевозки грузов экспедиторской организацией (компанией) на основании настоящего Соглашения, будут регулироваться в соответствии с законодательством Республики Узбекистан.

Статья 19

1. Настоящее Соглашение вступает в силу в день последнего письменного уведомления по дипломатическим каналам о выполнении Сторонами внутригосударственных процедур, необходимых для его вступления в силу.

2. По письменному согласию Сторон в настоящее Соглашение могут быть внесены изменения и дополнения, которые оформляются

отдельными протоколами, вступающими в силу в порядке, предусмотренном в пункте 1 настоящей статьи, и являются неотъемлемой частью настоящего Соглашения.

3. Изменения могут вноситься в Приложение к настоящему Соглашению путем обмена дипломатическими нотами и являются неотъемлемой частью настоящего Соглашения.

4. Настоящее Соглашение заключено сроком на один год и при необходимости срок его действия может быть продлен на годичный период по взаимному письменному согласию Сторон путем уведомления по дипломатическим каналам.

5. Любая из Сторон может прекратить действие настоящего Соглашения в любой момент, и не менее чем за 30 дней предоставляет другой Стороне по дипломатическим каналам заблаговременное письменное уведомление о своем намерении прекратить действие настоящего Соглашения.

Совершено в Ташкенте 5 сентября 2012 года в двух экземплярах на русском и английском языках, причем оба текста имеют одинаковую силу.

Graham Howard
Air Vice Marshal

За Правительство
Соединенного Королевства
Великобритании и Северной Ирландии

За Правительство
Республики Узбекистан

Приложение

ПЕРЕЧЕНЬ ВООРУЖЕНИЯ, БОЕПРИПАСОВ, ТЕХНИКИ И ТОВАРОВ ВОЕННОГО ИМУЩЕСТВА, ИСКЛЮЧЕННЫХ ИЗ РАЗРЕШЕННОГО КОММЕРЧЕСКОГО ТРАНЗИТА

Нижеследующие категории грузов, включая все их подкатегории, не подлежат коммерческой перевозке.

360100 000 0	Порох
360200 000 0	Вещества взрывчатые военные, кроме пороха
3603 00	Шнуры огнепроводные; шнуры детонирующие; капсюли ударные или детонирующие; запалы; электродетонаторы
3604 90 000 0	Ракеты сигнальные, дождевые ракеты, сигналы противотуманные и изделия пиротехнические прочие
8526	Аппаратура радиолокационная, радионавигационная и радиоаппаратура дистанционного управления оружием и боевой техникой, а также дистанционного боевого управления войсками
8710 00 000 0	Танки и прочие боевые самоходные бронированные транспортные средства, с вооружением или без вооружения, и запасные части к ним
8801, 8802, 8803, 8805	Летательные аппараты (вертолеты и самолеты); космические аппараты (включая спутники) и суборбитальные и космические ракеты-носители
8906	Военные и спасательные суда, вспомогательные военные суда, кроме гребных лодок
9013	Прицелы телескопические для установки на оружии; перископы; трубы зрительные, изготовленные как части машин, или другие зрительные устройства, могущие быть использованными с оружием, если они не установлены на огнестрельном оружии или не сопровождаются огнестрельным оружием, на котором они должны быть установлены; лазерные прицелы, могущие быть использованными с оружием, если они не установлены на огнестрельном оружии или не сопровождаются огнестрельным оружием, на котором они должны быть установлены
9301	Оружие военного образца, кроме револьверов, пистолетов и оружия товарной позиции 9307 Товарной номенклатуры внешнеэкономической деятельности
9302 00 000 0	Револьверы и пистолеты, кроме входящих в товарную позицию 9303 и 9304 Товарной номенклатуры внешнеэкономической деятельности
9303	Оружие огнестрельное и другие устройства, действующие посредством использования заряда взрывчатого вещества
9305	Запасные части к изделиям, указанным в товарных позициях 9301-9303
9306	Бомбы, гранаты, торпеды, мины, ракеты и аналогичные средства для ведения боевых действий, их части; патроны, снаряды, прочие боеприпасы и их части, включая дробь и пыжи для патронов, а также патроны для гладкоствольного оружия и их части

[TRANSLATION IN FRENCH – TRADUCTION EN FRANÇAIS]

ACCORD ENTRE LE GOUVERNEMENT DU ROYAUME-UNI DE GRANDE-BRETAGNE ET D'IRLANDE DU NORD ET LE GOUVERNEMENT DE LA RÉPUBLIQUE D'OUZBÉKISTAN SUR LE TRANSIT TERRESTRE DE MARCHANDISES EN PROVENANCE DE LA RÉPUBLIQUE ISLAMIQUE D'AFGHANISTAN PAR LE TERRITOIRE DE LA RÉPUBLIQUE D'OUZBÉKISTAN DANS LE CADRE DE LA PARTICIPATION DU ROYAUME-UNI DE GRANDE-BRETAGNE ET D'IRLANDE DU NORD AUX EFFORTS VISANT À ASSURER LA SÉCURITÉ, LA STABILISATION ET LA RECONSTRUCTION DE LA RÉPUBLIQUE ISLAMIQUE D'AFGHANISTAN AVEC L'INTERVENTION OBLIGATOIRE DE LA SOCIÉTÉ PUBLIQUE DES CHEMINS DE FER « UZBEKISTON TEMIR YULLARI »

Le Gouvernement du Royaume-Uni de Grande-Bretagne et d'Irlande du Nord et le Gouvernement de la République d'Ouzbékistan (ci-après dénommés « Parties »),

Aspirant à établir des relations constructives et mutuellement bénéfiques dans le domaine militaire et dans d'autres domaines de coopération, notamment la lutte contre le terrorisme, l'extrémisme et les menaces transnationales,

Confirmant que cette coopération est fondée sur le respect total de la souveraineté nationale de chacune des Parties, sur le principe de non-ingérence dans les affaires intérieures de l'autre Partie, ainsi que sur d'autres principes et objectifs de la Charte des Nations Unies (ci-après dénommées « Nations Unies »),

Ayant à l'esprit la résolution 1386 (2001) du Conseil de sécurité de l'ONU, adoptée le 20 décembre 2001 sur la base du Chapitre VII de la Charte des Nations Unies, ainsi que toutes les résolutions pertinentes du Conseil de sécurité de l'ONU qui demandent aux États voisins de la République islamique d'Afghanistan et aux autres États Membres de l'ONU d'accorder à la Force internationale d'assistance à la sécurité, notamment le Royaume-Uni de Grande-Bretagne et d'Irlande du Nord (ci-après dénommé « Royaume-Uni »), l'aide nécessaire qui pourrait être demandée,

Désireux d'établir les mesures et procédures nécessaires en vue d'organiser le transit par le territoire de la République d'Ouzbékistan de marchandises provenant d'unités des forces armées britanniques déployées sur le territoire de la République islamique d'Afghanistan,

Sont convenus de ce qui suit :

Article premier

Les définitions suivantes s'appliquent aux fins du présent Accord :

Le terme « transit » désigne le déplacement de marchandises en provenance de la République islamique d'Afghanistan à travers le territoire de la République d'Ouzbékistan par voie ferroviaire, dont les points de départ et de destination se trouvent en dehors de la République d'Ouzbékistan ;

L'expression « autorités compétentes » désigne les autorités des Parties chargées, conformément à la législation des Parties, de prendre des décisions concernant le transit de marchandises conformément au présent Accord ;

Le terme « autorisation » désigne un document accordant le droit de faire transiter des marchandises ;

Le terme « marchandises » désigne les articles fournis, à l'exception des marchandises énumérées dans l'annexe au présent Accord, et admis au transport, conformément à la législation de la République d'Ouzbékistan, par l'Uzbekiston temir yullari ;

L'expression « articles fournis » désigne les carburants et lubrifiants, le matériel de secours d'urgence et l'équipement technique d'aérodrome, l'équipement et les matériels logistiques, le matériel de réparation, les uniformes et accessoires militaires, les denrées alimentaires, les médicaments et le matériel médical, les systèmes visant à appuyer les activités quotidiennes du personnel des forces armées, les moyens de protection collectifs et individuels contre les armes de destruction massive, ainsi que d'autres biens non destinés à la conduite des combats, mais à l'appui des activités quotidiennes du personnel ;

Le terme « SMGS » désigne l'Accord concernant le transport international de marchandises par chemins de fer du 1er novembre 1951 avec ses modifications ;

L'expression « marchandises dangereuses » désigne les marchandises qui, en raison de leurs caractéristiques intrinsèques, sont susceptibles, en présence de facteurs spécifiques, au cours de leur transport sur le territoire de la République d'Ouzbékistan conformément à sa législation, et au cours des manœuvres, du chargement, du déchargement et du stockage, de provoquer une explosion, un incendie, une pollution chimique ou autre de l'environnement, ou de causer des dommages aux moyens techniques, aux dispositifs ou aux équipements, d'exposer d'autres infrastructures de transport ferroviaire ou des tiers, et de mettre ainsi en danger la vie et la santé humaines ou l'environnement ;

L'expression « carte d'urgence » désigne un document utilisé en cas d'urgence, qui régit les actions des employés de la compagnie ferroviaire ainsi que des équipes de secours intervenant pour faire face aux conséquences des accidents de transport. La forme de ce document est déterminée conformément à la législation de la République d'Ouzbékistan ;

L'expression « accident de transport » désigne tout événement survenu au cours d'un transport par chemin de fer et ayant entraîné une atteinte à la vie ou à la santé humaines ou des dommages à l'environnement ou aux biens de personnes physiques ou morales ;

L'expression « cargaison surdimensionnée » désigne des marchandises dont la taille dépasse les dimensions de chargement indiquées dans les Conditions techniques de chargement et d'arrimage des marchandises, les Règles de stockage et d'arrimage des marchandises dans les wagons et conteneurs SMGS, ainsi que dans les actes juridiques normatifs de la République d'Ouzbékistan en fonction du mode de transport.

Article 2

Les dispositions du présent Accord s'appliquent au transit par le territoire de la République d'Ouzbékistan de marchandises transportées depuis la République islamique d'Afghanistan dans le cadre de la participation du Royaume-Uni aux efforts visant à assurer la sécurité, la stabilisation et la reconstruction de la République islamique d'Afghanistan.

Article 3

Dans le cadre du présent Accord, le transit par le territoire de la République d'Ouzbékistan, depuis la République islamique d'Afghanistan, de marchandises transportées de contingents militaires ainsi que d'armes, de munitions, d'approvisionnements et de matériel militaires spécifiés dans l'annexe au présent Accord n'est pas autorisé.

Article 4

Les Parties prévoient d'effectuer le transit de marchandises dans le cadre du présent Accord sur la base d'accords commerciaux (contrats) conclus entre des entreprises (sociétés) de transit au nom du Royaume-Uni et l'Uzbekiston temir yullari comme suit :

a. Le transit par le territoire de la République d'Ouzbékistan de marchandises en provenance du territoire de la République islamique d'Afghanistan (via la gare ferroviaire frontalière de « Galaba ») à destination de la République du Kazakhstan (via la gare ferroviaire frontalière de « Karakalpakstan ») est effectué au moyen du transport ferroviaire organisé par l'Uzbekiston temir yullari ;

b. Le chargement en vue du transit par le territoire de la République d'Ouzbékistan des marchandises transportées depuis la République islamique d'Afghanistan est organisé par les entreprises (sociétés) de transit autorisées par le Royaume-Uni sur le territoire de la République islamique d'Afghanistan ;

c. Les documents de transport sont traités sur le territoire de la République d'Ouzbékistan. À cet égard, le chargement et le déchargement opérés pendant que les marchandises sont inspectées durant le traitement sont effectués par des représentants de l'entreprise (société) de transit autorisée par le Royaume-Uni ;

d. Après la mise en place, en République islamique d'Afghanistan, des organismes appropriés pour la surveillance du chemin de fer afghan, le chargement est organisé et les documents de transport pour le transit par le territoire de la République d'Ouzbékistan des marchandises transportées depuis la République islamique d'Afghanistan sont traités sur le territoire de la République islamique d'Afghanistan.

Article 5

1. Lorsque les marchandises sont en transit, le Royaume-Uni et l'entreprise (société) de transit, agissant conformément à ses instructions selon les termes du contrat, veillent au respect de l'Accord concernant le transport international de marchandises par chemins de fer, de la législation de la République d'Ouzbékistan et des autres règles et règlements en vigueur concernant les chemins de fer de la République d'Ouzbékistan, y compris les normes sanitaires et épidémiologiques de la République d'Ouzbékistan.

2. Le Royaume-Uni est déterminé à mettre en œuvre des mesures de désinfection et d'extermination des insectes et des rongeurs ainsi que d'autres formes de décontamination conformément aux exigences des règlements internationaux relatifs à la santé publique sur le territoire de la République islamique d'Afghanistan en ce qui concerne les marchandises en transit sur le territoire de la République d'Ouzbékistan, afin de prévenir la transmission transfrontalière de maladies infectieuses (infections zoonotiques, parasitaires et à transmission vectorielle).

Article 6

Les marchandises en transit par le territoire de la République d'Ouzbékistan conformément au présent Accord sont soumises à un contrôle et à un traitement frontaliers et douaniers conformément à la législation de la République d'Ouzbékistan.

Article 7

1. Le transit des marchandises s'effectue sur la base d'une autorisation unique délivrée par le Ministère de la défense de la République d'Ouzbékistan, conformément à la législation de la République d'Ouzbékistan et aux dispositions du présent Accord. L'autorisation est automatiquement annulée en cas de dénonciation du présent Accord. Dans ce cas, les expéditions commencées sont achevées conformément à l'autorisation qui a été accordée.

2. Pour obtenir l'autorisation de transit visée au paragraphe 1 du présent article, les autorités compétentes du Royaume-Uni adressent par la voie diplomatique une demande au Ministère de la défense de la République d'Ouzbékistan, en langue russe ou en langue anglaise, laquelle est accompagnée d'une traduction en russe. Les éléments suivants doivent être mentionnés dans la demande :

a) Une liste des marchandises à nécessitent un transit, avec indication de leur spécification, un certificat du pays d'origine, un certificat environnemental dans les cas prévus par la loi, le nombre (ou la quantité) en unités de mesure conventionnelles, le code de la nomenclature des marchandises relevant des échanges extérieurs de la République d'Ouzbékistan, et l'objet du transit ;

b) La période de transit prévue, ainsi que les noms de l'expéditeur et de l'entreprise (société) de transit autorisée ;

c) L'itinéraire, y compris le point de départ et la destination des marchandises ainsi que les points de passage prévus sur la frontière étatique de la République d'Ouzbékistan pour l'accomplissement des procédures frontalières et douanières ;

d) Les informations suivantes :

aa) En ce qui concerne les marchandises nécessitant un transit : les dimensions hors tout, le poids ; si nécessaire, les coordonnées du centre de gravité de la cargaison ; les caractéristiques de portance de la surface, la présence ou non de pièces ou de composants mobiles, les moyens d'arrimage pendant l'expédition, la fixation et le levage de la cargaison avec une élingue ; les plans de toute cargaison surdimensionnée ; si nécessaire, un schéma du chargement et de la fixation des marchandises accompagné d'une note explicative et des calculs annexés incluant des informations sur les méthodes de transfert et de transbordement des marchandises ;

bb) En ce qui concerne les marchandises dangereuses : le type de matière ou de produit, le numéro de la liste de l'ONU, es informations sur l'emballage, l'existence ou non d'une carte d'urgence ; si les matières ou produits ne figurent pas sur la liste de l'ONU : les informations prévues par le « Passeport d'information à fournir à l'ONU pour la classification ou la reclassification des matières » (Recommandations de l'ONU relatives au transport des marchandises dangereuses) ;

e) Un document confirmant que l'entreprise (la société) de transit autorisée par le Royaume-Uni à transporter des marchandises dangereuses bénéficie de garanties sous la forme d'une police d'assurance, d'une garantie bancaire ou d'une autre indemnité visant à compenser tout dommage qui pourrait être causé à la vie ou à la santé humaines, aux biens ou à l'environnement lors de la mise en œuvre du présent Accord.

3. Dans le cas où il serait nécessaire de clarifier les informations présentées dans la demande, le Royaume-Uni fournit immédiatement les informations supplémentaires nécessaires à l'octroi de l'autorisation de transit demandée.

4. En outre, la demande comprend des informations sur les types de wagons et de conteneurs nécessaires, ainsi que sur la fixation des marchandises expédiées sur du matériel roulant ouvert et fermé en cas de transbordement. Lorsque des marchandises dangereuses sont transportées, une liste des équipements disponibles pour la lutte contre l'incendie, la neutralisation et la décontamination ainsi que des informations sur les mesures de sécurité aux fins de la protection individuelle des personnes qui escortent ou gardent les marchandises sont fournies.

5. L'autorisation de la Partie ouzbèke pour le transit comprend :

a. Le consentement de la Partie ouzbèke pour un transit en vrac, en conformité avec la liste et les spécifications des marchandises et dans un délai fixé par la Partie ouzbèke, ainsi que les conditions d'exécution du transit ;

b. Une déclaration indiquant si les marchandises à expédier doivent être escortées et/ou gardées ;

c. La procédure de règlement de toute autre question relative à la planification, à l'organisation et à l'exécution du transit, qui relève de la compétence de la Partie ouzbèke ;

d. Le nom de l'organisme expéditeur et de l'organisme destinataire ;

e. Des informations sur la nature des marchandises conformément au code de la nomenclature des marchandises relevant des échanges extérieurs de la République d'Ouzbékistan.

6. Si aucun obstacle ne s'oppose au transit, le Ministère de la défense de la République d'Ouzbékistan accorde et envoie une autorisation de transit au Royaume-Uni au plus tard 30 jours à compter de la date de réception de la demande.

Article 8

1. La Partie ouzbèke a le droit de refuser d'accorder l'autorisation, de suspendre la procédure d'octroi de l'autorisation demandée par le Royaume-Uni ou d'annuler une autorisation qui a été accordée si les marchandises transportées ne sont pas conformes aux objectifs du présent Accord, y compris les données spécifiées dans les documents d'accompagnement, ou si elles constituent une menace pour la sécurité nationale de la République d'Ouzbékistan.

2. La Partie ouzbèke informe le Royaume-Uni dans les plus brefs délais de tout refus d'accorder une autorisation, de toute suspension de la suite donnée à une demande d'autorisation par le Royaume-Uni ou de l'annulation de toute autorisation accordée.

Article 9

1. Le choix du matériel roulant pour le transport de marchandises sur les chemins de fer de la République d'Ouzbékistan est effectué conformément à la législation de la République d'Ouzbékistan.

2. Les marchandises sont arrimées sur le matériel roulant ferroviaire et fixées pendant le transbordement conformément aux exigences des règlements relatifs au chargement et à la fixation des marchandises en vigueur sur les voies ferroviaires de la République d'Ouzbékistan.

3. L'entreprise (société) de transit agissant pour le compte du Royaume-Uni établit, si nécessaire, un schéma de chargement et de fixation des marchandises, fournit des moyens de fixation et installe ces moyens à ses propres frais, sauf accord contraire dans un cas particulier.

4. Afin d'assurer le bon fonctionnement de l'Uzbekiston temir yullari pour le transport de marchandises sur le territoire de la République d'Ouzbékistan, les entreprises (sociétés) de transit agissant pour le compte du Royaume-Uni peuvent utiliser le matériel roulant vide d'autres propriétaires, et convenir à l'avance avec la Partie ouzbèke de la date de chargement et du nombre de wagons à expédier en même temps.

Article 10

1. Pour circuler sur les voies ferroviaires de la République d'Ouzbékistan, le transit doit être enregistré par une lettre de voiture ferroviaire internationale conformément à l'Accord concernant le transport international de marchandises par chemins de fer.

2. Le transport de marchandises dangereuses est effectué conformément aux règlements relatifs au transport de marchandises dangereuses établis dans le cadre de la législation de la République d'Ouzbékistan.

Article 11

Les mesures de prévention et de traitement des accidents de transport liés au transit de marchandises et de réaction à ceux-ci, ainsi que les mesures visant à gérer les conséquences de ces accidents et à en établir les causes sont mises en œuvre par les autorités compétentes de la République d'Ouzbékistan dans le cadre de leurs compétences et notifiées au Royaume-Uni.

Article 12

Toute demande de dommages-intérêts résultant d'expéditions effectuées par l'entreprise (société) de transit régie par des contrats signés dans le cadre du présent Accord est réglée conformément à la législation de la République d'Ouzbékistan.

Article 13

1. Le coût des services ferroviaires pour les expéditions de marchandises en transit et à l'exportation à travers le territoire de la République d'Ouzbékistan est calculé sur la base des taux du tarif du transport ferroviaire international en transit en utilisant un coefficient de 1,5.

2. Les frais relatifs aux expéditions de marchandises ainsi qu'à d'autres services sont perçus entre l'entreprise (société) de transit agissant sur les instructions du Royaume-Uni et l'Uzbekiston

temir yullari conformément aux conditions contractuelles et à la législation de la République d'Ouzbékistan.

3. Le transit des marchandises britanniques n'est pas soumis aux droits de douane, taxes et impôts en Ouzbékistan.

Article 14

La Partie ouzbèke prend sur le territoire de la République d'Ouzbékistan les mesures nécessaires pour assurer la sûreté et la sécurité du transit des marchandises et offre son assistance pour effectuer le transit conformément à la législation de la République d'Ouzbékistan.

Article 15

Afin d'accélérer les procédures de contrôle douanier aux points de passage frontaliers de la République d'Ouzbékistan, le Royaume-Uni examine la possibilité de mettre gratuitement à disposition du matériel et des technologies d'inspection, y compris des équipements de balayage, pour les moyens de transport à grande capacité.

Article 16

Le présent Accord n'a aucune incidence sur les droits et les obligations de l'une et l'autre des Parties en vertu des accords internationaux auxquels elles sont parties.

Article 17

Les différends susceptibles de découler de l'application ou de l'interprétation du présent Accord sont réglés par voie de consultations et de négociations entre les Parties.

Article 18

Toute question découlant de l'expédition de marchandises effectuée par l'entreprise (société) de transit sur la base du présent Accord est réglée conformément à la législation de la République d'Ouzbékistan.

Article 19

1. Le présent Accord entre en vigueur à compter de la date de réception de la dernière notification écrite, par la voie diplomatique, de l'accomplissement par les Parties des procédures internes nécessaires à son entrée en vigueur.

2. Par consentement écrit des Parties, des amendements et des compléments peuvent être apportés au présent Accord ; ils font l'objet de protocoles séparés, qui entrent en vigueur conformément à la procédure spécifiée au paragraphe 1 du présent article et font partie intégrante du présent Accord.

3. Des amendements peuvent être apportés à l'annexe au présent Accord par un échange de notes diplomatiques et font partie intégrante du présent Accord.

4. Le présent Accord demeure en vigueur pour une période d'un an et, si nécessaire, sa période de validité peut être prolongée d'un an par consentement mutuel écrit des Parties au moyen d'une notification par la voie diplomatique.

5. Chaque Partie peut mettre fin à tout moment à l'application du présent Accord en notifiant par écrit, par la voie diplomatique, son intention de mettre fin à l'Accord au moins 30 jours à l'avance.

FAIT à Tachkent, le 5 septembre 2012, en deux exemplaires en langues anglaise et russe, les deux textes faisant également foi.

Pour le Gouvernement du Royaume-Uni de Grande-Bretagne et d'Irlande du Nord :

GRAHAM HOWARD

Général de division aérienne

Pour le Gouvernement de la République d'Ouzbékistan :

ABDOULAZIZ KOMILOV

ANNEXE

LISTE DES ARMES, DES MUNITIONS, DU MATÉRIEL ET DES BIENS MILITAIRES EXCLUS DU TRANSIT COMMERCIAL AUTORISÉ

Les catégories suivantes de marchandises, y compris toutes leurs sous-catégories, ne sont pas soumises au transport commercial.

360100 000 0	Poudre [propulsive]
360200 000 0	Explosifs militaires autres que la poudre
3603 00	Mèches lentes ; cordeaux détonants ; fusées percutantes ou détonateurs perturbateurs ; amorces ; détonateurs électriques
3604 90 000 0	Fusées éclairantes de signalisation, missiles ensemenceurs de nuages, signaux antibrouillard et autres articles pyrotechniques
8526	Équipements radar, équipements de radionavigation et équipements radio pour le contrôle à distance des armes et des équipements de combat, ainsi que pour le contrôle tactique à distance des troupes
8710 00 000 0	Chars et autres véhicules blindés de combat, avec ou sans armement, et leurs pièces de rechange
8801, 8802, 8803, 8805	Aéronefs (hélicoptères et avions) ; engins spatiaux (y compris les satellites) et boosters suborbitaux et spatiaux
8906	Navires de guerre et embarcations de sauvetage, navires militaires auxiliaires à l'exception des embarcations à avirons
9013	Lunettes de visée attachables à l'arme ; périscopes ; dispositifs d'amplification d'image fabriqués en tant que parties de machines, ou autres dispositifs d'amplification d'image susceptibles d'être utilisés avec des armes s'ils ne sont pas montés sur une arme à feu ou s'ils ne sont pas accompagnés d'une arme à feu sur laquelle ils devraient être montés ; viseurs laser susceptibles d'être utilisés avec une arme s'ils ne sont pas montés sur une arme à feu ou s'ils ne sont pas accompagnés d'une arme à feu sur laquelle ils devraient être montés.
9301	Armes de guerre à l'exception des revolvers, pistolets et armes portant le numéro 9307 dans la liste des marchandises pour le commerce extérieur.
9302 00 000 0	Revolvers et pistolets à l'exception de ceux portant les numéros 9303 et 9304 dans la liste des marchandises pour le commerce extérieur.
9303	Armes à feu et autres dispositifs explosifs activés par une charge
9305	Pièces détachées des articles portant les numéros 9301 à 9303 dans la liste des marchandises
9306	Bombes, grenades, torpilles, mines, roquettes et dispositifs similaires pour les opérations de combat, pièces s'y rattachant ; cartouches, projectiles, autres munitions et pièces s'y rattachant, y compris le conteneur de lancement et les bourres de cartouches, ainsi que les cartouches pour armes à canon lisse et les pièces s'y rattachant

No. 54393

United Kingdom of Great Britain and Northern Ireland and Finland

Agreement between the Government of the United Kingdom of Great Britain and Northern Ireland and the Government of the Republic of Finland concerning the mutual protection of classified information. London, 7 June 2012

Entry into force: *1 June 2013, in accordance with article 14*

Authentic texts: *English and Finnish*

Registration with the Secretariat of the United Nations: *United Kingdom of Great Britain and Northern Ireland, 28 March 2017*

Royaume-Uni de Grande-Bretagne et d'Irlande du Nord et Finlande

Accord entre le Gouvernement du Royaume-Uni de Grande-Bretagne et d'Irlande du Nord et le Gouvernement de la République de Finlande relatif à la protection réciproque des informations classifiées. Londres, 7 juin 2012

Entrée en vigueur : *1er juin 2013, conformément à l'article 14*

Textes authentiques : *anglais et finnois*

Enregistrement auprès du Secrétariat de l'Organisation des Nations Unies : *Royaume-Uni de Grande-Bretagne et d'Irlande du Nord, 28 mars 2017*

[TEXT IN ENGLISH – TEXTE EN ANGLAIS]

AGREEMENT BETWEEN THE GOVERNMENT OF THE UNITED KINGDOM OF GREAT BRITAIN AND NORTHERN IRELAND AND THE GOVERNMENT OF THE REPUBLIC OF FINLAND CONCERNING THE MUTUAL PROTECTION OF CLASSIFIED INFORMATION

The Government of the United Kingdom of Great Britain and Northern Ireland and the Government of the Republic of Finland, hereinafter referred to as "the Parties",

Considering that the Parties co-operate in matters such as, but not limited to, foreign affairs, defence, security, police, science, industry and technology,

In order to ensure the protection of any Classified Information exchanged in confidence directly between the Parties, or public or private legal entities or individuals under the jurisdiction of the Parties,

Have agreed as follows:

ARTICLE 1

Purpose

The purpose of this Agreement is to promote co-operation between the Parties by ensuring protection of any Classified Information exchanged between the Parties, or public or private legal entities or individuals under the jurisdiction of the Parties.

ARTICLE 2

Definitions

For the purposes of this Agreement:

a. *Classified Information*: means any information, document, material or knowledge that can be communicated in any form to which a security classification level has been applied and which has been marked accordingly under the national laws or regulations of the Parties.

b. *Contract*: means an agreement between two or more parties creating and defining enforceable rights and obligations between them.

c. *Contractor*: means any individual or legal entity possessing the legal capacity to conclude Contracts.

d. *Classified Contract*: means any contract or sub-contract, including any pre-contractual negotiations, which contains or involves Classified Information.

e. *Originator*: means the Party which originates, owns or provides the Classified Information.

f. *Recipient*: means the Party as well as any public or private legal entity under its authority to which the Classified Information is provided by the Originator.

g. *Facility Security Clearance (FSC)*: means a statement by a Party that the contractor has in place appropriate security measures within its facilities to access and protect Classified Information in accordance with its national laws and regulations.

h. *Competent Security Authority*: means a Designated Security Authority or any other competent body authorised according to national laws and regulations of a Party which is responsible for the implementation of this Agreement.

ARTICLE 3

Security Authorities

1. The National Security Authorities (NSAs) designated by the Parties as ultimately responsible for oversight of all aspects of this Agreement are:

In the United Kingdom of Great Britain and Northern Ireland:	**In the Republic of Finland:**
Government Security Secretariat Cabinet Office 70 Whitehall London SW1A 2AS United Kingdom	Ministry for Foreign Affairs National Security Authority Helsinki Finland

2. The NSAs shall notify each other of the relevant Competent Security Authorities (CSAs) which shall be responsible for the implementation of aspects of this Agreement. The NSAs shall notify each other of any subsequent changes to their respective CSAs.

ARTICLE 4

Security Classifications

1. Any Classified Information provided under this Agreement shall be marked with the appropriate security classification level under the national laws and regulations of the Originator.

2. The Parties agree that the classification levels shall correspond to one another as follows and be considered as equivalent:

In the United Kingdom of Great Britain and Northern Ireland	**In the Republic of Finland**[1]
UK TOP SECRET	ERITTÄIN SALAINEN
UK SECRET	SALAINEN
UK CONFIDENTIAL	LUOTTAMUKSELLINEN
UK RESTRICTED	KÄYTTÖ RAJOITETTU

3. In the event that Classified Information at the UK TOP SECRET/ ERITTÄIN SALAINEN level needs to be exchanged, supplementary implementing arrangements shall be agreed between the respective NSAs.

4. The Recipient shall ensure that classifications are not altered or revoked, except as authorised in writing by the Originator. Exceptionally, the Originator may ask the Recipient to afford protection at a higher level, but not at a lower level, than the marked classification.

ARTICLE 5

Protection of Classified Information

1. The Parties shall take all appropriate measures under their national laws and regulations to protect Classified Information provided under this Agreement. They

[1] Security classification markings in Swedish shall be made on documents written in or translated into Swedish. Security classification markings in Swedish may also be made in other cases if the Finland State authority considers it necessary. The equivalents in Swedish of the Finnish security classification markings are as follows: "ERITTÄIN SALAINEN" - "YTTERST HEMLIG", "SALAINEN" - "HEMLIG", "LUOTTAMUKSELLINEN" - "KONFIDENTIELL", and "KÄYTTÖ RAJOITETTU" - "BEGRÄNSAD TILLGÅNG".

shall afford such information an equivalent level of protection as they afford to their own information at the equivalent level of classification.

2. The Parties shall take all legally available steps to respect the principle of originator consent in accordance with their constitutional requirements, national laws and regulations.

3. Classified Information provided under this Agreement shall not be disclosed to any institution, international organisation, legal entity or State that does not fall within Article 1 of this Agreement, or an individual who does not hold the nationality of the State of either Party, without prior written consultation with, and the written approval of, the Originator.

4. Access to Classified Information shall be limited to individuals who have a 'Need-to-Know', who have been granted an appropriate Personnel Security Clearance (PSC) in accordance with national laws and regulations, and who are authorised to have access to such information. Such individuals shall be briefed on their responsibilities for the protection of Classified Information.

5. Classified Information shall be used solely for the purpose for which it has been provided.

6. A PSC is not required for access to Classified Information at the UK RESTRICTED / KÄYTTÖ RAJOITETTU levels.

ARTICLE 6

Classified Contracts

1. When proposing to place, or authorise a contractor under its jurisdiction to place, a Classified Contract involving information at the UK CONFIDENTIAL / LUOTTAMUKSELLINEN level or above with a contractor under the jurisdiction of the other Party, the NSA or relevant CSA shall obtain a written confirmation from the other NSA or relevant CSA that the contractor has been granted a Facility Security Clearance (FSC) appropriate to the level of classification concerned.

2. Classified Contracts at the level of UK CONFIDENTIAL / LUOTTAMUKSELLINEN level or above shall refer to this Agreement and contain guidance on the security requirements for the performance of the contract which identify the classification of each aspect/element of the contract. In the United Kingdom the guidance shall be contained in specific security clauses and in a Security Aspects Letter (SAL). In the Republic of Finland this guidance shall be set out in Programme Security Instructions (PSI) or a SAL and approved by the NSA or relevant CSA in writing. The guidance shall identify each classified aspect of the contract or any classified aspect which is to be generated by the contract, and allocate to it a specific security classification.

3. Where changes are proposed to the security requirements or to the aspects or elements of the classified contract they shall be notified to the other NSA or relevant CSA and agreed in writing. The originating NSA or relevant CSA shall notify the Recipient when all the information has been declassified.

4. A FSC is not required for Classified Contracts that are limited to Classified Information at the UK RESTRICTED / KÄYTTÖ RAJOITETTU levels.

ARTICLE 7

Transmission of Classified Information

1. Classified Information at the UK CONFIDENTIAL / LUOTTAMUKSELLINEN levels or above shall normally be transmitted between the Parties by government-to-government channels. However other channels may be agreed by the NSAs or relevant CSAs, in accordance with national laws and regulations.

2. If a Party wishes to transfer Classified Information originating from the other Party outside its territory, such transfers shall be subject to the prior approval of the Originator.

3. Classified Information at the UK RESTRICTED / KÄYTTÖ RAJOITETTU level shall be transmitted in accordance with the national laws and regulations of the Originator which may include the use of commercial courier companies.

ARTICLE 8

Translation, Reproduction and Destruction of Classified Information

1. All translations or reproductions of Classified Information shall bear the same security classification markings and be protected accordingly. The number of reproductions shall be limited to the minimum required for an official purpose or in the course of a classified contract.

2. All translations shall contain a suitable annotation, in the language of translation, indicating that they contain Classified Information of the Originator.

3. Classified Information marked UK SECRET / SALAINEN or below shall be destroyed in accordance with national laws or regulations when it is no longer considered necessary to retain this information for the purpose for which it was provided.

4. If a crisis situation makes it impossible to protect Classified Information provided under this Agreement, the Classified Information shall be destroyed

immediately. The Recipient shall notify the NSA or relevant CSA about the destruction of the Classified Information as soon as possible.

ARTICLE 9

Visits

1. Visits entailing access to Classified Information at UK CONFIDENTIAL / LUOTTAMUKSELLINEN or above require prior written authorisation from the NSA or relevant CSA of the Party receiving the visitors. Visitors shall only be allowed access where they have been:

a. granted an appropriate PSC by the NSA or relevant CSA of the sending Party and authorised to have access to Classified Information in accordance with the national laws and regulations of the host Party, and;

b. authorised by the NSA or relevant CSA of the requesting Party to conduct the visit or visits.

2. The NSA or relevant CSA of the requesting Party shall notify the NSA or relevant CSA of the Party to be visited of the planned visit in accordance with the provisions laid down in this Article and those agreed in the Implementing Arrangement between the NSAs. The requesting NSA or relevant CSA shall ensure that the host NSA or relevant CSA receives the request for visit (RfV) at least fifteen (15) working days before the visit is due to commence. In urgent cases the NSAs or relevant CSAs may agree on a shorter period.

3. The validity of authorisations for recurring visits shall not exceed twelve (12) months from the date of authorisation.

4. Visits relating to Classified Information at the UK RESTRICTED / KÄYTTÖ RAJOITETTU levels shall be arranged directly between the sending establishment and the establishment to be visited.

ARTICLE 10

Security Co-operation

1. In order to implement this Agreement the NSAs or relevant CSAs shall notify each other of their relevant national laws and regulations regarding the protection of Classified Information as well as of any subsequent amendments that significantly affect the protection of Classified Information received from the other Party.

2. In order to ensure close co-operation in the implementation of this Agreement the NSAs or relevant CSAs shall, as necessary, consult each other and on request they shall provide each other with information about their national security standards, procedures and practices for the protection of Classified Information.

3. Each Party shall allow representatives of the NSA or relevant CSA of the other Party to visit its territory in order to discuss procedures for the protection of Classified Information provided by the other Party.

4. On request, the NSAs or relevant CSAs shall, in accordance with national laws and regulations, assist each other in carrying out FSC or PSC checks.

5. NSAs or relevant CSAs shall inform each other promptly about any decision to revoke, suspend or downgrade the level of a PSC or FSC, where an individual has had access to, or a facility is holding, the other Party's Classified Information in connection with this Agreement.

ARTICLE 11

Breach or Compromise of Security

1. Each Party shall immediately notify the other Party of any actual or suspected breach or compromise of security concerning Classified Information exchanged under the scope of this Agreement.

2. Each Party shall take all appropriate measures under its national laws and regulations so as to limit the consequences of a breach or compromise referred to in Paragraph 1 of this Article within its jurisdiction. It shall also undertake an immediate investigation into the circumstances of any breach or compromise of security, with the assistance of the other Party where appropriate. The Party with jurisdiction shall inform the other Party of the outcome of the investigation and of the measures taken to prevent further violations as soon as possible.

ARTICLE 12

Costs

Each Party shall bear its own costs incurred in the course of implementing its obligations under this Agreement.

ARTICLE 13

Resolution of Disputes

Any dispute between the Parties on the interpretation or application of this Agreement shall be resolved exclusively by means of consultations between the Parties and shall not be referred to any national or international tribunal or other body for settlement.

ARTICLE 14

Final Provisions

1. The Parties shall notify each other of the completion of the national measures necessary for the entry into force of the Agreement. The Agreement shall enter into force on the first day of the second month following the receipt of the later notification.

2. This Agreement shall remain in force until further notice. The Agreement may be amended by the mutual, written consent of the Parties. Either Party may propose amendments to this Agreement at any time. If one Party so proposes, the Parties shall begin consultations on the amendment of the Agreement.

3. The NSAs or relevant CSAs may conclude Implementing Arrangements pursuant to this Agreement.

4. A Party may terminate this Agreement by written notification delivered to the other Party through diplomatic channels, observing a period of notice of six (6) months. If the Agreement is terminated, any Classified Information already transferred and any Classified Information arising under this Agreement shall be handled by the Parties in accordance with the provisions of this Agreement for as long as necessary.

5. Upon the entry into force of this Agreement, the bilateral General Security Arrangement between the Secretary of State for Defence of the United Kingdom of Great Britain and Northern Ireland and the Minister of Defence of Finland, concerning The Protection of Defence Classified Information, dated 1 August 2005 shall be terminated. Any Classified Information transmitted previously shall be protected in accordance with the provisions of this Agreement.

6. After the entry into force of this Agreement, the Party in whose territory the Agreement is concluded shall take immediate measures so as to have the Agreement registered by the Secretariat of the United Nations in accordance with Article 102 of the UN Charter. The other Party shall be notified of the registration and of the registration number in the UN Treaty Series as soon as the UN Secretariat has issued it.

In witness whereof the duly authorised representatives of the Parties have signed this Agreement,

In London on the Seventh day of June, 2012 in two original copies, in the English and Finnish languages, each text being equally authentic. In case of any divergence of interpretation, the English text shall prevail.

For the Government of the United Kingdom of Great Britain and Northern Ireland:

OLIVER ROBBINS

For the Government of the Republic of Finland:

PEKKA HUHTANIEMI

[TEXT IN FINNISH – TEXTE EN FINNOIS]

Sopimus Ison-Britannian ja Pohjois-Irlannin yhdistyneen kuningaskunnan hallituksen ja Suomen tasavallan hallituksen välillä turvallisuusluokitellun tiedon vastavuoroisesta suojaamisesta

Ison-Britannian ja Pohjois-Irlannin yhdistyneen kuningaskunnan hallitus ja Suomen tasavallan hallitus, jäljempänä "sopimuspuolet", jotka

ottavat huomioon, että sopimuspuolet toimivat yhteistyössä muun muassa, mutta eivät yksinomaan, ulko-, puolustus-, turvallisuus-, poliisi-, tiede-, elinkeino- ja teknologia-asioissa,

varmistaakseen sellaisen turvallisuusluokitellun tiedon suojaamisen, jota vaihdetaan luottamuksellisesti suoraan sopimuspuolten kesken tai sopimuspuolten lainkäyttövaltaan kuuluvien julkis- tai yksityisoikeudellisten oikeushenkilöiden tai luonnollisten henkilöiden kesken,

ovat sopineet seuraavasta:

1 artikla

Tarkoitus

Tämän sopimuksen tarkoituksena on edistää sopimuspuolten välistä yhteistyötä varmistamalla sopimuspuolten kesken tai sopimuspuolten lainkäyttövaltaan kuuluvien julkis- tai yksityisoikeudellisten oikeushenkilöiden tai luonnollisten henkilöiden kesken vaihdettavan turvallisuusluokitellun tiedon suojaaminen.

2 artikla

Määritelmät

Tässä sopimuksessa

a) *turvallisuusluokiteltu tieto* tarkoittaa missä tahansa muodossa välitettävää tietoa, asiakirjaa tai aineistoa, joka on turvallisuusluokiteltu ja johon on tehty asianmukainen turvallisuusluokitusmerkintä sopimuspuolten kansallisten lakien tai määräysten mukaisesti;

b) *sopimus* tarkoittaa kahden tai useamman osapuolen välistä yhteisymmärrystä, jolla luodaan ja määritellään niiden kesken täytäntöönpanokelpoisia oikeuksia ja velvoitteita;

c) *hankeosapuoli* tarkoittaa luonnollista henkilöä tai oikeushenkilöä, jolla on oikeudellinen kelpoisuus tehdä sopimuksia;

d) *turvallisuusluokiteltu sopimus* tarkoittaa sopimusta tai alihankintasopimusta, mukaan lukien tällaista sopimusta edeltävät neuvottelut, joka sisältää tai johon liittyy turvallisuusluokiteltua tietoa;

e) *lähettäjä* tarkoittaa sopimuspuolta, jolta turvallisuusluokiteltu tieto on peräisin tai joka omistaa tai luovuttaa sen;

f) *vastaanottaja* tarkoittaa sopimuspuolta tai sen lainkäyttövaltaan kuuluvaa julkis- tai yksityisoikeudellista oikeushenkilöä, jolle lähettäjä luovuttaa turvallisuusluokitellun tiedon;

g) *yhteisöturvallisuusselvitys* tarkoittaa sopimuspuolen lausuntoa siitä, että hankeosapuolella on organisaatiossaan käytössä asianmukaiset turvallisuustoimet, jotka liittyvät turvallisuusluokitellun tiedon saantiin ja suojaamiseen sen kansallisten lakien ja määräysten mukaisesti;

h) *toimivaltainen turvallisuusviranomainen* tarkoittaa määrättyä turvallisuusviranomaista tai muuta toimivaltaista elintä, joka on sopimuspuolen kansallisten lakien ja määräysten mukaisesti valtuutettu vastaamaan tämän sopimuksen täytäntöönpanosta.

3 artikla

Turvallisuusviranomaiset

1. Sopimuspuolet ovat nimenneet seuraavat kansalliset turvallisuusviranomaiset vastaamaan viime kädessä tämän sopimuksen valvonnasta kaikilta osin:

Ison-Britannian ja Pohjois-Irlannin yhdistyneessä kuningaskunnassa	**Suomen tasavallassa**
Government Security Secretariat Cabinet Office 70 Whitehall London SW1A 2AS United Kingdom	Ulkoasiainministeriö Kansallinen turvallisuusviranomainen Helsinki Suomi

2. Kansalliset turvallisuusviranomaiset antavat toisilleen tiedoksi asianomaiset toimivaltaiset turvallisuusviranomaisensa, jotka vastaavat tämän sopimuksen täytäntöönpanosta kultakin osin. Kansalliset turvallisuusviranomaiset antavat toisilleen tiedoksi mahdolliset myöhemmät toimivaltaisten turvallisuusviranomaistensa muutokset.

4 artikla

Turvallisuusluokitukset

1. Tämän sopimuksen mukaisesti luovutettuun turvallisuusluokiteltuun tietoon merkitään lähettäjän kansallisten lakien ja määräysten mukainen turvallisuusluokka.

2. Sopimuspuolet sopivat, että turvallisuusluokat vastaavat toisiaan seuraavasti ja katsotaan toisiaan vastaaviksi:

Ison-Britannian ja Pohjois-Irlannin yhdistyneessä kuningaskunnassa	**Suomen tasavallassa**[1]
UK TOP SECRET	ERITTÄIN SALAINEN
UK SECRET	SALAINEN
UK CONFIDENTIAL	LUOTTAMUKSELLINEN
UK RESTRICTED	KÄYTTÖ RAJOITETTU

3. Jos on tarpeen vaihtaa turvallisuusluokkaan UK TOP SECRET / ERITTÄIN SALAINEN kuuluvaa tietoa, kansalliset turvallisuusviranomaiset sopivat keskenään täydentävistä täytäntöönpanojärjestelyistä.

4. Vastaanottaja varmistaa, ettei turvallisuusluokituksia muuteta eikä kumota ilman lähettäjän antamaa kirjallista lupaa. Lähettäjä voi poikkeustapauksissa pyytää vastaanottajaa suojaamaan tiedot niihin merkittyä turvallisuusluokkaa ylemmän, mutta ei alemman, turvallisuusluokan mukaisesti.

[1] Ruotsin kielellä kirjoitettuihin tai ruotsiksi käännettyihin asiakirjoihin tehdään ruotsinkieliset turvallisuusluokitusmerkinnät. Ruotsinkieliset luokitusmerkinnät voidaan tehdä myös muissa tapauksissa, jos Suomen valtion viranomainen katsoo sen tarpeelliseksi. Suomenkielisiä turvallisuusluokitusmerkintöjä vastaavat ruotsinkieliset merkinnät ovat: ERITTÄIN SALAINEN – YTTERST HEMLIG, SALAINEN – HEMLIG, LUOTTAMUKSELLINEN – KONFIDENTIELL ja KÄYTTÖ RAJOITETTU – BEGRÄNSAD TILLGÅNG.

5 artikla

Turvallisuusluokitellun tiedon suojaaminen

1. Sopimuspuolet toteuttavat kaikki asianmukaiset kansallisten lakiensa ja määräystensä mukaiset toimenpiteet suojatakseen tämän sopimuksen mukaisesti luovutetun turvallisuusluokitellun tiedon. Ne antavat tälle tiedolle samantasoisen suojan kuin omalle vastaavaan turvallisuusluokkaan kuuluvalle tiedolleen.

2. Sopimuspuolet toteuttavat kaikki lainsäädäntönsä mahdollistamat toimet noudattaakseen luovuttajan suostumuksen periaatetta perustuslakiensa vaatimusten sekä kansallisten lakiensa ja määräystensä mukaisesti.

3. Tämän sopimuksen mukaisesti luovutettua turvallisuusluokiteltua tietoa ei ilmaista tämän sopimuksen 1 artiklan soveltamisalaan kuulumattomalle laitokselle, kansainväliselle järjestölle, oikeushenkilölle tai valtiolle eikä luonnolliselle henkilölle, joka ei ole kummankaan sopimuspuolen valtion kansalainen, kuulematta lähettäjää asiasta ennakolta kirjallisesti ja ilman lähettäjän kirjallista suostumusta.

4. Pääsy turvallisuusluokiteltuun tietoon sallitaan ainoastaan henkilöille, joilla on tiedonsaantitarve, joista on tehty asianmukainen henkilöturvallisuusselvitys kansallisten lakien ja määräysten mukaisesti ja joille on myönnetty pääsy tällaiseen tietoon. Näille henkilöille selvitetään heidän vastuunsa turvallisuusluokitellun tiedon suojaamisesta.

5. Turvallisuusluokiteltua tietoa saa käyttää ainoastaan siihen tarkoitukseen, jota varten se on luovutettu.

6. Turvallisuusluokkaan UK RESTRICTED / KÄYTTÖ RAJOITETTU kuuluvan turvallisuusluokitellun tiedon saanti ei edellytä henkilöturvallisuusselvitystä.

6 artikla

Turvallisuusluokitellut sopimukset

1. Jos kansallinen turvallisuusviranomainen tai asianomainen toimivaltainen turvallisuusviranomainen aikoo tehdä tai sallia lainkäyttövaltaansa kuuluvan hankeosapuolen tehdä toisen sopimuspuolen lainkäyttövaltaan kuuluvan hankeosapuolen kanssa turvallisuusluokitellun sopimuksen, johon liittyy turvallisuusluokkaan UK CONFIDENTIAL / LUOTTAMUKSELLINEN tai sitä ylempään turvallisuusluokkaan kuuluvaa tietoa, sen on saatava toisen sopimuspuolen kansallisen turvallisuusviranomaisen tai asianomaisen toimivaltaisen turvallisuusviranomaisen kirjallinen vahvistus siitä, että toisen sopimuspuolen hankeosapuolesta on tehty kyseistä turvallisuusluokkaa vastaava yhteisöturvallisuusselvitys,

2. Turvallisuusluokkaan UK CONFIDENTIAL / LUOTTAMUKSELLINEN tai sitä ylempään turvallisuusluokkaan kuuluvissa turvallisuusluokitelluissa sopimuksissa on viitattava tähän sopimukseen, ja niihin on sisällyttävä ohjeet turvallisuusluokitellun sopimuksen täytäntöönpanoon liittyvistä turvallisuusvaatimuksista, joissa määritetään kyseisen sopimuksen kunkin aihealueen tai osan turvallisuusluokka. Yhdistyneessä kuningaskunnassa ohjeet sisällytetään erityisiin turvallisuuslausekkeisiin ja turvallisuutta koskevaan lisälausekkeeseen (Security Aspects Letter, SAL). Suomen tasavallassa ohjeet annetaan hanketurvallisuusohjeistuksessa (Programme Security Instructions, PSI) tai turvallisuutta koskevassa lisälausekkeessa (Security Aspects Letter, SAL), ja kansallinen turvallisuusviranomainen tai asianomainen toimivaltainen turvallisuusviranomainen hyväksyy ohjeet kirjallisesti. Ohjeissa määritetään kukin turvallisuusluokitellun sopimuksen turvallisuusluokiteltu aihealue tai kyseisellä sopimuksella luotava turvallisuusluokiteltu aihealue ja määrätään tälle aihealueelle erityinen turvallisuusluokka.

3. Ehdotukset turvallisuusvaatimusten tai turvallisuusluokitellun sopimuksen aihealueiden tai osien muuttamisesta toimitetaan toiselle kansalliselle turvallisuusviranomaiselle tai asianomaiselle toimivaltaiselle turvallisuusviranomaiselle, ja muutoksista sovitaan kirjallisesti. Tiedot lähettänyt kansallinen turvallisuusviranomainen tai asianomainen toimivaltainen turvallisuusviranomainen ilmoittaa vastaanottajalle, kun kaikkien tietojen turvallisuusluokitus on poistettu.

4. Yhteisöturvallisuusselvitystä ei vaadita sellaisten turvallisuusluokiteltujen sopimusten osalta, joihin liittyy ainoastaan turvallisuusluokkaan UK RESTRICTED / KÄYTTÖ RAJOITETTU kuuluvaa tietoa.

7 artikla

Turvallisuusluokitellun tiedon välittäminen

1. Turvallisuusluokkaan UK CONFIDENTIAL / LUOTTAMUKSELLINEN tai sitä ylempään turvallisuusluokkaan kuuluva tieto välitetään sopimuspuolten välillä pääsääntöisesti hallitusten välisiä kanavia käyttäen. Kansalliset turvallisuusviranomaiset tai asianomaiset toimivaltaiset turvallisuusviranomaiset voivat kuitenkin sopia muista kanavista kansallisten lakien ja määräysten mukaisesti.

2. Jos sopimuspuoli haluaa siirtää toiselta sopimuspuolelta peräisin olevaa turvallisuusluokiteltua tietoa alueensa ulkopuolelle, siirtoon on saatava ennakolta lähettäjän lupa.

3. Turvallisuusluokkaan UK RESTRICTED / KÄYTTÖ RAJOITETTU kuuluva turvallisuusluokiteltu tieto välitetään lähettäjän kansallisten lakien ja määräysten mukaisesti, mihin voi sisältyä kaupallisten kuriiriyritysten käyttö.

8 artikla

Turvallisuusluokitellun tiedon kääntäminen, kopiointi ja hävittäminen

1. Kaikkiin turvallisuusluokitellun tiedon käännöksiin ja kopioihin tehdään samat turvallisuusluokitusmerkinnät, ja ne suojataan näiden mukaisesti. Kopioita otetaan ainoastaan se vähimmäismäärä, joka tarvitaan viralliseen tarkoitukseen tai turvallisuusluokitellun sopimuksen täytäntöönpanoon.

2. Kaikkiin käännöksiin tehdään asianmukainen käännöskielinen merkintä siitä, että käännökset sisältävät lähettäjän turvallisuusluokiteltua tietoa.

3. Turvallisuusluokkaan UK SECRET / SALAINEN tai sitä alempaan turvallisuusluokkaan kuuluva tieto hävitetään kansallisen lakien tai määräysten mukaisesti, kun ei enää katsota tarpeelliseksi säilyttää tätä tietoa siihen tarkoitukseen, jota varten se on luovutettu.

4. Jos kriisitilanne estää tämän sopimuksen mukaisesti luovutetun turvallisuusluokitellun tiedon suojaamisen, tieto hävitetään välittömästi. Vastaanottaja ilmoittaa turvallisuusluokitellun tiedon hävittämisestä kansalliselle turvallisuusviranomaiselle tai asianomaiselle toimivaltaiselle turvallisuusviranomaiselle mahdollisimman pian.

9 artikla

Vierailut

1. Vierailuihin, joihin liittyy pääsy turvallisuusluokkaan UK CONFIDENTIAL / LUOTTAMUKSELLINEN tai sitä ylempään turvallisuusluokkaan kuuluvaan tietoon, vaaditaan vieraat vastaanottavan sopimuspuolen kansallisen turvallisuusviranomaisen tai asianomaisen toimivaltaisen turvallisuusviranomaisen ennakolta antama kirjallinen lupa. Vierailijoille sallitaan pääsy turvallisuusluokiteltuun tietoon ainoastaan, jos

a. vieraat lähettävän sopimuspuolen kansallinen turvallisuusviranomainen tai asianomainen toimivaltainen turvallisuusviranomainen on tehnyt heistä asianmukaisen henkilöturvallisuusselvityksen ja heille on myönnetty pääsy turvallisuusluokiteltuun tietoon isäntäsopimuspuolen kansallisten lakien ja määräysten mukaisesti, ja;

b. vierailua pyytävän sopimuspuolen kansallinen turvallisuusviranomainen tai asianomainen toimivaltainen turvallisuusviranomainen on antanut heille luvan yhteen tai useampaan vierailuun.

2. Vierailua pyytävän sopimuspuolen kansallinen turvallisuusviranomainen tai asianomainen toimivaltainen turvallisuusviranomainen ilmoittaa suunnitellusta vierailusta

vierailun kohteena olevan sopimuspuolen kansalliselle turvallisuusviranomaiselle tai asianomaiselle toimivaltaiselle turvallisuusviranomaiselle tämän artiklan määräysten sekä kansallisten turvallisuusviranomaisten välisen täytäntöönpanojärjestelyn määräysten mukaisesti. Vierailua pyytävän sopimuspuolen kansallinen turvallisuusviranomainen tai asianomainen toimivaltainen turvallisuusviranomainen varmistaa, että isäntäsopimuspuolen kansallinen turvallisuusviranomainen tai asianomainen toimivaltainen turvallisuusviranomainen saa vierailupyynnön vähintään 15 työpäivää ennen kuin vierailun on määrä alkaa. Kiireellisissä tapauksissa kansalliset turvallisuusviranomaiset tai asianomaiset toimivaltaiset turvallisuusviranomaiset voivat sopia lyhyemmästä määräajasta.

3. Toistuvia vierailuja koskevat luvat ovat voimassa enintään kaksitoista (12) kuukautta luvan antamispäivästä.

4. Vierailut, joihin liittyy turvallisuusluokkaan UK RESTRICTED / KÄYTTÖ RAJOITETTU kuuluvaa tietoa, järjestetään suoraan vieraat lähettävän organisaation ja vierailun kohteena olevan organisaation kesken.

10 artikla

Turvallisuusyhteistyö

1. Tämän sopimuksen täytäntöön panemiseksi kansalliset turvallisuusviranomaiset tai asianomaiset toimivaltaiset turvallisuusviranomaiset antavat toisilleen tiedoksi sovellettavat turvallisuusluokitellun tiedon suojaamista koskevat kansalliset lakinsa ja määräyksensä sekä niiden mahdolliset myöhemmät muutokset, jotka vaikuttavat merkittävästi toiselta sopimuspuolelta saadun turvallisuusluokitellun tiedon suojaamiseen.

2. Varmistaakseen läheisen yhteistyön tätä sopimusta täytäntöön pantaessa kansalliset turvallisuusviranomaiset tai asianomaiset toimivaltaiset turvallisuusviranomaiset neuvottelevat tarvittaessa keskenään ja antavat pyynnöstä toisilleen tietoa turvallisuusluokitellun tiedon suojaamista koskevista kansallisista turvallisuusnormeistaan, menettelyistään ja käytännöistään.

3. Sopimuspuolet sallivat toisen sopimuspuolen kansallisen turvallisuusviranomaisen tai asianomaisen toimivaltaisen turvallisuusviranomaisen edustajien vierailla alueellaan keskustelemassa menettelyistä toisen sopimuspuolen luovuttaman turvallisuusluokitellun tiedon suojaamiseksi.

4. Kansalliset turvallisuusviranomaiset tai asianomaiset toimivaltaiset turvallisuusviranomaiset avustavat pyynnöstä toisiaan kansallisten lakien ja määräysten mukaisesti yhteisö- ja henkilöturvallisuusselvitysten tekemisessä.

5. Kansalliset turvallisuusviranomaiset tai asianomaiset toimivaltaiset turvallisuusviranomaiset ilmoittavat viipymättä toisilleen päätöksistä kumota henkilö- tai yhteisöturvallisuusselvitys, keskeyttää sen voimassaolo tai alentaa sen tasoa, jos luonnollisella henkilöllä on pääsy tähän sopimukseen liittyvään toisen sopimuspuolen turvallisuusluokiteltuun tietotoon tai yhteisöllä on hallussaan tällaista tietoa.

11 artikla

Tietoturvaloukkaus tai tietoturvallisuuden vaarantuminen

1. Kumpikin sopimuspuoli ilmoittaa viipymättä toiselle sopimuspuolelle todetusta tai epäillystä tietoturvallisuuden loukkaamisesta tai vaarantumisesta, joka kohdistuu tämän sopimuksen mukaisesti vaihdettuun turvallisuusluokiteltuun tietoon.

2. Sopimuspuolet toteuttavat kansallisten lakiensa ja määräystensä mukaisesti kaikki asianmukaiset toimenpiteet rajoittaakseen lainkäyttövaltaansa kuuluvan tämän artiklan 1 kappaleessa tarkoitetun tietoturvaloukkauksen tai tietoturvallisuuden vaarantumisen seurauksia. Kumpikin sopimuspuoli tutkii myös välittömästi tietoturvaloukkauksen tai tietoturvallisuuden vaarantumisen tosiseikat, tarvittaessa toisen sopimuspuolen avustamana. Se sopimuspuoli, jonka lainkäyttövaltaan asia kuuluu, ilmoittaa mahdollisimman pian toiselle sopimuspuolelle tutkinnan tuloksesta sekä toimenpiteistä, jotka on toteutettu tarkoituksena estää tietoturvaloukkauksen tai tietoturvallisuuden vaarantumisen jatkuminen.

12 artikla

Kustannukset

Sopimuspuolet vastaavat omista kustannuksistaan, jotka aiheutuvat niiden tähän sopimukseen perustuvien velvoitteiden täyttämisestä.

13 artikla

Riitojen ratkaiseminen

Kaikki sopimuspuolten väliset riidat, jotka koskevat tämän sopimuksen tulkintaa tai soveltamista, ratkaistaan yksinomaan sopimuspuolten välisillä neuvotteluilla, eikä niitä saateta kansallisten tai kansainvälisten tuomioistuinten tai muiden elinten ratkaistaviksi.

14 artikla

Loppumääräykset

1. Sopimuspuolet ilmoittavat toisilleen, kun tämän sopimuksen voimaantulon edellyttämät kansalliset toimenpiteet on toteutettu. Sopimus tulee voimaan toiseksi seuraavan kuukauden ensimmäisenä päivänä sen jälkeen, kun jälkimmäinen ilmoitus on otettu vastaan.

2. Tämä sopimus on voimassa toistaiseksi. Sopimusta voidaan muuttaa sopimuspuolten keskinäisellä kirjallisella suostumuksella. Sopimuspuoli voi milloin tahansa ehdottaa tämän sopimuksen muuttamista. Jos jompikumpi sopimuspuoli sitä ehdottaa, sopimuspuolet aloittavat neuvottelut sopimuksen muuttamisesta.

3. Kansalliset turvallisuusviranomaiset tai asianomaiset toimivaltaiset turvallisuusviranomaiset voivat sopia täytäntöönpanojärjestelyistä tämän sopimuksen mukaisesti.

4. Sopimuspuoli voi irtisanoa tämän sopimuksen ilmoittamalla asiasta kirjallisesti toiselle sopimuspuolelle diplomaattiteitse kuuden (6) kuukauden irtisanomisaikaa noudattaen. Jos sopimus irtisanotaan, sopimuspuolet käsittelevät jo välitettyä turvallisuusluokiteltua tietoa sekä tämän sopimuksen perusteella syntyvää turvallisuusluokiteltua tietoa tämän sopimuksen määräysten mukaisesti niin kauan kuin se on tarpeen.

5. Tämän sopimuksen tullessa voimaan lakkaa Iso-Britannian ja Pohjois-Irlannin yhdistyneen kuningaskunnan puolustusministerin ja Suomen puolustusministerin välillä 1 päivänä elokuuta 2005 tehty kahdenvälinen turvallisuusluokitellun sotilastiedon vastavuoroista suojaamista koskeva järjestelyasiakirja (General Security Arrangement) olemasta voimassa. Aiemmin välitetty turvallisuusluokiteltu tieto suojataan tämän sopimuksen määräysten mukaisesti.

6. Tämän sopimuksen tultua voimaan se sopimuspuoli, jonka alueella sopimus on tehty, toteuttaa viipymättä tarvittavat toimenpiteet sopimuksen rekisteröimiseksi Yhdistyneiden Kansakuntien sihteeristöön Yhdistyneiden Kansakuntien peruskirjan 102 artiklan mukaisesti. Rekisteröinti ja vastaava Yhdistyneiden Kansakuntien sopimussarjan rekisterinumero annetaan tiedoksi toiselle sopimuspuolelle heti, kun sihteeristö on antanut numeron.

Tämän vakuudeksi asianmukaisesti valtuutetut sopimuspuolten edustajat ovat allekirjoittaneet tämän sopimuksen.

Tehty LONDON ssa 7th päivänä JUNE kuuta 2012

kahtena englannin ja suomenkielisenä alkuperäiskappaleena, jonka molemmat tekstit ovat yhtä todistusvoimaiset. Jos syntyy tulkintaeroja, englanninkielinen teksti on ratkaiseva.

Ison-Britannian ja Pohjois-Irlannin yhdistyneen kuningaskunnan hallituksen puolesta

Suomen tasavallan hallituksen puolesta

[TRANSLATION IN FRENCH – TRADUCTION EN FRANÇAIS]

ACCORD ENTRE LE GOUVERNEMENT DU ROYAUME-UNI DE GRANDE-BRETAGNE ET D'IRLANDE DU NORD ET LE GOUVERNEMENT DE LA RÉPUBLIQUE DE FINLANDE RELATIF À LA PROTECTION RÉCIPROQUE DES INFORMATIONS CLASSIFIÉES

Le Gouvernement du Royaume-Uni de Grande-Bretagne et d'Irlande du Nord et le Gouvernement de la République de Finlande, ci-après dénommés « Parties contractantes »,

Considérant que les Parties coopèrent dans divers domaines, notamment, mais sans s'y limiter, les affaires étrangères, la défense, la sécurité, la police, la science, l'industrie et la technologie,

Afin de garantir la protection de toute information classifiée échangée à titre confidentiel directement entre les Parties, des personnes morales publiques ou privées ou des personnes relevant de la compétence des Parties,

Sont convenus de ce qui suit :

Article premier. Objet

Le présent Accord vise à promouvoir la coopération entre les Parties en garantissant la protection de toute information classifiée échangée entre les Parties ou entre des personnes morales ou physiques, publiques ou privées, relevant de la compétence des Parties.

Article 2. Définitions

Aux fins du présent Accord :

a. L'expression « information classifiée » désigne les informations, documents, éléments ou connaissances pouvant être communiqués sous quelque forme que ce soit, auquel un niveau de classification de sécurité s'applique et qui ont été marqués en conséquence en vertu des lois ou règlements nationaux des Parties ;

b. Le terme « contrat » désigne un accord conclu entre au moins deux parties, qui crée ou définit des droits et des obligations contraignants entre celles-ci ;

c. L'expression « contractant » désigne toute personne physique ou morale dotée de la capacité juridique de conclure des contrats ;

d. L'expression « contrat classifié » désigne tout contrat ou sous-contrat, y compris les négociations précontractuelles, qui comprend ou implique des informations classifiées ;

e. L'expression « Partie émettrice » désigne la Partie dont émane l'information classifiée, qui en est propriétaire ou qui la fournit ;

f. L'expression « Partie destinataire » désigne une Partie ou toute entité juridique publique ou privée placée sous son autorité à laquelle la Partie émettrice fournit des informations classifiées ;

g. L'expression « habilitation de sécurité d'installation » désigne une déclaration d'une Partie selon laquelle le contractant dispose des mesures de sécurité voulues au sein de ses installations pour lui permettre d'avoir accès à des informations classifiées et d'en assurer la protection conformément aux lois et règlements nationaux ;

h. L'expression « autorité de sécurité compétente » désigne une autorité de sécurité désignée ou tout autre organisme compétent agréé, en vertu des lois et règlements nationaux d'une Partie, et chargé de la mise en œuvre du présent Accord.

Article 3. Autorités de sécurité

1. Les autorités nationales de sécurité désignées par les Parties comme responsables en dernier ressort du contrôle de l'ensemble des questions visées dans le présent Accord sont les suivantes :

Au Royaume-Uni de Grande-Bretagne et d'Irlande du Nord :	**En République de Finlande :**
Secrétariat du Gouvernement pour la sécurité Cabinet 70 Whitehall Londres SW1A 2AS Royaume-Uni	Ministère des affaires étrangères Autorité nationale de sécurité Helsinki Finlande

2. Les autorités nationales de sécurité se notifient mutuellement les autorités de sécurité compétentes chargées de la mise en œuvre des dispositions du présent Accord. Elles s'informent mutuellement de tout changement relatif aux autorités de sécurité compétentes de leur pays respectif.

Article 4. Classifications de sécurité

1. Les informations classifiées communiquées en vertu du présent Accord sont soumises au niveau de classification de sécurité applicable, tel que prévu par les lois et règlements nationaux de la Partie émettrice.

2. Les Parties conviennent des correspondances suivantes des niveaux de classification et les considèrent comme équivalents :

Pour le Royaume-Uni de Grande-Bretagne et d'Irlande du Nord :	**Pour la République de Finlande**[1]**:**	**Traduction française :**
UK TOP SECRET	ERITTÄIN SALAINEN	TOP SECRET
UK SECRET	SALAINEN	SECRET
UK CONFIDENTIAL	LUOTTAMUKSELLINEN	CONFIDENTIEL
UK RESTRICTED	KÄYTTÖ RAJOITETTU	DIFFUSION RESTREINTE

3. Lorsque des informations classifiées de niveau « UK TOP SECRET/ERITTÄIN SALAINEN » doivent être échangées, les autorités nationales de sécurité conviennent de modalités d'application supplémentaires.

4. La Partie destinataire veille à ce que les classifications ne soient pas modifiées ou supprimées, sauf conformément à une autorisation écrite de la Partie émettrice en ce sens. Exceptionnellement, la Partie émettrice peut demander à la Partie destinataire d'appliquer un degré de protection plus élevé, mais pas plus faible, que la classification existante.

Article 5. Protection des informations classifiées

1. Les Parties prennent toutes les mesures voulues en vertu de leurs lois et règlements nationaux afin de protéger les informations classifiées visées au présent Accord. Elles appliquent à ces informations un degré de protection équivalent à celui qu'elles appliquent à leurs propres informations soumises à un niveau de classification équivalent.

2. Les Parties prennent toutes les mesures juridiques dont elles disposent pour respecter le principe de consentement de la Partie émettrice, conformément à leurs exigences constitutionnelles et à leurs lois et règlements nationaux.

3. Les informations classifiées fournies en vertu du présent Accord ne sont divulguées à aucune institution, organisation internationale ou entité juridique, ni à aucun État n'étant pas visé à l'article premier du présent Accord, ni à une personne physique qui ne possède pas la nationalité de l'État de l'une ou l'autre Partie, sans consultation écrite préalable avec la Partie émettrice et obtention de son approbation écrite.

4. L'accès aux informations classifiées est limité aux personnes physiques qui ont besoin d'en connaître, qui disposent d'une habilitation de sécurité individuelle appropriée, conformément aux lois et règlements nationaux, et qui sont autorisées à y accéder. Les personnes intéressées sont informées de leurs responsabilités s'agissant de la protection des informations classifiées.

---

[1] Le marquage de classification de sécurité est apposé en suédois sur les documents rédigés ou traduits en suédois. Il peut également être apposé en suédois dans d'autres cas, si l'autorité de l'État finlandais le juge nécessaire. Les équivalents en suédois des niveaux de classification de sécurité finlandais sont les suivants : « ERITTÄIN SALAINEN » - « YTTERST HEMLIG », « SALAINEN » - « HEMLIG », « LUOTTAMUKSELLINEN » - « KONFIDENTIELL », et « KÄYTTÖ RAJOITETTU » - « BEGRÄNSAD TILLGÅNG ».

5. Les informations classifiées ne peuvent être utilisées qu'aux fins pour lesquelles elles ont été communiquées.

6. Aucune habilitation de sécurité individuelle n'est requise pour accéder aux informations classifiées de niveau « UK RESTRICTED/KÄYTTÖ RAJOITETTU ».

Article 6. Contrats classifiés

1. Lorsqu'elle propose de conclure, ou d'autoriser un contractant relevant de sa compétence à conclure un contrat classifié renfermant des informations de niveau « UK CONFIDENTIAL/LUOTTAMUKSELLINEN » ou de niveau supérieur avec un contractant relevant de la compétence de l'autre Partie, l'autorité nationale de sécurité ou l'autorité de sécurité compétente est tenue d'obtenir de l'autorité nationale de sécurité ou de l'autorité de sécurité compétente de l'autre Partie la confirmation écrite selon laquelle le contractant dispose d'une habilitation de sécurité d'installation adaptée au niveau de classification visé.

2. Les contrats classifiés de niveau « UK CONFIDENTIAL/LUOTTAMUKSELLINEN » ou de niveau supérieur font référence au présent Accord et contiennent des instructions relatives aux exigences de sécurité aux fins de l'exécution du contrat, lesquelles définissent la classification de chaque aspect/élément du contrat. Au Royaume-Uni, ces instructions font l'objet de clauses de sécurité spécifiques et d'une lettre fixant les modalités de sécurité. En République de Finlande, ces instructions sont énoncées dans les instructions de sécurité du programme ou dans une lettre fixant les modalités de sécurité et font l'objet d'une approbation écrite par l'autorité nationale de sécurité ou l'autorité de sécurité compétente. Les instructions définissent chaque aspect du contrat qui est classifié ou qui le deviendra dans le cadre de l'exécution du contrat et lui attribuent un niveau de classification de sécurité.

3. Lorsqu'il est proposé d'apporter des modifications aux exigences de sécurité ou à certains aspects ou éléments du contrat classifié, lesdites modifications sont notifiées à l'autorité nationale de sécurité ou à l'autorité de sécurité compétente de l'autre Partie et font l'objet d'un accord écrit. L'autorité nationale de sécurité ou l'autorité de sécurité compétente de la Partie émettrice informe la Partie destinataire de la déclassification des informations.

4. Aucune habilitation de sécurité d'installation n'est requise pour les contrats classifiés renfermant uniquement des informations classifiées de niveau « UK RESTRICTED/KÄYTTÖ RAJOITETTU ».

Article 7. Transmission des informations classifiées

1. Les informations classifiées de niveau « UK CONFIDENTIAL/LUOTTAMUKSELLINEN » ou d'un niveau supérieur sont normalement transmises entre les Parties directement d'un Gouvernement à l'autre. Toutefois, les autorités nationales de sécurité ou les autorités de sécurité compétentes peuvent convenir d'autres canaux de communication, conformément aux lois et règlements nationaux.

2. Lorsqu'une Partie souhaite transférer des informations classifiées provenant de l'autre Partie en dehors de son territoire, ces transferts sont soumis à l'approbation préalable de la Partie émettrice.

3. Les informations classifiées de niveau « UK RESTRICTED/KÄYTTÖ RAJOITETTU » sont transmises conformément aux lois et règlements nationaux de la Partie émettrice ; leur transfert peut nécessiter le recours à des sociétés de messagerie commerciales.

Article 8. Traduction, reproduction et destruction des informations classifiées

1. Toutes les traductions ou reproductions d'informations classifiées portent le même marquage de classification de sécurité que les versions originales et sont protégées en conséquence. Le nombre de reproductions est limité au nombre requis à des fins officielles ou aux fins de l'exécution d'un contrat classifié.

2. Toutes les traductions comportent une mention appropriée, dans la langue de la traduction, indiquant qu'elles contiennent des informations classifiées émanant de la Partie émettrice.

3. Les informations classifiées de niveau « UK SECRET/SALAINEN » ou d'un niveau inférieur sont détruites conformément aux lois ou règlements nationaux dès lors qu'il est considéré qu'il n'est plus nécessaire de les conserver aux fins pour lesquelles elles ont été fournies.

4. Si, en situation de crise, la protection des informations classifiées fournies en vertu du présent Accord est impossible, lesdites informations sont immédiatement détruites. La Partie destinataire notifie à l'autorité nationale de sécurité ou à l'autorité de sécurité compétente la destruction des informations classifiées dès que possible.

Article 9. Visites

1. Les visites impliquant un accès à des informations classifiées de niveau « UK CONFIDENTIAL/LUOTTAMUKSELLINEN » ou d'un niveau supérieur nécessitent une autorisation écrite préalable de l'autorité nationale de sécurité ou de l'autorité de sécurité compétente de la Partie qui accueille les visiteurs. L'accès des visiteurs est autorisé uniquement lorsque ces derniers :

   a. Ont obtenu l'habilitation de sécurité individuelle appropriée délivrée par l'autorité nationale de sécurité ou l'autorité de sécurité compétente de la Partie d'envoi et sont autorisés à accéder à des informations classifiées conformément aux lois et règlements de la Partie hôte ; et

   b. Sont autorisés par l'autorité nationale de sécurité ou l'autorité de sécurité compétente de la Partie requérante à effectuer la ou les visites.

2. L'autorité nationale de sécurité ou l'autorité de sécurité compétente de la Partie requérante informe l'autorité nationale de sécurité ou l'autorité de sécurité compétente de la Partie dans laquelle se déroulera la visite de la visite prévue, conformément aux dispositions visées dans le présent article et à celles convenues dans l'accord de mise en œuvre conclu entre les autorités nationales de sécurité. L'autorité nationale de sécurité ou l'autorité de sécurité compétente requérante veille à ce que l'autorité nationale de sécurité ou l'autorité de sécurité compétente d'accueil reçoive la demande de visite au moins 15 jours ouvrables avant le début de la visite. En cas d'urgence, les autorités nationales de sécurité ou les autorités de sécurité compétentes peuvent convenir d'un délai plus court.

3. La validité des autorisations de visites récurrentes ne dépasse pas 12 mois à compter de la date à laquelle l'autorisation a été délivrée.

4. Les visites portant sur des informations classifiées de niveau « UK RESTRICTED/KÄYTTÖ RAJOITETTU » sont organisées directement entre l'établissement d'envoi et l'établissement à visiter.

Article 10. Coopération en matière de sécurité

1. Aux fins de la mise en œuvre du présent Accord, les autorités nationales de sécurité ou les autorités de sécurité compétentes s'informent mutuellement des lois et règlements nationaux pertinents en matière de protection des informations classifiées, ainsi que de toute modification ultérieure affectant sensiblement la protection des informations classifiées reçues de l'autre Partie.

2. Afin de garantir une coopération étroite dans la mise en œuvre du présent Accord, les autorités nationales de sécurité ou les autorités de sécurité compétentes se consultent, selon que de besoin, et se communiquent, sur demande, des informations sur leurs normes, procédures et pratiques de sécurité nationale en matière de protection des informations classifiées.

3. Chaque Partie autorise les représentants de l'autorité nationale de sécurité ou de l'autorité de sécurité compétente de l'autre Partie à se rendre sur son territoire afin d'échanger sur les procédures de protection des informations classifiées fournies par l'autre Partie.

4. Sur demande, les autorités nationales de sécurité ou les autorités de sécurité compétentes se prêtent mutuellement assistance, conformément aux lois et règlements nationaux, en vue de contrôler les habilitations de sécurité individuelles ou d'installation.

5. Les autorités nationales de sécurité ou les autorités de sécurité compétentes s'informent mutuellement et sans délai de toute décision de révoquer, de suspendre ou de rétrograder le niveau d'une habilitation de sécurité individuelle ou d'installation, dès lors qu'il s'agit d'une personne physique ayant eu accès à des informations classifiées de l'autre Partie ou d'une installation détenant de telles informations dans le cadre du présent Accord.

Article 11. Infraction à la sécurité ou compromission de sécurité

1. Chaque Partie informe immédiatement l'autre Partie de toute infraction à la sécurité ou de toute compromission de sécurité avérée ou suspectée en lien avec des informations classifiées échangées dans le cadre du présent Accord.

2. Chaque Partie prend toutes les mesures appropriées, telles que prévues par les lois et règlements nationaux, afin de limiter, dans sa juridiction, les conséquences d'une infraction à la sécurité ou d'une compromission de sécurité, telle que visée au paragraphe 1 du présent article. En outre, elle mène immédiatement l'enquête sur les circonstances de toute infraction à la sécurité ou de toute compromission de sécurité, avec l'aide de l'autre Partie le cas échéant. La Partie compétente informe l'autre Partie des conclusions de l'enquête et des mesures prises pour prévenir la commission de nouvelles infractions dans les meilleurs délais.

Article 12. Frais

Chaque Partie prend en charge les frais qu'elle expose dans le cadre des obligations qui lui incombent au titre du présent Accord.

Article 13. Règlement des différends

Tout différend entre les Parties concernant l'interprétation ou l'application du présent Accord est résolu exclusivement par voie de consultations entre les Parties et ne peut être référé à aucun tribunal national ou international, ni à aucune autre instance aux fins de son règlement.

Article 14. Dispositions finales

1. Les Parties se notifient mutuellement de l'accomplissement des mesures nationales requises pour permettre l'entrée en vigueur du présent Accord. L'Accord entre en vigueur le premier jour du deuxième mois suivant la réception de la dernière notification.

2. Le présent Accord reste en vigueur jusqu'à nouvel ordre. Il peut être modifié sur accord écrit des Parties. Chacune des Parties peut proposer, à tout moment, de le modifier. Dans ce cas, les Parties entament des consultations relatives à de telles modifications.

3. Les autorités nationales de sécurité ou les autorités de sécurité compétentes peuvent conclure des accords de mise en œuvre en vertu du présent Accord.

4. Une Partie peut dénoncer le présent Accord moyennant une notification écrite adressée à l'autre Partie par la voie diplomatique et en respectant une période de préavis de six mois. En cas de dénonciation du présent Accord, les informations classifiées déjà transférées et les informations classifiées découlant du présent Accord sont traitées par les Parties conformément aux dispositions du présent Accord aussi longtemps que nécessaire.

5. Dès lors que le présent Accord entre en vigueur, l'Accord bilatéral général de sécurité conclu entre le Secrétaire d'État à la défense du Royaume-Uni de Grande-Bretagne et d'Irlande du Nord et le Ministre de la défense de la Finlande relatif à la protection des informations classifiées en matière de défense, en date du 1er août 2005, cesse de produire ses effets. Toute information classifiée transmise précédemment est protégée conformément aux dispositions du présent Accord.

6. Dès l'entrée en vigueur du présent Accord, la Partie sur le territoire de laquelle il est conclu prend des mesures immédiates pour qu'il soit enregistré au Secrétariat de l'Organisation des Nations Unies, conformément à l'Article 102 de la Charte des Nations Unies. L'autre Partie est notifiée de l'enregistrement et du numéro d'enregistrement dans le Recueil des Traités des Nations Unies dès qu'il aura été établi par le Secrétariat de l'Organisation.

EN FOI DE QUOI, les représentants dûment autorisés des Parties ont signé le présent Accord.

FAIT à Londres, le 7 juin 2012, en deux exemplaires originaux en langues anglaise et finnoise, chaque texte faisant également foi. En cas de divergence d'interprétation, le texte anglais prévaut.

Pour le Gouvernement du Royaume-Uni de Grande-Bretagne et d'Irlande du Nord :

OLIVER ROBBINS

Pour le Gouvernement de la République de Finlande :

PEKKA HUHTANIEMI

No. 54394

United Kingdom of Great Britain and Northern Ireland and Lao People's Democratic Republic

Treaty between the United Kingdom of Great Britain and Northern Ireland and the Lao People's Democratic Republic on the transfer of sentenced persons. London, 7 May 2009

Entry into force: *25 September 2009, in accordance with article 15*

Authentic texts: *English and Lao*

Registration with the Secretariat of the United Nations: *United Kingdom of Great Britain and Northern Ireland, 28 March 2017*

Royaume-Uni de Grande-Bretagne et d'Irlande du Nord et République démocratique populaire lao

Traité entre le Royaume-Uni de Grande-Bretagne et d'Irlande du Nord et la République démocratique populaire lao relatif au transfèrement de personnes condamnées. Londres, 7 mai 2009

Entrée en vigueur : *25 septembre 2009, conformément à l'article 15*

Textes authentiques : *anglais et lao*

Enregistrement auprès du Secrétariat de l'Organisation des Nations Unies : *Royaume-Uni de Grande-Bretagne et d'Irlande du Nord, 28 mars 2017*

[TEXT IN ENGLISH – TEXTE EN ANGLAIS]

TREATY BETWEEN THE UNITED KINGDOM OF GREAT BRITAIN AND NORTHERN IRELAND AND THE LAO PEOPLE'S DEMOCRATIC REPUBLIC ON THE TRANSFER OF SENTENCED PERSONS

The United Kingdom of Great Britain and Northern Ireland (hereinafter referred to as the "United Kingdom") and the Lao People's Democratic Republic (hereinafter referred to as "Laos"), together the "Contracting Parties";

Taking into consideration the laws and regulations of the Contracting Parties in force regarding enforcement of penal sentences;

Desiring to co-operate in the enforcement of penal sentences;

Considering that this co-operation should serve the interest of the administration of justice;

Desiring to facilitate the successful reintegration of sentenced persons into society;

Considering that these objectives can be best fulfilled by giving foreign sentenced persons the opportunity to serve their sentences within their own society;

Have agreed as follows:

ARTICLE 1

Definitions

For the purposes of this Treaty:

(a) "transferring Party" means the State from which the sentenced person may be, or has been, transferred;

(b) "receiving Party" means the State to which the sentenced person may be, or has been, transferred;

(c) "sentenced person" means a person who is required to be detained in a prison, a hospital or any other institution in the transferring Party by virtue of an order, sentence or judgment made by a court of the transferring Party on account of a criminal offence;

(d) "sentence" means any punishment or measure involving deprivation of liberty ordered by a court of the transferring Party for a limited or unlimited period of time on account of a criminal offence;

(e) "judgment" means a decision or order of a court imposing a sentence; and

(f) "national" means:

(i) in relation to the United Kingdom, a British citizen; and

(ii) in relation to Laos, a person who has Lao nationality.

ARTICLE 2

General Principles

1. The Contracting Parties shall afford each other the widest measure of cooperation in respect of the transfer of sentenced persons in accordance with the provisions of this Treaty.

2. A sentenced person may be transferred from the territory of the transferring Party to the territory of the receiving Party in accordance with the provisions of this Treaty in order to continue serving the sentence imposed on him or her by the transferring Party.

3. A sentenced person may express an interest to the transferring Party or receiving Party in being transferred under this Treaty.

4. The transfer of sentenced persons may be requested by either the transferring Party or the receiving Party.

ARTICLE 3

Central Authorities

1. For the purpose of implementing this Treaty, each Contracting Party shall designate a Central Authority or Central Authorities.

2. The Central Authority for Laos shall be the Ministry of Public Security. The Central Authorities for the United Kingdom shall be:

(a) in relation to England and Wales, Her Majesty's Prison Service;

(b) in relation to Scotland, the Scottish Prison Service; and

(c) in relation to Northern Ireland, the Northern Ireland Prison Service.

3. Unless otherwise required by this Treaty, all communication concerning the transfer of sentenced persons under this Treaty shall be transmitted through diplomatic channels to the Central Authorities.

ARTICLE 4

Conditions For Transfer

Sentenced persons may be transferred under this Treaty only on the following conditions:

(a) the acts or omissions for which the sentence has been imposed would constitute a criminal offence under the laws of the receiving Party; this condition shall not be interpreted to require that the offence described in the laws of both Contracting Parties be identical with respect to matters that do not affect the essential nature of the offence;

(b) the sentenced person is a national of the receiving Party;

(c) the transferring and receiving Parties agree to the transfer;

(d) the transfer is consented to by the sentenced person or, where in view of the person's age or physical or mental condition one of the Contracting Parties considers it necessary, by his or her legal representative;

(e) at the time the request for transfer is received, the sentenced person has still at least one year of the sentence to serve; in exceptional cases, the Contracting Parties may agree to a transfer even if the sentenced person has less than one year of the sentence to serve;

(f) the judgment is final and no other legal proceedings relating to the offence or any other offence committed by the sentenced person are pending in the transferring Party;

(g) the transfer of the sentenced person does not prejudice the Contracting Parties' internal or external security, public order or other essential interests;

(h) the sentenced person was not sentenced in respect of one of the following offences under Lao law:

(i) an offence against the President of the Lao People's Democratic Republic and his spouse;

(ii) an offence against the internal security of the State, including criminal offences against the President of the National Assembly and his spouse or the Prime Minister and his spouse, or external security of the State; or

(iii) an offence under legislation protecting national art treasures; and

(i) unless the Contracting Parties otherwise agree, a sentenced person may not be transferred unless he has made full payment of the fine, restitution of property, or compensation for damages according to the judgment of the court in the transferring Party in the criminal case.

ARTICLE 5

Procedures For Transfer

1. Any sentenced person to whom this Treaty may apply shall be informed by the transferring Party of the substance of this Treaty.

2. Every transfer under this Treaty shall be commenced through diplomatic channels by a written request from either Contracting Party.

3. If a sentenced person expresses an interest to the transferring Party to be transferred, and the transferring Party is prepared, in principle, to approve the request for transfer, the transferring Party shall promptly inform the receiving Party in writing, and provide the following information:

(a) the name, date and place of birth of the sentenced person;

(b) the location of the sentenced person and, if available, permanent address in the receiving Party;

(c) a statement of the facts upon which the conviction and sentence were based;

(d) the nature, duration and date of commencement of the sentence, the termination date of the sentence, if applicable, and the length of time already served by the sentenced person and any remission to which he or she is entitled on account of work done, good behaviour, pre-trial confinement or other reasons;

(e) a copy of the judgment and information about the law on which it is based; and

(f) if available, any other additional information, including medical or social reports on the sentenced person, which may be of significance for the sentenced person's transfer and for the continued enforcement of his sentence.

4. If a sentenced person expresses an interest to the receiving Party to be transferred, the receiving Party shall so inform the transferring Party. If the transferring Party is prepared, in principle, to approve the request for transfer, the transferring Party shall promptly inform the receiving Party in writing, and provide the information referred to in paragraph 3 of this Article.

5. If the receiving Party, having considered the information which the transferring Party has provided, is willing to proceed with the transfer, it shall promptly inform the transferring Party in writing, and provide the following information:

(a) a statement indicating that the sentenced person is a national of the receiving Party for the purposes of this Treaty;

(b) a copy of the relevant law of the receiving Party which provides that the acts or omissions on account of which the sentence has been imposed in the transferring Party constitute a criminal offence according to the law of the receiving Party, or would constitute a criminal offence if committed on its territory;

(c) a statement of the effect, in relation to the sentenced person, of any law or regulation relating to that person's detention in the receiving Party after that person's transfer, including a statement, if applicable, of the effect of paragraph 4 of Article 8 of this Treaty upon that person's transfer; and

(d) a statement of any outstanding charges, convictions or criminal investigations in respect of the sentenced person.

6. If the transferring Party is willing to proceed with the transfer, it shall inform the receiving Party of its decision through diplomatic channels without delay. It shall also promptly provide the receiving Party with the following:

(a) a declaration containing the sentenced person's consent to the transfer; and

(b) written confirmation of the transferring Party's agreement to the transfer.

7. Where the Contracting Parties have agreed to the transfer, they shall make arrangements for the transfer of the sentenced person. Delivery of the sentenced person by the authorities of the transferring Party to those of the receiving Party shall occur on a date and at a place within the territory of the transferring Party agreed upon by both Contracting Parties.

8. If either Contracting Party decides not to agree to the transfer, it shall promptly inform the other Contracting Party of its decision in writing.

9. The transferring Party shall inform the sentenced person in writing of any action taken by the transferring Party or the receiving Party under the preceding paragraphs of this Article.

ARTICLE 6

Verification of Consent

1. The transferring Party shall ensure that a sentenced person who gives consent to transfer under this Treaty does so voluntarily and with knowledge of the consequences thereof. The procedure for giving such consent shall be governed by the law of the transferring Party.

2. The transferring Party shall permit an official designated by the receiving Party to verify, prior to the transfer, that the sentenced person's consent to the transfer has been given in accordance with paragraph 1 of this Article.

ARTICLE 7

Retention of Jurisdiction

The transferring Party shall retain exclusive jurisdiction in relation to the judgments of the courts of the transferring Party, as well as in relation to any procedure for the revision, modification, or cancellation of said judgments.

ARTICLE 8

Continued Enforcement of Sentence

1. Subject to paragraph 4 of this Article, the receiving Party shall be bound by the legal nature and duration of the sentence as determined by the transferring Party.

2. The receiving Party shall enforce the sentence as if the sentence had been imposed in the receiving Party.

3. The continued enforcement of the sentence after transfer shall be governed by the laws and procedures of the receiving Party, including those governing conditions of imprisonment, confinement or other deprivation of liberty, and those providing for the reduction of the term of imprisonment, confinement or other deprivation of liberty by parole, conditional release, remission or otherwise.

4. If the sentence is by its nature or duration incompatible with the law of the receiving Party, that Party may adapt the sentence in accordance with the sentence prescribed by its own law for a similar offence. When adapting the sentence, the appropriate authorities of the receiving Party shall be bound by the findings of fact, insofar as they appear from any opinion, conviction, judgment, or sentence imposed in the transferring Party. The adapted sentence shall be no more severe than that imposed by the transferring Party in terms of nature or duration, nor exceed the maximum penalty prescribed by the law of the receiving Party. When adapting the sentence, the competent authority of the receiving Party may, however, not convert a sanction involving deprivation of liberty to a pecuniary sanction.

5. The receiving Party shall modify or terminate enforcement of the sentence as soon as it is informed of any decision by the transferring Party to pardon the sentenced person, or of any other decision or measure of the transferring Party that results in cancellation or reduction of the sentence.

6. The receiving Party shall provide the following information to the transferring Party in relation to the continued enforcement of the sentence:

(a) when the sentence has been completed;

(b) if the sentenced person has escaped from custody before the sentence has been completed;

(c) if the sentenced person is unable to complete the sentence for any reason; or

(d) if the transferring Party requests a special report.

7. Once the receiving Party has notified the transferring Party in accordance with paragraph 6 of this Article that the sentence has been completed, the transferring Party shall not seek to enforce the sentence.

ARTICLE 9

Transit of Sentenced Persons

If either Contracting Party transfers a sentenced person to or from any third State, the other Contracting Party shall co-operate in facilitating the transit through its territory of such a sentenced person. The Contracting Party intending to make such a transfer shall give advance notice to the other Contracting Party of such transit. Either Contracting Party may refuse to grant transit.

ARTICLE 10

Language and Costs

1. Requests for transfer as well as the documents and declarations shall be furnished in the language of the transferring Party.

2. Unless otherwise agreed between the Contracting Parties, any costs incurred in relation to the transfer of the sentenced person or the continued enforcement of the sentence after transfer shall be borne by the receiving Party, except costs incurred by the transferring Party exclusively within the territory of the transferring Party. The receiving Party may, however, seek to recover all or part of the costs of transfer from the sentenced person or some other source.

ARTICLE 11

Territorial Application

This Treaty shall apply:

(a) in relation to the United Kingdom, to Great Britain and Northern Ireland; and to any other territory for the international relations of which the United Kingdom is responsible and to which the Treaty shall have been extended by mutual agreement between the Contracting Parties by exchange of notes; and

(b) in relation to Laos, to the territory of the Lao People's Democratic Republic.

ARTICLE 12

Temporal Application

This Treaty shall be applicable to the transfer of sentenced persons who have been sentenced either before or after the entry into force of this Treaty.

ARTICLE 13

Other Agreements

This Treaty shall not affect the rights or obligations of the Contracting Parties under treaties or other international agreements to which they are a party.

ARTICLE 14

Settlement of Disputes

Any dispute arising out of the interpretation, application, or implementation of this Treaty shall be resolved through negotiations between the Central Authorities. If the Central Authorities are unable to reach an agreement, the dispute shall be resolved by the Contracting Parties through diplomatic channels.

ARTICLE 15

Final Provisions

1. Each of the Contracting Parties shall notify the other on completion of their respective internal constitutional and legal procedures required to allow this Treaty to enter into force.

2. This Treaty shall enter into force on the thirtieth (30th) day following the date of the latter notification referred to in paragraph 1 of this Article.

3. Either Contracting Party may terminate this Treaty at any time by notice in writing to the other through diplomatic channels. Termination shall take effect six months after the date on which the notice is received.

4. Notwithstanding any termination, this Treaty shall continue to apply to the enforcement of sentences of sentenced persons who have been transferred under this Treaty before the date on which such termination takes effect

IN WITNESS WHEREOF, the undersigned, being duly authorized thereto by the United Kingdom of Great Britain and Northern Ireland and the Lao People's Democratic Republic, have signed the present Treaty.

DONE at London in duplicate, on this 7th day of May in the year of 2009, in the Lao and English languages, each text being equally authentic.

For The United Kingdom of Great Britain and Northern Ireland:	For The Lao People's Democratic Republic:
DAVID MILIBAND	**DR THONGLOUN SISOULITH**

[TEXT IN LAO – TEXTE EN LAO]

ສົນທິສັນຍາ
ລະຫວ່າງ
ສະຫະຣາຊະອານາຈັກ ອັງກິດ ແລະ ໄອແລນເໜືອ
ແລະ
ສາທາລະນະລັດ ປະຊາທິປະໄຕ ປະຊາຊົນລາວ
ວ່າດ້ວຍ
ການໂອນຕົວຜູ້ຖືກຕັດສິນລົງໂທດ

ສະຫະຣາຊະອານາຈັກ ອັງກິດ ແລະ ໄອແລນເໜືອ (ຕໍ່ໄປນີ້ເອີ້ນວ່າ "ປະເທດອັງກິດ") ແລະ ສາທາລະນະລັດ ປະຊາທິປະໄຕ ປະຊາຊົນລາວ (ຕໍ່ໄປນີ້ເອີ້ນວ່າ " ປະເທດລາວ") ຊຶ່ງຕໍ່ໄປນີ້ເອີ້ນລວມກັນວ່າ " ຄູ່ສັນຍາ ";

ໂດຍຄຳນຶງເຖິງລະບຽບ ແລະ ກົດໝາຍຂອງຄູ່ສັນຍາ ທີ່ມີຜົນບັງຄັບໃຊ້ ກ່ຽວກັບ ການປະຕິບັດຄຳຕັດສິນລົງໂທດຄະດີອາຍາ;

ດ້ວຍຄວາມປາຖະໜາຢາກຮ່ວມມືກັນໃນດ້ານການປະຕິບັດຄຳຕັດສິນລົງໂທດຄະດີອາຍາ;

ໂດຍພິຈາລະນາເຫັນວ່າ ການຮ່ວມມືດັ່ງກ່າວ ຈະຕ້ອງຮັບໃຊ້ຜົນປະໂຫຍດຂອງການບໍລິຫານວຽກງານຍຸຕິທຳ;

ດ້ວຍຄວາມປາຖະໜາ ຢາກອຳນວຍຄວາມສະດວກ ໃຫ້ແກ່ການເຊື່ອມຕົວຄືນສູ່ສັງຄົມຂອງຜູ້ຖືກຕັດສິນລົງໂທດໄດ້ປະສົບຜົນສຳເລັດ;

ໂດຍພິຈາລະນາເຫັນວ່າ ເປົ້າໝາຍດັ່ງກ່າວນີ້ ສາມາດບັນລຸຜົນໄດ້ດີທີ່ສຸດ ໂດຍການໃຫ້ໂອກາດແກ່ຜູ້ຖືກຕັດສິນລົງໂທດຢູ່ຕ່າງປະເທດ ໄດ້ປະຕິບັດໂທດຢູ່ພາຍໃນສັງຄົມຂອງຕົນເອງ;

ໄດ້ຕົກລົງກັນດັ່ງຕໍ່ໄປນີ້ :

ມາດຕາ 1
ຄຳນິຍາມ

ເພື່ອຈຸດປະສົງຂອງສົນທິສັນຍາສະບັບນີ້ :

(ກ). " **ຄູ່ສັນຍາຝ່າຍໂອນ** " ໝາຍເຖິງ ລັດທີ່ອາດຈະໂອນຕົວ ຫລືວ່າ ໄດ້ໂອນຕົວຜູ້ຖືກຕັດສິນລົງໂທດ;

(ຂ). " **ຄູ່ສັນຍາຝ່າຍຮັບ** " ໝາຍເຖິງ ລັດທີ່ອາດຈະຮັບເອົາການໂອນຕົວ ຫລືວ່າ ໄດ້ຮັບເອົາການໂອນຕົວ ຜູ້ຖືກຕັດສິນລົງໂທດ;

(ຄ). " **ຜູ້ຖືກຕັດສິນລົງໂທດ** " ໝາຍເຖິງ ບຸກຄົນທີ່ຈຳເປັນຕ້ອງຖືກຄຸມຂັງໄວ້ໃນຄ້າຍຄຸມຂັງ, ໂຮງໝໍ ຫລື ໃນສະຖານທີ່ໃດໜຶ່ງຂອງຄູ່ສັນຍາຝ່າຍໂອນ ໂດຍອາໃສອຳນາດຕາມຄຳສັ່ງ, ຄຳຕັດສິນລົງໂທດ ຫລື ຄຳພິພາກສາຂອງສານຂອງຄູ່ສັນຍາຝ່າຍໂອນ ຍ້ອນຄະດີອາຍາ;

(ງ). " **ຄຳຕັດສິນລົງໂທດ** " ໝາຍເຖິງ ການລົງໂທດ ຫລື ມາດຕະການໃດນຶ່ງ ທີ່ກ່ຽວຂ້ອງກັບການຕັດອິດສະລະພາບໃນໄລຍະເວລາຈຳກັດ ຫລື ບໍ່ຈຳກັດ ຕາມຄຳຕັດສິນຂອງສານຂອງຄູ່ສັນຍາຝ່າຍໂອນ ຍ້ອນຄະດີອາຍາ;

(ຈ). " **ຄຳພິພາກສາ** " ໝາຍເຖິງ ຄຳຕົກລົງ ຫລື ຄຳສັ່ງຂອງສານ ເພື່ອລົງໂທດ; ແລະ

(ສ). " **ພົນລະເມືອງ** " :

(i) ທີ່ພົວພັນກັບ ສະຫະຣາຊະອານາຈັກ ອັງກິດ ແລະ ໄອແລນເໜືອ ໝາຍເຖິງ ບຸກຄົນຜູ້ທີ່ຖືສັນຊາດອັງກິດ; ແລະ

(ii) ທີ່ພົວພັນກັບ ສາທາລະນະລັດ ປະຊາທິປະໄຕ ປະຊາຊົນລາວ ໝາຍເຖິງ ບຸກຄົນຜູ້ທີ່ຖືສັນຊາດລາວ ພາຍໃຕ້ກົດໝາຍ ວ່າດ້ວຍ ສັນຊາດ.

ມາດຕາ 2

ຫລັກການທົ່ວໄປ

1. ຄູ່ສັນຍາ ຕ້ອງສະໜອງມາດຕະການການຮ່ວມມືແບບກວ້າງຂວາງທີ່ສຸດ ກ່ຽວກັບ ການໂອນຕົວຜູ້ຖືກຕັດສິນລົງໂທດ ໂດຍສອດຄ່ອງຕາມບົດບັນຍັດຂອງສົນທິສັນຍາສະບັບນີ້ ໃຫ້ແກ່ກັນ ແລະ ກັນ .

2. ຜູ້ຖືກຕັດສິນລົງໂທດ ອາດຈະຖືກໂອນຕົວ ຈາກດິນແດນຂອງຄູ່ສັນຍາຝ່າຍໂອນ ໄປຍັງດິນແດນຂອງຄູ່ສັນຍາຝ່າຍຮັບ ໂດຍສອດຄ່ອງຕາມບົດບັນຍັດຂອງສົນທິສັນຍາສະບັບນີ້ ເພື່ອໃຫ້ຜູ້ກ່ຽວໄດ້ສືບຕໍ່ປະຕິບັດໂທດ ຕາມທີ່ໄດ້ຖືກຕັດສິນລົງໂທດ ໂດຍຄູ່ສັນຍາຜູ້ໂອນ.

3. ຜູ້ຖືກຕັດສິນລົງໂທດ ອາດຈະສະເໜີຫາຄູ່ສັນຍາຝ່າຍໂອນ ຫລື ຄູ່ສັນຍາຝ່າຍຮັບ ເພື່ອຂໍໃຫ້ໂອນຕົວ ພາຍໃຕ້ສົນທິສັນຍາສະບັບນີ້.

4. ການໂອນຕົວຂອງຜູ້ຖືກຕັດສິນລົງໂທດ ອາດຖືກຮ້ອງຂໍໂດຍຄູ່ສັນຍາຝ່າຍໂອນ ຫລື ຄູ່ສັນຍາຝ່າຍຮັບ ຝ່າຍໃດຝ່າຍນຶ່ງ ກໍ່ໄດ້.

ມາດຕາ 3

ອົງການໃຈກາງ

1. ເພື່ອເປົ້າໝາຍຂອງການຈັດຕັ້ງປະຕິບັດສົນທິສັນຍາສະບັບນີ້, ຄູ່ສັນຍາແຕ່ລະຝ່າຍ ຈະແຕ່ງຕັ້ງອົງການໃຈກາງຂອງຕົນ ຂຶ້ນແຫ່ງນຶ່ງ ຫລື ຫລາຍແຫ່ງ .

2. ອົງການໃຈກາງ ສຳລັບ ປະເທດອັງກິດ ຈະແມ່ນ:

   (ກ). ພະແນກຄ້າຍຄຸມຂັງຂອງ ພະຣາຊິນີ ສຳລັບ ອັງກິດ ແລະ ເວນ;
   (ຂ). ພະແນກຄ້າຍຄຸມຂັງຂອງສະກອດແລນ ສຳລັບ ສະກອດແລນ; ແລະ
   (ຄ). ພະແນກຄ້າຍຄຸມຂັງໄອແລນເໜືອ ສຳລັບ ໄອແລນເໜືອ.

ອົງການໃຈກາງ ສຳລັບ ປະເທດລາວ ຈະແມ່ນ ກະຊວງປ້ອງກັນຄວາມສະຫງົບ

3. ເວັ້ນເສຍແຕ່ສົນທິສັນຍາໄດ້ລະບຸຢ່າງອື່ນ, ການຕິດຕໍ່ພົວພັນທຸກຢ່າງ ກ່ຽວກັບ ການໂອນຕົວຜູ້ຖືກຕັດສິນລົງໂທດ ພາຍໃຕ້ສົນທິສັນຍາສະບັບນີ້ ຈະເຮັດຜ່ານທາງການທູດຫາອົງການໃຈກາງຂອງແຕ່ລະຝ່າຍ.

ມາດຕາ 4
ເງື່ອນໄຂ ສຳລັບ ການໂອນຕົວ

ຜູ້ຖືກຕັດສິນລົງໂທດ ອາດຈະຖືກໂອນຕົວພາຍໃຕ້ສົນທິສັນຍາສະບັບນີ້ ຕາມເງື່ອນໄຂດັ່ງຕໍ່ໄປນີ້ເທົ່ານັ້ນ ຄື:

(ກ) ການກະທຳ ຫລື ການເມີນເສີຍ ອັນເປັນສາຍເຫດໃຫ້ມີຄຳຕັດສິນລົງໂທດນັ້ນ ຖືວ່າເປັນການກະທຳຜິດທາງອາຍາ ພາຍໃຕ້ກົດໝາຍຂອງຄູ່ສັນຍາຝ່າຍຮັບ; ເງື່ອນໄຂດັ່ງກ່າວນີ້ ຈະບໍ່ຖືກນຳໄປຕີຄວາມຫມາຍ ເພື່ອຮຽກຮ້ອງໃນລັກສະນະທີ່ວ່າ ການກະທຳຜິດດັ່ງທີ່ໄດ້ລະບຸໄວ້ໃນບັນດາກົດຫມາຍຂອງຄູ່ສັນຍາທັງສອງຝ່າຍ, ໃນແງ່ຂອງບັນຫາ ທີ່ບໍ່ໄດ້ກະທົບຕໍ່ລັກສະນະຕົ້ນຕໍຂອງການກະທຳຜິດນັ້ນ ຈະຕ້ອງເປັນແບບດຽວກັນ ຫມົດທຸກຢ່າງ,

(ຂ) ຜູ້ຖືກຕັດສິນລົງໂທດ ເປັນພົນລະເມືອງຂອງຄູ່ສັນຍາຝ່າຍຮັບ;

(ຄ) ຄູ່ສັນຍາຝ່າຍໂອນ ແລະ ຄູ່ສັນຍາຝ່າຍຮັບ ເຫັນດີ ຕໍ່ການໂອນຕົວ;

(ງ) ການໂອນຕົວ ໄດ້ຮັບການເຫັນດີ ຈາກຜູ້ຖືກຕັດສິນລົງໂທດ ຫລື ຈາກຜູ້ປົກປ້ອງທາງກົດໝາຍ ຊຶ່ງຄູ່ສັນຍາຝ່າຍນຶ່ງ ເຫັນວ່າມີຄວາມຈຳເປັນຍ້ອນເງື່ອນໄຂທາງດ້ານອາຍຸກະສຽນ ຫລື ການພິການທາງຮ່າງກາຍ ແລະ ທາງສະຫມອງຂອງບຸກຄົນນັ້ນ;

(ຈ) ໃນເວລາໄດ້ຮັບການຮ້ອງຂໍໃຫ້ໂອນຕົວ, ຜູ້ຖືກຕັດສິນລົງໂທດ ຍັງມີອາຍຸການປະຕິບັດຄຳຕັດສິນລົງໂທດ ນຶ່ງປີເປັນຢ່າງຕ່ຳ; ໃນກໍລະນີພິເສດ, ຄູ່ສັນຍາອາດຈະເຫັນດີນຳກັນ

ຕໍ່ການໂອນຕົວ ເຖິງແມ່ນວ່າຜູ້ຖືກຕັດສິນລົງໂທດນັ້ນ ຍັງມີອາຍຸການປະຕິບັດຄຳຕັດສິນລົງໂທດຕໍ່າກວ່າ ນຶ່ງປີກໍ່ຕາມ;

(ສ) ຄຳພິພາກສາ ຖືວ່າແມ່ນໃຊ້ໄດ້ຢ່າງເດັດຂາດແລ້ວ ແລະ ບໍ່ມີການດຳເນີນຄະດີອື່ນໆ ກ່ຽວຂ້ອງກັບການກະທຳຜິດນັ້ນ ຫລື ກ່ຽວຂ້ອງກັບການກະທຳຜິດອື່ນໆ ໂດຍຜູ້ຖືກຕັດສິນລົງໂທດຍັງຄ້າງພິຈາລະນາຢູ່ໃນຄູ່ສັນຍາຜູ້ສົ່ງແຕ່ຢ່າງໃດ;

(ຊ) ການໂອນຕົວຜູ້ຖືກຕັດສິນລົງໂທດ ບໍ່ແຕະຕ້ອງເຖິງຄວາມຫມັ້ນຄົງພາຍໃນ ແລະ ພາຍນອກ, ຄວາມເປັນລະບຽບຮຽບຮ້ອຍຂອງສັງຄົມ ຫລື ຜົນປະໂຫຍດອັນຕົ້ນຕໍອື່ນໆ ຂອງ ຄູ່ສັນຍາ;

(ຍ) ຜູ້ຖືກຕັດສິນລົງໂທດ ບໍ່ໄດ້ຖືກລົງໂທດ ຍ້ອນນຶ່ງໃນບັນດາການກະທຳຜິດໃນກໍລະນີຕ່າງໆ ພາຍໃຕ້ກົດຫມາຍຂອງລາວດັ່ງນີ້:

(i) ການກະທຳຜິດ ຕໍ່ປະທານປະເທດ ແຫ່ງ ສປປລາວ ແລະ ພັນລະຍາຂອງທ່ານ;

(ii) ການກະທຳຜິດ ຕໍ່ຄວາມຫມັ້ນຄົງພາຍໃນຂອງລັດ, ລວມທັງການກະທຳຜິດທາງອາຍາຕໍ່ປະທານສະພາແຫ່ງຊາດ ແລະ ພັນລະຍາຂອງທ່ານ ຫລື ຕໍ່ທ່ານນາຍົກລັດຖະມົນຕີ ແລະ ພັນລະນາຂອງທ່ານ, ຫລື ຕໍ່ຄວາມຫມັ້ນຄົງພາຍນອກຂອງລັດ; ຫລື

(iii) ການກະທຳຜິດ ພາຍໃຕ້ກົດຫມາຍປົກປ້ອງຊັບສົມບັດມີຄຸນຄ່າທາງສິນລະປະແຫ່ງຊາດ; ແລະ

(iv) ເວັ້ນເສຍແຕ່ ຄູ່ສັນຍາຕົກລົງກັນຢ່າງອື່ນ, ຜູ້ຖືກຕັດສິນລົງໂທດ ຈະບໍ່ຖືກໂອນຕົວ ຈົນກວ່າວ່າ ຜູ້ກ່ຽວໄດ້ຊຳລະຄ່າປັບໄຫມ, ຄ່າສົ່ງຊັບສິນຄືນ, ຫລື ຄ່າທົດແທນຄ່າເສຍຫາຍຄົບຖ້ວນ ຕາມຄຳພິພາກສາຄະດີອາຍາຂອງສານຂອງຄູ່ສັນຍາຝ່າຍສົ່ງ .

ມາດຕາ 5

ຂັ້ນຕອນການໂອນຕົວ

1. ຜູ້ຖືກຕັດສິນລົງໂທດຜູ້ໃດຜູ້ນຶ່ງ ທີ່ອາດຈະໄດ້ຮັບການໂອນຕົວພາຍໃຕ້ສົນທິສັນຍາສະບັບນີ້ ຈະຕ້ອງໄດ້ຮັບແຈ້ງໃຫ້ຊາບເນື້ອໃນຂອງສົນທິສັນຍາສະບັບນີ້ ຈາກຄູ່ສັນຍາຝ່າຍໂອນ ;

2. ການໂອນຕົວແຕ່ລະເທື່ອພາຍໃຕ້ສັນຍາສະບັບນີ້ ຈະໄດ້ດຳເນີນການຜ່ານທາງການທູດ ໂດຍມີການຍື່ນຄຳຮ້ອງຂໍເປັນລາຍລັກອັກສອນ ຈາກຄູ່ສັນຍາຝ່າຍໃດຝ່າຍນຶ່ງ.

3. ຖ້າວ່າ ຜູ້ຖືກຕັດສິນລົງໂທດສະເໜີຫາ ຄູ່ສັນຍາຝ່າຍໂອນ ເພື່ອຂໍໃຫ້ໂອນຕົວ, ແລະ ຄູ່ສັນຍາຝ່າຍໂອນກໍ່ກຳລັງກະກຽມເຫັນດີທາງດ້ານຫລັກການເພື່ອອະນຸມັດຕໍ່ການໂອນຕົວນັ້ນ, ຄູ່ສັນຍາຝ່າຍໂອນ ຈະແຈ້ງຢ່າງທັນການໃຫ້ຄູ່ສັນຍາຝ່າຍຮັບ ຊາບເປັນລາຍລັກອັກສອນ, ແລະ ຈະສະໜອງຂໍ້ມູນດັ່ງຕໍ່ໄປລົງນີ້ :

   (ກ) ຊື່, ວັນທີ ແລະ ສະຖານທີ່ເກີດ ຂອງຜູ້ຖືກຕັດສິນລົງໂທດ;

   (ຂ) ສະຖານທີ່ຄຸມຂັງຜູ້ຖືກຕັດສິນລົງໂທດ ແລະ ທີ່ຢູ່ຖາວອນ ຢູ່ປະເທດຄູ່ສັນຍາຝ່າຍຮັບ, ຖ້າມີ ;

   (ຄ) ບັນທຶກຂໍ້ມູນການກະທຳຜິດ ທີ່ເປັນບ່ອນອີງ ສຳລັບ ການຕັດສິນຄວາມຜິດ ແລະ ຄຳຕັດສິນລົງໂທດ ;

   (ງ) ເນື້ອໃນການລົງໂທດ, ໄລຍະປະຕິບັດໂທດ ແລະ ວັນທີເລີ່ມຕົ້ນປະຕິບັດໂທດ, ວັນທີສິ້ນສຸດການປະຕິບັດໂທດ, ແລະ ຖ້າມີການປະຕິບັດຕົວຈິງ, ໄລຍະເວລາທີ່ຜູ້ຖືກຕັດສິນລົງໂທດ ໄດ້ປະຕິບັດໂທດຜ່ານມາແລ້ວ ແລະ ການຫລຸດຜ່ອນໂທດໃດນຶ່ງ ທີ່ຜູ້ກ່ຽວໄດ້ຮັບຍ້ອນມີຜົນງານດີ, ຄວາມປະພຶດດີ, ການຖືກກັກຂັງກ່ອນດຳເນີນຄະດີ ຫລື ເຫດຜົນອື່ນໆ ;

(ຈ) ສຳເນົາຄຳຕັດສິນ ແລະ ຂໍ້ມູນ ກ່ຽວກັບ ກົດໝາຍທີ່ເປັນບ່ອນອີງສຳລັບການຕັດສິນ; ແລະ

(ສ) ຖ້າມີ, ຂໍ້ມູນເພີ່ມເຕີມອື່ນໆ, ລວມທັງບົດລາຍງານການແພດ ຫລື ສັງຄົມ ກ່ຽວກັບ ຜູ້ຖືກຕັດສິນລົງໂທດ, ຊຶ່ງອາດຈະມີຄວາມສຳຄັນ ສຳລັບ ການໂອນຕົວຜູ້ຖືກຕັດລົງໂທດ ແລະ ສຳລັບ ການສືບຕໍ່ປະຕິບັດ ໂທດຕາມຄຳຕັດສິນລົງໂທດ.

4. ຖ້າວ່າ ຜູ້ຖືກຕັດສິນລົງໂທດສະເໜີຫາຄູ່ສັນຍາຝ່າຍຮັບ ເພື່ອຂໍໃຫ້ໂອນຕົວ, ຄູ່ສັນຍາຝ່າຍຮັບຈະແຈ້ງການສະເໜີນັ້ນໃຫ້ຄູ່ສັນຍາຝ່າຍໂອນຊາບນຳ. ຖ້າວ່າ ຄູ່ສັນຍາຝ່າຍໂອນກຳລັງກະກຽມເຫັນດີໃນດ້ານຫລັກການຕໍ່ການໂອນຕົວນັ້ນ, ຄູ່ສັນຍາຝ່າຍໂອນ ຕ້ອງແຈ້ງຢ່າງທັນການ ໃຫ້ຄູ່ສັນຍາຝ່າຍຮັບ ຊາບເປັນລາຍລັກອັກສອນ, ແລະ ຕ້ອງສະໜອງຂໍ້ມູນຕ່າງໆໃຫ້ ດັ່ງທີ່ໄດ້ລະບຸໃນວັກ 3 ຂອງມາດຕານີ້.

5. ຖ້າວ່າ ເມື່ອໄດ້ພິຈາລະນາຂໍ້ມູນທີ່ໄດ້ຮັບຈາກຄູ່ສັນຍາຝ່າຍໂອນແລ້ວ ຄູ່ສັນຍາຝ່າຍຮັບຍັງຢາກ ສືບຕໍ່ດຳເນີນການໂອນຕົວ, ຄູ່ສັນຍາຝ່າຍຮັບ ຈະແຈ້ງຢ່າງທັນການໃຫ້ຄູ່ສັນຍາຝ່າຍໂອນຊາບ ເປັນລາຍລັກອັກສອນ, ແລະ ສະໜອງຂໍ້ມູນໃຫ້ ດັ່ງຕໍ່ລົງໄປນີ້ :

(ກ) ໃບແຈ້ງການ ເພື່ອຢັ້ງຢືນວ່າ ຜູ້ຖືກຕັດສິນລົງໂທດ ເປັນພົນລະເມືອງຂອງຄູ່ສັນຍາຝ່າຍຮັບ ຕາມຈຸດປະສົງຂອງສົນທິສັນຍາສະບັບນີ້ ;

(ຂ) ສຳເນົາກົດໝາຍທີ່ກ່ຽວຂ້ອງຂອງຄູ່ສັນຍາຝ່າຍຮັບ ທີ່ໄດ້ກຳນົດການກະທຳ ຫລື ການເມີນເສີຍ ອັນເປັນສາເຫດໃຫ້ມີການຕັດສິນລົງໂທດ ຢູ່ໃນປະເທດຄູ່ສັນຍາຝ່າຍໂອນນັ້ນ ຖືເປັນຄວາມຜິດທາງອາຍາຕາມກົດໝາຍຂອງຄູ່ສັນຍາຝ່າຍຮັບ, ຫລື ຈະເປັນການກະທຳຜິດທາງອາຍາ ຖ້າວ່າ ກະທຳຢູ່ໃນດິນແດນຂອງຄູ່ສັນຍາຝ່າຍຮັບ ;

(ຄ) ໃບແຈ້ງການ ກ່ຽວກັບ ຜົນບັງຄັບຂອງກົດໝາຍ ຫລື ລະບຽບຫລັກການຕ່າງໆ ຊຶ່ງພົວພັນກັບຜູ້ຖືກຕັດສິນລົງໂທດ, ແລະ ກ່ຽວຂ້ອງກັບການຄຸມຂັງຜູ້ກ່ຽວຢູ່ໃນປະເທດຄູ່ສັນຍາຝ່າຍຮັບ ພາຍຫລັງການໂອນຕົວແລ້ວ, ລວມທັງແຈ້ງການ ກ່ຽວກັບ ຜົນບັງຄັບຂອງວັກ 4 ຂອງມາດຕາ 8 ຂອງສົນທິສັນຍາສະບັບນີ້ ; ແລະ

(ງ) ໃບແຈ້ງການ ກ່ຽວກັບ ຄ່າໃຊ້ຈ່າຍຕ່າງໆ, ການຕັດສິນຄະດີ ຫລື ການສືບສວນສອບສວນຄະດີອາຍາ ໃດນຶ່ງທີ່ຍັງຄົງຄ້າງ ທີ່ກ່ຽວຂ້ອງກັບຜູ້ຖືກຕັດສິນລົງໂທດ.

6. ຖ້າວ່າ ຄູ່ສັນຍາຝ່າຍໂອນ ຍັງຕ້ອງການຢາກສືບຕໍ່ດຳເນີນການໂອນຕົວ, ຄູ່ສັນຍາຝ່າຍໂອນ ຈະແຈ້ງຄູ່ສັນຍາຝ່າຍຮັບ ໃຫ້ຮັບຊາບການຕັດສິນໃຈຂອງຕົນ ໂດຍຜ່ານທາງການທູດໂດຍບໍ່ມີການຊັກຊ້າ ຄູ່ສັນຍາຝ່າຍໂອນ ຈະສະໜອງຂໍ້ມູນຕ່າງໆໃຫ້ຄູ່ສັນຍາຝ່າຍຮັບ ດັ່ງນີ້ :

(ກ) ຖະແຫລງການ ບັນຈຸຄຳເຫັນດີຂອງຜູ້ຖືກຕັດສິນລົງໂທດ ຕໍ່ການໂອນຕົວ; ແລະ

(ຂ) ການຢືນຢັນເປັນລາຍລັກອັກສອນ ກ່ຽວກັບ ການເຫັນດີຂອງຄູ່ສັນຍາຝ່າຍໂອນ ຕໍ່ການໂອນຕົວ .

7. ເມື່ອເວລາຄູ່ສັນຍາ ໄດ້ເຫັນດີຕໍ່ການໂອນຕົວແລ້ວ, ຄູ່ສັນຍາ ຈະດຳເນີນການກະກຽມສຳລັບການໂອນຕົວຂອງຜູ້ຖືກຕັດສິນລົງໂທດ. ການຈັດສົ່ງຕົວຜູ້ຖືກຕັດສິນລົງໂທດ ໂດຍບັນດາເຈົ້າໜ້າທີ່ຂອງຄູ່ສັນຍາຝ່າຍໂອນ ໃຫ້ແກ່ບັນດາເຈົ້າໜ້າທີ່ຂອງຄູ່ສັນຍາຝ່າຍຮັບ ຕ້ອງມີຂຶ້ນໃນມື້ ແລະ ໃນສະຖານທີ່ຢູ່ໃນດິນແດນ ຂອງຄູ່ສັນຍາຝ່າຍໂອນ ຕາມການເຫັນດີຂອງຄູ່ສັນຍາທັງສອງຝ່າຍ.

8. ຖ້າວ່າ ຄູ່ສັນຍາຝ່າຍໃດຝ່າຍນຶ່ງ ຕັດສິນໃຈບໍ່ເຫັນດີຕໍ່ການໂອນຕົວ, ຄູ່ສັນຍາຝ່າຍນັ້ນ ຈະແຈ້ງຢ່າງທັນການ ໃຫ້ຄູ່ສັນຍາອີກຝ່າຍນຶ່ງຊາບ ການຕັດສິນໃຈຂອງຕົນ ຢ່າງເປັນລາຍລັກອັກສອນ.

9. ຄູ່ສັນຍາຝ່າຍໂອນ ຈະແຈ້ງໃຫ້ຜູ້ຖືກຕັດສິນລົງໂທດຊາບ ເປັນລາຍລັກອັກສອນ ຕໍ່ການຕັດສິນໃຈຂອງຄູ່ສັນຍາຝ່າຍໂອນ ຫລື ຂອງຄູ່ສັນຍາຝ່າຍຮັບ ຕາມທີ່ໄດ້ລະບຸໃນບັນດາວັກກ່ອນໜ້ານີ້ ຂອງມາດຕານີ້.

ມາດຕາ 6

ການກວດກາ ຄຳເຫັນດີເຫັນພ້ອມ

1. ຄູ່ສັນຍາຝ່າຍໂອນ ຕ້ອງຮັບປະກັນວ່າ ຜູ້ຖືກຕັດສິນລົງໂທດທີ່ໄດ້ໃຫ້ຄຳເຫັນດີເຫັນພ້ອມ ຕໍ່ການໂອນຕົວພາຍໃຕ້ສົນທິສັນຍາສະບັບນີ້ນັ້ນ ແມ່ນໄດ້ເຮັດຕາມຄວາມສະໝັກໃຈ ແລະ

ໂດຍມີຄວາມຮັບຮູ້ຜົນສະທ້ອນທີ່ຕາມມາ ກ່ຽວກັບ ເລື່ອງນີ້. ຂັ້ນຕອນໃນການໃຫ້ຄຳເຫັນດີເຫັນພ້ອມດັ່ງກ່າວ ຈະຕ້ອງປະຕິບັດຕາມກົດຫມາຍຂອງຄູ່ສັນຍາຝ່າຍໂອນ.

2. ຄູ່ສັນຍາຝ່າຍໂອນ ຈະອະນຸຍາດໃຫ້ເຈົ້າຫນ້າທີ່ ທີ່ໄດ້ຮັບການແຕ່ງຕັ້ງໂດຍຄູ່ສັນຍາຝ່າຍຮັບໄດ້ກວດສອບຄວາມຖືກຕ້ອງກ່ອນການໂອນຕົວວ່າ ການເຫັນດີເຫັນພ້ອມຂອງຜູ້ຖືກຕັດສິນລົງໂທດນັ້ນ ແມ່ນໄດ້ເຮັດໂດຍສອດຄ່ອງຕາມວັກ 1 ຂອງມາດຕານີ້.

ມາດຕາ 7

ການຮັກສາສິດອຳນາດ

ຄູ່ສັນຍາຝ່າຍໂອນ ຈະຮັກສາສິດອຳນາດຢ່າງເດັດຂາດ ຕໍ່ຄຳພິພາກສາຂອງສານຂອງຄູ່ສັນຍາຝ່າຍໂອນ , ລວມທັງຕໍ່ການດຳເນີນການທົບທວນ, ການປ່ຽນແປງ ຫລື ການລົບລ້າງ ຄຳພິພາກສາດັ່ງກ່າວ.

ມາດຕາ 8

ການສືບຕໍ່ປະຕິບັດຄຳຕັດສິນລົງໂທດ

1. ໂດຍຂຶ້ນກັບວັກ 4 ຂອງມາດຕານີ້, ຄູ່ສັນຍາຝ່າຍຮັບ ຕ້ອງຜູກພັນຕາມເນື້ອໃນທາງກົດຫມາຍ ແລະ ໄລຍະເວລາຂອງຄຳຕັດສິນລົງໂທດ ຕາມທີ່ໄດ້ດຳເນີນການໂດຍຄູ່ສັນຍາຝ່າຍໂອນ.

2. ຄູ່ສັນຍາຝ່າຍຮັບ ຈະປະຕິບັດຄຳຕັດສິນລົງໂທດ ຄືກັນກັບວ່າ ຄຳຕັດສິນລົງໂທດນັ້ນ ໄດ້ຖືກດຳເນີນການ ຢູ່ໃນຄູ່ສັນຍາຝ່າຍຮັບ.

3. ການສືບຕໍ່ປະຕິບັດຄຳຕັດສິນລົງໂທດ ພາຍຫລັງທີ່ໄດ້ມີການໂອນຕົວແລ້ວນັ້ນ ຈະຖືກດຳເນີນພາຍໃຕ້ບັນດາກົດຫມາຍ ແລະ ຂັ້ນຕອນຂອງຄູ່ສັນຍາຝ່າຍຮັບ, ລວມທັງບັນດາກົດຫມາຍ ແລະ ຂັ້ນຕອນທີ່ກຳນົດເງື່ອນໄຂຕ່າງໆຂອງການຄຸມຂັງ, ການກັກຂັງພາງ ຫລື ການຕັດອິດສະລະພາບປະເພດອື່ນໆ, ແລະ ບັນດາກົດຫມາຍ ແລະ ຂັ້ນຕອນທີ່ກຳນົດການຫລຸດຜ່ອນ

ໄລຍະເວລາການຄຸມຂັງ, ການກັກຂັງພາງ ຫລື ການຕັດອິດສະລະພາບປະເພດອື່ນໂດຍອາຈາ, ເງື່ອນໄຂການປ່ອຍຕົວ, ການຫລຸດຜ່ອນໂທດ ຫລື ອື່ນໆ.

4. ຖ້າວ່າ ຄຳຕັດສິນລົງໂທດ ຫາກບໍ່ສອດຄ່ອງທາງດ້ານເນື້ອໃນການລົງໂທດ ຫລື ດ້ານໄລຍະເວລາປະຕິບັດໂທດ ກັບກົດໝາຍຂອງຄູ່ສັນຍາຝ່າຍຮັບ, ຄູ່ສັນຍາຝ່າຍຮັບ ອາດຈະດັດປັບຄຳຕັດສິນລົງໂທດໃຫ້ສອດຄ່ອງກັບຄຳຕັດສິນລົງໂທດ ທີ່ລະບຸໃນກົດໝາຍຂອງຄູ່ສັນຍາຝ່າຍຮັບ ສຳລັບ ການກະທຳຜິດປະເພດດຽວກັນ. ໃນເວລາດັດປັບຄຳຕັດສິນລົງໂທດນັ້ນ, ເຈົ້າໜ້າທີ່ກ່ຽວຂ້ອງຂອງຄູ່ສັນຍາຝ່າຍຮັບ ຈະຕ້ອງຍຶດຖືຕາມຜົນການສືບສວນສອບສວນຕ່າງໆຂອງເຫດການ, ເທົ່າທີ່ໄດ້ເກີດມີຂຶ້ນໂດຍອີງໃສ່ຄວາມຄິດເຫັນ, ການຕັດສິນລົງໂທດ, ຄຳພິພາກສາ, ຫລື ຄຳຕັດສິນລົງໂທດ ກຳນົດຢູ່ໃນປະເທດຄູ່ສັນຍາຝ່າຍໂອນ. ຄຳຕັດສິນລົງໂທດທີ່ດັດປັບໃໝ່ນັ້ນ ຈະຕ້ອງປະຕິບັດໂທດ ບໍ່ເກີນໄລຍະເວລາທີ່ໄດ້ກຳນົດໂດຍຄູ່ສັນຍາຝ່າຍໂອນທັງທາງດ້ານເນື້ອໃນການລົງໂທດ ຫລື ໄລຍະເວລາປະຕິບັດໂທດ, ແລະ ບໍ່ເກີນໄລຍະເວລາການລົງໂທດທີ່ສູງສຸດຕາມທີ່ລະບຸໃນກົດໝາຍຂອງຄູ່ສັນຍາຝ່າຍຮັບ. ໃນເວລາປະຕິບັດຄຳຕັດສິນລົງໂທດ, ເຈົ້າໜ້າທີ່ກ່ຽວຂ້ອງຂອງຄູ່ສັນຍາຝ່າຍຮັບ ອາດຈະບໍ່ສາມາດປ່ຽນແປງການລົງໂທດຕັດອິດສະລະພາບ ໄປເປັນການລົງໂທດປັບໃໝໄດ້ແຕ່ຢ່າງໃດ.

5. ຄູ່ສັນຍາຝ່າຍຮັບ ຕ້ອງປັບປຸງ ຫລື ຍົກເລີກ ການປະຕິບັດຄຳຕັດສິນລົງໂທດ ທັນທີທີ່ຕົນໄດ້ຮັບແຈ້ງຄຳຕົກລົງຈາກຄູ່ສັນຍາຝ່າຍໂອນ ເພື່ອອະໄພໂທດແກ່ຜູ້ຖືກຕັດສິນລົງໂທດ, ຫລື ໄດ້ຮັບແຈ້ງຄຳຕົກລົງອື່ນໆ ຫລື ມາດຕະການອື່ນໆຈາກຄູ່ສັນຍາຝ່າຍໂອນ ທີ່ພາໃຫ້ມີການລົບລ້າງ ຫລື ການຫລຸດຜ່ອນຄຳຕັດສິນລົງໂທດ.

6. ຄູ່ສັນຍາຝ່າຍຮັບ ຕ້ອງສະໜອງຂໍ້ມູນ ກ່ຽວກັບ ການສືບຕໍ່ປະຕິບັດຄຳຕັດສິນລົງໂທດໃຫ້ແກ່ຄູ່ສັນຍາຝ່າຍໂອນ ໃນກໍລະນີ ດັ່ງຕໍ່ລົງໄປນີ້ :

(ກ) ເມື່ອເວລາສຳເລັດການປະຕິບັດຄຳຕັດສິນລົງໂທດ ;

(ຂ) ຖ້າວ່າ ຜູ້ຖືກຕັດສິນລົງໂທດ ໄດ້ໂຕນໜີຈາກສະຖານທີ່ຄຸມຂັງ ກ່ອນຄຳຕັດສິນລົງໂທດໝົດກຳນົດ;

(ຄ) ຖ້າວ່າ ຜູ້ຖືກຕັດສິນລົງໂທດ ບໍ່ສາມາດປະຕິບັດຄຳຕັດສິນລົງໂທດໃຫ້ໝົດກຳນົດຍ້ອນເຫດຜົນໃດນຶ່ງ ; ຫລື

(ງ) ຖ້າວ່າ ຄູ່ສັນຍາຝ່າຍໂອນຮ້ອງຂໍ ໃຫ້ເຮັດບົດລາຍງານພິເສດ.

7. ໃນເມື່ອ ຄູ່ສັນຍາຝ່າຍຮັບ ໄດ້ແຈ້ງໃຫ້ຄູ່ສັນຍາຝ່າຍໂອນ ຊາບຕາມວັກ 6 ຂອງມາດຕານີ້ວ່າ ຄຳຕັດສິນລົງໂທດໄດ້ສຳເລັດແລ້ວ, ຄູ່ສັນຍາຝ່າຍໂອນ ຕ້ອງບໍ່ຮຽກຮ້ອງໃຫ້ປະຕິບັດຄຳຕັດສິນລົງໂທດອີກ.

ມາດຕາ 9

ການເດີນທາງຜ່ານຂອງຜູ້ຖືກຕັດສິນລົງໂທດ

ຖ້າວ່າ ຄູ່ສັນຍາຝ່າຍໃດຝ່າຍນຶ່ງ ໂອນຕົວຜູ້ຖືກຕັດສິນລົງໂທດ ໃຫ້ແກ່ ຫລື ອອກຈາກ ລັດທີສາມໃດນຶ່ງ, ຄູ່ສັນຍາອີກຝ່າຍນຶ່ງ ຕ້ອງໃຫ້ການຮ່ວມມືໃນການອຳນວຍຄວາມສະດວກ ໃຫ້ຜູ້ຖືກຕັດສິນລົງໂທດນັ້ນເດີນທາງຜ່ານດິນແດນຕົນ. ຄູ່ສັນຍາ ທີ່ມີເຈດຕະນາຈະດຳເນີນການໂອນຕົວດັ່ງກ່າວນັ້ນ ຈະໄດ້ແຈ້ງໃຫ້ຄູ່ສັນຍາອີກຝ່າຍນຶ່ງຊາບລ່ວງໜ້າ ເຖິງການເດີນທາງຜ່ານດັ່ງກ່າວນັ້ນ. ຄູ່ສັນຍາຝ່າຍໃດຝ່າຍນຶ່ງສາມາດປະຕິເສດການອະນຸຍາດເດີນທາງຜ່ານນັ້ນກໍ່ໄດ້.

ມາດຕາ 10

ພາສາແລະຄ່າໃຊ້ຈ່າຍ

1. ການຮ້ອງຂໍ ສຳລັບ ການໂອນຕົວ ລວມທັງເອກະສານ ແລະ ຄຳຖະແຫລງຕ່າງໆ ຕ້ອງຍື່ນເປັນພາສາຂອງຄູ່ສັນຍາຝ່າຍໂອນ.

2. ເວັ້ນເສຍແຕ່ ຄູ່ສັນຍາຕົກລົງກັນຢ່າງອື່ນ, ຄ່າໃຊ້ຈ່າຍຕ່າງໆທີ່ເກີດຂຶ້ນຈາກການໂອນຕົວຜູ້ຖືກຕັດສິນລົງໂທດ ຫລື ການສືບຕໍ່ປະຕິບັດໂທດຕາມຄຳຕັດສິນລົງໂທດ ພາຍຫລັງການໂອນຕົວນັ້ນ ໃຫ້ເປັນພາລະຂອງຄູ່ສັນຍາຝ່າຍຮັບ, ຍົກເວັ້ນຄ່າໃຊ້ຈ່າຍທີ່ເກີດຂຶ້ນຈາກຄູ່ສັນຍາຝ່າຍໂອນ ຢູ່ໃນດິນແດນຂອງຄູ່ສັນຍາຝ່າຍໂອນໂດຍສະເພາະ. ເຖິງຢ່າງໃດກໍ່ດີ, ຄູ່ສັນຍາຝ່າຍຮັບ

ອາດສາມາດຮຽກຄ່າໃຊ້ຈ່າຍທີ່ເກີດຂຶ້ນໃນການໂອນຕົວທັງຫມົດ ຫລື ບາງສ່ວນຈາກຜູ້ຖືກຕັດສິນລົງໂທດ ຫລື ຈາກແຫລ່ງອື່ນໆກໍ່ໄດ້.

ມາດຕາ 11

ການບັງຄັບໃຊ້ທາງດິນແດນ

ສັນຍາສະບັບນີ້ ຈະມີຜົນບັງຄັບໃຊ້ :

(ກ) ທີ່ພົວພັນກັບປະເທດອັງກິດ ແມ່ນຕໍ່ ສະຫະຣາຊະອານາຈັກ ອັງກິດ ແລະ ໄອແລນເຫນືອ ; ແລະຕໍ່ດິນແດນອື່ນໆແຫ່ງໃດແຫ່ງນຶ່ງ ສຳລັບ ການພົວພັນສາກົນ ຊຶ່ງ ສະຫະຣາຊະອານາຈັກ ອັງກິດ ມີຄວາມຮັບຜິດຊອບ ແລະ ສົນທິສັນຍາສະບັບນີ້ ມີຜົນບັງຄັບກວມເອົາ ບົນພື້ນຖານການເຫັນດີເຫັນພ້ອມຊຶ່ງກັນ ແລະ ກັນ ລະຫວ່າງຄູ່ສັນຍາ ດ້ວຍການແລກປ່ຽນຈົດຫມາຍ; ແລະ

(ຂ) ທີ່ພົວພັນກັບປະເທດລາວ ແມ່ນຕໍ່ດິນແດນຂອງ ສາທາລະນະລັດ ປະຊາທິປະໄຕ ປະຊາຊົນລາວ .

ມາດຕາ 12

ຂອບເຂດການບັງຄັບໃຊ້

ສົນທິສັນຍາສະບັບນີ້ ຈະບັງຄັບໃຊ້ຕໍ່ຜູ້ຖືກຕັດສິນລົງໂທດກ່ອນຫນ້າ ຫລື ພາຍຫລັງ ສົນທິສັນຍາສະບັບນີ້ມີຜົນບັງຄັບໃຊ້.

ມາດຕາ 13

ສົນຍາສະບັບອື່ນໆ

ສິນທິສັນຍາສະບັບນີ້ ຈະບໍ່ມີຜົນກະທົບຕໍ່ສິດ ຫລື ພັນທະຂອງຄູ່ສັນຍາ ພາຍໃຕ້ສົນທິສັນຍາສາກົນ ຫລື ສັນຍາສາກົນອື່ນໆ ທີ່ຄູ່ສັນຍາເປັນພາຄີ.

ມາດຕາ 14

ການແກ້ໄຂຂໍ້ຂັດແຍ່ງ

ຂໍ້ຂັດແຍ່ງໃດໆທີ່ເກີດຈາກການຕີຄວາມໝາຍ, ການບັງຄັບໃຊ້ ຫລື ການປະຕິບັດສົນທິສັນຍາສະບັບນີ້ ຈະຖືກແກ້ໄຂ ໂດຍການເຈລະຈາລະຫວ່າງບັນດາອົງການໃຈກາງ. ຖ້າວ່າ ບັນດາອົງການໃຈກາງບໍ່ສາມາດຕົກລົງກັນໄດ້, ຂໍ້ຂັດແຍ່ງ ຈະຖືກແກ້ໄຂໂດຍຄູ່ສັນຍາ ໂດຍຜ່ານທາງການທູດ.

ມາດຕາ 15

ບົດບັນຍັດສຸດທ້າຍ

1. ຄູ່ສັນຍາແຕ່ລະຝ່າຍ ຈະແຈ້ງໃຫ້ຄູ່ສັນຍາອີກຝ່າຍນຶ່ງຊາບ ການສຳເລັດຂັ້ນຕອນພາຍໃນທາງດ້ານກົດໝາຍອັນຈຳເປັນຂອງຕົນ ເພື່ອເຮັດໃຫ້ສົນທິສັນຍາສະບັບນີ້ ມີຜົນບັງຄັບໃຊ້.

2. ສົນທິສັນຍາສະບັບນີ້ ຈະມີຜົນບັງຄັບໃຊ້ ສາມສິບ (30) ວັນ ຫລັງຈາກມື້ວັນທີຈົດໝາຍແຈ້ງສະບັບສຸດທ້າຍ ຕາມທີ່ໄດ້ລະບຸໃນ ວັກ 1 ຂອງມາດຕານີ້;

3. ຄູ່ສັນຍາຝ່າຍໃດຝ່າຍນຶ່ງ ອາດຈະຍົກເລີກສົນທິສັນຍາສະບັບນີ້ເມື່ອໃດກໍໄດ້ ໂດຍການແຈ້ງເປັນລາຍລັກອັກສອນ ໄປຍັງຄູ່ສັນຍາອີກຝ່າຍນຶ່ງ ໂດຍຜ່ານທາງການທູດ. ສົນທິສັນຍາຈະຖືກຍົກເລີກພາຍໃນ ຫົກສິບ (60) ວັນ ພາຍຫລັງມື້ວັນທີທີ່ໄດ້ຮັບຈົດຫມາຍແຈ້ງນັ້ນ.

4. ເຖິງວ່າມີການຍົກເລີກກໍ່ຕາມ, ສົນທິສັນຍາສະບັບນີ້ ຈະສືບຕໍ່ມີຜົນບັງຄັບໃຊ້ ຕໍ່ການປະຕິບັດຄຳຕັດສິນລົງໂທດຂອງຜູ້ຖືກຕັດສິນລົງໂທດ ທີ່ຖືກໂອນຕົວແລ້ວ ພາຍໃຕ້ສົນທິສັນຍາສະບັບນີ້ກ່ອນຫນ້າ ມື້ຍົກເລີກສົນທິສັນຍາດັ່ງກ່າວ ມີຜົນບັງຄັບໃຊ້.

ເພື່ອເປັນຫລັກຖານ, ຜູ້ໄດ້ຮັບການມອບອຳນາດຢ່າງຖືກຕ້ອງຈາກ ສະຫະຣາຊະອານາຈັກອັງກິດ ແລະ ໄອແລນເຫນືອ ແລະ ສາທາລະນະລັດ ປະຊາທິປະໄຕ ປະຊາຊົນລາວ ຈຶ່ງໄດ້ລົງນາມໃນສັນຍາສະບັບນີ້.

ເຮັດທີ່ ລອນດອນ, ໃນວັນທີ ພຶດສະພາ 2009, ເປັນສອງສະບັບຕົ້ນ, ພາສາອັງກິດ ແລະ ພາສາລາວ ແຕ່ລະສະບັບມີຄຸນຄ່າເທົ່າທຽມກັນ.

ຕາງຫນ້າ ສະຫະຣາຊະອານາຈັກ ອັງກິດ ແລະ ໄອແລນເຫນືອ

ຕາງຫນ້າ ສາທາລະນະລັດ ປະຊາທິປະໄຕ ປະຊາຊົນລາວ

[TRANSLATION IN FRENCH – TRADUCTION EN FRANÇAIS]

TRAITÉ ENTRE LE ROYAUME-UNI DE GRANDE-BRETAGNE ET D'IRLANDE DU NORD ET LA RÉPUBLIQUE DÉMOCRATIQUE POPULAIRE LAO RELATIF AU TRANSFÈREMENT DE PERSONNES CONDAMNÉES

Le Royaume-Uni de Grande-Bretagne et d'Irlande du Nord (ci-après dénommé « Royaume-Uni ») et la République démocratique populaire lao, collectivement dénommés « Parties contractantes »,

Prenant en considération les lois et règlements des Parties contractantes en vigueur régissant l'exécution des peines,

Désireux de coopérer à l'exécution des peines,

Considérant que cette coopération servirait l'intérêt de l'administration de la justice,

Désireux de contribuer au succès de la réinsertion des personnes condamnées dans la société,

Considérant que la meilleure façon d'atteindre ces objectifs est de donner aux personnes condamnées étrangères la possibilité de purger leur peine dans leur propre pays,

Sont convenus de ce qui suit :

Article premier. Définitions

Les définitions ci-après s'appliquent au présent Traité :

a) L'expression « Partie transférante » désigne l'État duquel la personne condamnée peut être ou a été transférée ;

b) L'expression « Partie d'accueil » désigne l'État où la personne condamnée peut être ou a été transférée ;

c) L'expression « personne condamnée » désigne une personne qui doit être détenue dans une prison, dans un hôpital ou dans toute autre institution sur le territoire de la Partie transférante en exécution d'une ordonnance, d'une condamnation ou d'un jugement rendu par un tribunal de la Partie transférante sanctionnant une infraction pénale ;

d) Le terme « peine » désigne toute sanction ou mesure comportant une privation de liberté ordonnée par un tribunal de la Partie transférante pour une période limitée ou illimitée en raison d'une infraction pénale ;

e) Le terme « jugement » désigne une décision ou une ordonnance d'un tribunal comportant l'imposition d'une peine ; et

f) Le terme « ressortissant » désigne :

i) En ce qui concerne le Royaume-Uni, un citoyen britannique ; et

ii) En ce qui concerne la République démocratique populaire lao, une personne qui possède la nationalité lao.

Article 2. Principes généraux

1. Les Parties contractantes coopèrent dans la mesure la plus large possible concernant le transfèrement des personnes condamnées, conformément aux dispositions du présent Traité.

2. Une personne condamnée peut être transférée du territoire de la Partie transférante au territoire de la Partie d'accueil conformément aux dispositions du présent Traité afin qu'elle puisse continuer de purger la peine qui lui a été imposée par la Partie transférante.

3. Une personne condamnée peut exprimer à la Partie transférante ou à la Partie d'accueil son souhait d'être transférée en vertu du présent Traité.

4. Le transfèrement de personnes condamnées peut être demandé par la Partie transférante ou par la Partie d'accueil.

Article 3. Autorités centrales

1. Aux fins de la mise en œuvre du présent Traité, chaque Partie contractante désigne une ou plusieurs autorités centrales.

2. L'autorité centrale pour la République démocratique populaire lao est le Ministère de la sécurité publique. Les autorités centrales pour le Royaume-Uni sont :

a) En ce qui concerne l'Angleterre et le Pays de Galles, l'administration pénitentiaire de Sa Majesté ;

b) En ce qui concerne l'Écosse, l'administration pénitentiaire écossaise ; et

c) En ce qui concerne l'Irlande du Nord, l'administration pénitentiaire de l'Irlande du Nord.

3. À moins que le présent Traité n'en dispose autrement, toutes les communications concernant le transfèrement de personnes condamnées en vertu du présent Traité sont transmises par la voie diplomatique aux autorités centrales.

Article 4. Conditions de transfèrement

Les personnes condamnées ne peuvent être transférées, au titre du présent Traité, qu'aux conditions suivantes :

a) Les actes ou omissions pour lesquels la peine a été prononcée constitueraient une infraction pénale au regard des lois de la Partie d'accueil ; cette condition ne saurait être interprétée comme exigeant que la qualification de l'infraction retenue dans les lois des deux Parties contractantes soit identique à l'égard de questions ne touchant pas à sa nature essentielle ;

b) La personne condamnée est un ressortissant de la Partie d'accueil ;

c) La Partie transférante et la Partie d'accueil conviennent du transfèrement ;

d) La personne condamnée ou, si l'une des deux Parties l'estime nécessaire en raison de son âge ou de son état physique ou mental, son représentant juridique, consent au transfèrement ;

e) À la date de réception de la demande de transfèrement, la durée de la peine que la personne condamnée doit encore purger est d'au moins un an ; dans les cas exceptionnels, les Parties contractantes peuvent convenir d'un transfèrement même si la durée de la peine restant à purger est inférieure à un an ;

f) Le jugement est définitif et aucune autre procédure judiciaire relative à l'infraction ou à toute autre infraction commise par la personne condamnée n'est en cours dans la Partie transférante ;

g) Le transfèrement de la personne condamnée ne porte pas atteinte à la sécurité interne ou externe des Parties contractantes, à l'ordre public ou à d'autres intérêts essentiels ;

h) La personne condamnée n'a pas été condamnée pour l'une des infractions suivantes au regard de la législation lao :

- i) Une infraction commise à l'endroit du Président de la République démocratique populaire lao et de son épouse ;
- ii) Une infraction portant atteinte à la sécurité intérieure de l'État, y compris les infractions pénales commises à l'endroit du Président de l'Assemblée nationale et de son conjoint ou sa conjointe ou du Premier ministre et de son conjoint ou sa conjointe, ou portant atteinte à la sécurité extérieure de l'État ; ou
- iii) Une infraction à la législation relative à la protection du patrimoine artistique national ; et

i) À moins que les Parties contractantes n'en conviennent autrement, une personne condamnée ne peut être transférée que si elle a payé l'amende dans son intégralité, restitué les biens ou versé des dommages et intérêts conformément au jugement rendu par le tribunal de la Partie transférante dans l'affaire pénale.

Article 5. Procédures de transfèrement

1. La Partie transférante informe de la substance du présent Traité toute personne condamnée à laquelle celui-ci peut s'appliquer.

2. Tout transfèrement exécuté en vertu du présent Traité doit être initié par la voie diplomatique par une demande écrite de l'une ou l'autre Partie contractante.

3. Si une personne condamnée exprime le souhait d'être transférée auprès de la Partie transférante et que celle-ci est prête, en principe, à approuver la demande de transfèrement, la Partie transférante en informe sans délai la Partie d'accueil par écrit, et fournit les renseignements suivants :

- a) Le nom, la date et le lieu de naissance de la personne condamnée ;
- b) L'endroit où se trouve la personne condamnée et, si elle est disponible, son adresse permanente sur le territoire de la Partie d'accueil ;
- c) Un exposé des faits sur lesquels reposent la déclaration de culpabilité et la peine ;
- d) La nature, la durée et la date du début de la peine, la date de fin de la peine, s'il y a lieu, et la période déjà purgée par la personne condamnée, de même que toute remise de peine à laquelle celle-ci a droit en raison, notamment, du travail qu'elle a effectué, de sa bonne conduite ou de sa détention provisoire ou pour d'autres raisons ;
- e) Une copie du jugement et des renseignements concernant la législation sur lequel il est fondé ; et
- f) S'ils sont disponibles, tous autres renseignements complémentaires, notamment des rapports médicaux ou sociaux sur la personne condamnée, susceptibles de revêtir une importance pour le transfèrement de la personne condamnée et pour l'exécution continue de sa peine.

4. Si une personne condamnée exprime auprès de la Partie d'accueil son souhait d'être transférée, la Partie d'accueil en informe la Partie transférante. Si la Partie transférante est prête, en principe, à approuver la demande de transfèrement, elle en informe sans délai la Partie d'accueil par écrit, et lui fournit les renseignements mentionnés au paragraphe 3 du présent article.

5. Si, après avoir examiné les renseignements fournis par la Partie transférante, la Partie d'accueil est prête à procéder au transfèrement, elle en informe sans délai la Partie transférante par écrit et lui fournit les renseignements suivants :

a) Une déclaration indiquant que la personne condamnée est un ressortissant de la Partie d'accueil aux fins du présent Traité ;

b) Une copie des dispositions législatives pertinentes de la Partie d'accueil indiquant que les actes ou omissions pour lesquels la peine a été prononcée dans la Partie transférante constituent une infraction pénale au regard de la législation de la Partie d'accueil ou constitueraient une infraction pénale s'ils avaient été commis sur son territoire ;

c) Une déclaration concernant l'effet, pour la personne condamnée, de toute loi ou tout règlement relatif à la détention de cette personne sur le territoire de la Partie d'accueil après son transfèrement, y compris, le cas échéant, une déclaration concernant l'effet du paragraphe 4 de l'article 8 du présent Traité sur le transfèrement de ladite personne ; et

d) Une déclaration faisant état de tout chef d'accusation, de toute déclaration de culpabilité ou de toute enquête criminelle en suspens concernant la personne condamnée.

6. Si la Partie transférante accepte de procéder au transfèrement, elle en informe immédiatement la Partie d'accueil par la voie diplomatique. Elle fournit également sans délai les éléments ci-après à la Partie d'accueil :

a) Une déclaration attestant le consentement au transfèrement de la personne condamnée ; et

b) Une déclaration écrite confirmant le consentement au transfèrement de la Partie transférante.

7. Lorsque les Parties contractantes sont convenues du transfèrement, elles prennent les dispositions nécessaires pour assurer le transfèrement de la personne condamnée. La remise de la personne condamnée par les autorités de la Partie transférante à celles de la Partie d'accueil se produit à la date et à l'endroit sur le territoire de la Partie transférante convenus par les Parties contractantes.

8. Si l'une ou l'autre des Parties contractantes décide de ne pas consentir au transfèrement, elle en informe sans délai l'autre Partie contractante par écrit.

9. La Partie transférante informe par écrit la personne condamnée de toute mesure prise par elle-même ou par la Partie d'accueil conformément aux paragraphes précédents du présent article.

Article 6. Vérification du consentement

1. La Partie transférante s'assure que la personne condamnée qui donne son consentement au transfèrement en exécution du présent Traité le fait volontairement et en toute connaissance des conséquences qui en découlent. La procédure de consentement est régie par la législation de la Partie transférante.

2. La Partie transférante autorise un fonctionnaire désigné par la Partie d'accueil à vérifier, préalablement au transfèrement, que la personne condamnée a donné son consentement au transfèrement conformément au paragraphe 1 du présent article.

Article 7. Maintien de la compétence

La Partie transférante conserve la compétence exclusive pour ce qui est des jugements rendus par les tribunaux de la Partie transférante, ainsi que pour ce qui est de toute procédure qui aurait pour objet de de réviser, modifier ou annuler lesdits jugements.

Article 8. Poursuite de l'exécution de la peine

1. Sous réserve du paragraphe 4 du présent article, l'État d'accueil est lié par la nature juridique et la durée de la peine telles qu'elles ont été fixées la Partie transférante.

2. La Partie d'accueil exécute la peine comme si celle-ci avait été prononcée sur son territoire.

3. La poursuite de l'exécution de la peine après le transfèrement est régie par les lois et procédures de la Partie d'accueil, y compris celles régissant les conditions d'emprisonnement, de détention ou de toute autre privation de liberté, de même que celles relatives à la réduction de la peine d'emprisonnement, de détention ou de toute autre peine privative de liberté par libération conditionnelle, remise ou de toute autre manière.

4. Si, en raison de sa nature ou de sa durée, la peine est incompatible avec la législation de la Partie d'accueil, celle-ci peut l'adapter conformément à la peine prescrite par sa propre législation pour une infraction similaire. Lorsqu'elles adaptent la peine, les autorités compétentes de la Partie d'accueil sont liées par les conclusions factuelles, pour autant que celles-ci figurent dans une opinion, une déclaration de culpabilité, un jugement ou une peine prononcés sur le territoire de la Partie transférante. La peine adaptée ne saurait être plus sévère que la peine prononcée par la Partie transférante quant à sa nature ou à sa durée, et ne doit pas non plus être supérieure à la peine maximale prescrite par la législation de la Partie d'accueil. Lorsqu'elle adapte la peine, l'autorité compétente de la Partie d'accueil ne peut cependant convertir une sanction privative de liberté en une sanction pécuniaire.

5. La Partie d'accueil modifie la peine ou met fin à son exécution dès qu'elle est informée de toute décision par la Partie transférante de gracier la personne condamnée ou de toute autre décision ou mesure de la Partie transférante qui entraîne l'annulation ou la réduction de la peine.

6. La Partie d'accueil fournit à la Partie transférante les renseignements ci-après concernant la poursuite de l'exécution de la peine :

a) La date à laquelle la peine est purgée ;

b) Si la personne condamnée s'est évadée avant d'avoir purgé sa peine ;

c) Si la personne condamnée est incapable de terminer de purger sa peine pour une quelconque raison ; ou

d) Si la Partie transférante sollicite un rapport spécial.

7. Une fois que la Partie d'accueil a informé la Partie transférante, conformément au paragraphe 6 du présent article, que la peine a été purgée, la Partie transférante ne cherche pas à exécuter la peine.

Article 9. Transit des personnes condamnées

Si l'une ou l'autre des Parties contractantes transfère une personne condamnée à destination ou en provenance d'un État tiers, l'autre Partie contractante coopère pour faciliter le transit de cette personne sur son territoire. La Partie contractante qui a l'intention d'effectuer un tel transfèrement donne à l'autre Partie contractante un préavis de ce transit. L'une ou l'autre des Parties contractantes peut refuser d'accorder le transit.

Article 10. Langue et coûts

1. Les demandes de transfèrement ainsi que les documents et déclarations sont fournis dans la langue de la Partie transférante.

2. À moins que les Parties contractantes n'en conviennent autrement, les coûts exposés dans le cadre du transfèrement de la personne condamnée ou de la poursuite de l'exécution de la peine après le transfèrement sont à la charge de la Partie d'accueil, sauf les coûts exposés par la Partie transférante sur son seul territoire. La Partie d'accueil peut cependant solliciter le recouvrement de tout ou partie des coûts de transfèrement auprès de la personne condamnée ou de toute autre source.

Article 11. Application territoriale

Le présent Traité s'applique :

a) En ce qui concerne le Royaume-Uni, à la Grande Bretagne et à l'Irlande du Nord, et à tout autre territoire à l'égard duquel le Royaume-Uni exerce la responsabilité des relations internationales et auquel s'applique le présent Traité par accord mutuel entre les Parties contractantes au moyen d'un échange de notes ; et

b) En ce qui concerne la République démocratique populaire lao, au territoire de la République démocratique populaire lao.

Article 12. Application temporelle

Le présent Traité s'applique au transfèrement des personnes condamnées qui ont été condamnées soit avant, soit après son entrée en vigueur.

Article 13. Autres accords

Le présent Traité est sans incidence sur les droits et obligations des Parties contractantes découlant de traités ou d'autres accords internationaux auxquels elles sont parties.

Article 14. Règlement des différends

Tout différend résultant de l'interprétation, de l'application ou de la mise en œuvre du présent Traité est réglé par voie de négociations entre les autorités centrales. Si les autorités centrales ne parviennent pas à dégager un accord, le différend est réglé par les Parties contractantes par la voie diplomatique.

Article 15. Dispositions finales

1. Chacune des Parties contractantes notifie à l'autre l'accomplissement de ses procédures constitutionnelles et juridiques internes requises pour l'entrée en vigueur du présent Traité.

2. Le présent Traité entre en vigueur le trentième jour qui suit la date de la dernière notification visée au paragraphe 1 du présent article.

3. L'une ou l'autre des Parties contractantes peut dénoncer le présent Traité à tout moment moyennant un préavis écrit adressé à l'autre Partie contractante par la voie diplomatique. La dénonciation prend effet six mois après la date de réception du préavis.

4. Nonobstant toute dénonciation, le présent Traité continue de s'appliquer à l'exécution des peines des personnes condamnées qui ont été transférées conformément à ses dispositions avant la date d'effet de cette dénonciation.

EN FOI DE QUOI, les soussignés, à ce dûment autorisés par le Royaume-Uni de Grande-Bretagne et d'Irlande du Nord et la République démocratique populaire lao, ont signé le présent Traité.

FAIT à Londres, le 7 mai 2009, en deux exemplaires en langues lao et anglaise, chaque texte faisant également foi.

Pour le Royaume-Uni de Grande-Bretagne et d'Irlande du Nord :

DAVID MILIBAND

Pour la République démocratique populaire lao :

THONGLOUN SISOULITH

No. 54395

United Kingdom of Great Britain and Northern Ireland
and
Japan

Agreement between the Government of the United Kingdom of Great Britain and Northern Ireland and the Government of Japan concerning the transfer of arms and military technologies necessary to implement joint research, development and production of defence equipment and other related items. London, 4 July 2013

Entry into force: *4 July 2013 by signature, in accordance with article VII*

Authentic texts: *English and Japanese*

Registration with the Secretariat of the United Nations: *United Kingdom of Great Britain and Northern Ireland, 28 March 2017*

Royaume-Uni de Grande-Bretagne et d'Irlande du Nord
et
Japon

Accord entre le Gouvernement du Royaume-Uni de Grande-Bretagne et d'Irlande du Nord et le Gouvernement du Japon relatif au transfert d'armes et de technologies militaires nécessaires à la mise en œuvre d'activités conjointes de recherche, de développement et de production d'équipements de défense et d'autres articles connexes. Londres, 4 juillet 2013

Entrée en vigueur : *4 juillet 2013 par signature, conformément à l'article VII*

Textes authentiques : *anglais et japonais*

Enregistrement auprès du Secrétariat de l'Organisation des Nations Unies : *Royaume-Uni de Grande-Bretagne et d'Irlande du Nord, 28 mars 2017*

[TEXT IN ENGLISH – TEXTE EN ANGLAIS]

AGREEMENT BETWEEN THE GOVERNMENT OF THE UNITED KINGDOM OF GREAT BRITAIN AND NORTHERN IRELAND AND THE GOVERNMENT OF JAPAN CONCERNING THE TRANSFER OF ARMS AND MILITARY TECHNOLOGIES NECESSARY TO IMPLEMENT JOINT RESEARCH, DEVELOPMENT AND PRODUCTION OF DEFENCE EQUIPMENT AND OTHER RELATED ITEMS

The Government of the United Kingdom of Great Britain and Northern Ireland and the Government of Japan (hereinafter referred to as "the Parties"),

Considering the existing cooperative relationship between the Parties in the security area;

Recognising the fact that it has become common among developed countries to improve the performance of defence equipment and other related items and to cope with their rising costs by participating in international joint research, development and production;

Wishing that the joint research, development and production of defence equipment and other related items in which the Parties participate should contribute to the security of the respective countries and encourage a closer relationship between Japanese and British defence industries; and

Recognising that in order to promote the joint research, development and production projects in which the Parties participate, the terms and conditions which should govern the transfer of arms and military technologies need to be set forth;

Have agreed as follows:

ARTICLE I

1. Each Party shall, subject to the relevant laws and regulations of its country and in accordance with the provisions of this Agreement, make available to the other Party, arms and military technologies necessary to implement joint research, development and production projects of defence equipment and other related items to be determined in accordance with the provisions of paragraph 2. below.

2. Specific projects of the joint research, development and production shall be mutually determined, taking into account various factors including commercial viability, and confirmed by the Parties through the diplomatic channel.

ARTICLE II

1. A Joint Committee shall be established as the means for determining the arms and military technologies to be transferred for the joint research, development and production projects determined in accordance with the provisions of paragraph 2. of Article I.

2. The Joint Committee shall be composed of two national sections.

The Japanese Section shall be composed of:

a representative of the Ministry of Defense;

a representative of the Ministry of Foreign Affairs; and

a representative of the Ministry of Economy, Trade and Industry.

The British Section shall be composed of:

a representative of the Ministry of Defence;

a representative of the UK Trade and Investment Defence and Security Organisation; and

a representative of the Foreign and Commonwealth Office.

3. The relevant information necessary for determining the arms and military technologies to be transferred shall be communicated to the national sections through the diplomatic channel.

4. Based on the relevant information communicated in accordance with the provisions of paragraph 3. above, the arms and military technologies to be transferred shall be determined by the Joint Committee.

5. Detailed arrangements providing for, inter alia, the arms and military technologies to be transferred, persons who shall be party to the transfer, and the detailed terms and conditions of the transfer, shall be made between the competent authorities of the Parties in order to implement this Agreement. The competent authorities of the Government of Japan shall be the Ministry of Defense and the Ministry of Economy, Trade and Industry; the competent authority of the United Kingdom of Great Britain and Northern Ireland shall be the Ministry of Defence and the UK Trade and Investment Defence and Security Organisation.

ARTICLE III

1. Each Party shall make effective use of arms and military technologies transferred from the other Party in a manner consistent with the purposes and principles of the Charter of the United Nations, and such other purposes as may be determined in the detailed arrangements, and neither Party shall devote such arms and military technologies to any other purpose.

2. Each Party shall not transfer to any person not an officer or agent including contractor and subcontractor of such Party, or to any other Government, title to or possession of any arms and military technologies transferred pursuant to this Agreement, without the prior consent of the Party which transferred such arms and military technologies.

ARTICLE IV

Each Party shall, subject to the relevant laws and regulations of its country and in accordance with other applicable international agreements between the Parties, take necessary measures to protect classified information transferred from the other Party pursuant to this Agreement.

ARTICLE V

This Agreement and all arrangements to be made hereunder shall be implemented subject to the relevant laws and regulations and budgetary appropriations of the respective countries.

ARTICLE VI

Any matter relating to the interpretation or application of this Agreement and all arrangements to be made hereunder shall be resolved solely through consultation between the Parties.

ARTICLE VII

1. This Agreement shall enter into force on the date of signature.

2. Amendments to the present Agreement shall be entered into by mutual written consent of the Parties and shall enter into force on the date of the signature thereof.

3. This Agreement shall remain in force for a period of five years and shall be

automatically extended annually thereafter unless either Party notifies the other in writing through the diplomatic channel ninety days in advance of its intention to terminate the Agreement.

In witness whereof the undersigned, being duly authorised by their respective Governments, have signed this Agreement.

DONE in duplicate at London this Fourth day of July 2013, in the English and Japanese languages, both texts being equally authentic.

For the Government of the United Kingdom of Great Britain and Northern Ireland:	**For the Government of Japan:**
WILLIAM HAGUE	**KEIICHI HAYASHI**

二千十三年七月四日にロンドンで、ひとしく正文である英語及び日本語により本書二通を作成した。

グレートブリテン及び北アイルランド連合王国政府のために

日本国政府のために

この協定及びこの協定に基づいて行われる全ての取極は、それぞれの国の関係法令及び予算に従って実施される。

第六条

この協定及びこの協定に基づいて行われる全ての取極の解釈又は適用に関するいかなる事項も、両締約国政府の間の協議によってのみ解決されるものとする。

第七条

1 この協定は、署名の日に効力を生ずる。
2 この協定の改正は、両締約国政府の書面による同意により行われ、その署名の日に効力を生ずる。
3 この協定は、五年間効力を有し、一方の締約国政府が他方の締約国政府に対しこの協定を終了させる意思を九十日前に外交上の経路を通じて書面により通告しない限り、その効力は、毎年自動的に延長される。

以上の証拠として、下名は、各自の政府から正当に委任を受けてこの協定に署名した。

当局は、防衛省及び経済産業省とする。グレートブリテン及び北アイルランド連合王国政府の権限のある当局は、国防省及び英国貿易投資総省防衛安全保障部とする。

第三条

1　各締約国政府は、他方の締約国政府から移転された武器及び武器技術を、国際連合憲章の目的及び原則並びに細目取極において決定する他の目的に適合する方法で効果的に使用するものとし、いずれの一方の締約国政府も、当該武器及び武器技術を他の目的のため転用してはならない。

2　各締約国政府は、この協定に基づいて移転される武器及び武器技術に係る権原又は占有権を、当該武器及び武器技術を移転した締約国政府の事前の同意を得ないで、自国政府の職員若しくは委託を受けた者（契約者及び下請契約者を含む。）以外の者又は他の政府に移転しない。

第四条

各締約国政府は、自国の関係法令及び両締約国政府の間の適用可能な国際約束に従い、この協定に基づいて他方の締約国政府から移転される秘密情報を保護するための必要な措置をとる。

第五条

防衛省の一の代表者

外務省の一の代表者

経済産業省の一の代表者

英国側委員部は、次の者で構成する。

国防省の一の代表者

英国貿易投資総省防衛安全保障部の一の代表者

外務英連邦省の一の代表者

3　移転される武器及び武器技術を決定するために必要な関連情報は、外交上の経路を通じて国別委員部に伝達される。

4　移転される武器及び武器技術は、3の規定に従って伝達された関連情報に基づき、合同委員会により決定される。

5　この協定を実施するため、特に、移転される武器及び武器技術、移転の当事者となる者並びに移転の詳細な条件を定める細目取極が、両締約国政府の権限のある当局の間で行われる。日本国政府の権限のある

の移転を規律すべき条件が定められる必要があることを認識して、

次のとおり協定した。

第一条

1 各締約国政府は、自国の関係法令及びこの協定の規定に従い、2の規定に従って決定される防衛装備品及び他の関連物品の共同研究、共同開発及び共同生産に係る事業を実施するために必要な武器及び武器技術を他方の締約国政府の使用に供する。

2 共同研究、共同開発及び共同生産に係る個別の事業は、両締約国政府により、商業的採算を含む各種の要素を考慮して決定され、外交上の経路を通じて確認される。

第二条

1 前条2の規定に従って決定される共同研究、共同開発及び共同生産に係る事業のために移転される武器及び武器技術を決定する機関として、合同委員会を設置する。

2 合同委員会は、二の国別委員部で構成する。

日本国側委員部は、次の者で構成する。

[TEXT IN JAPANESE – TEXTE EN JAPONAIS]

防衛装備品及び他の関連物品の共同研究、共同開発及び共同生産を実施するために必要な武器及び武器技術の移転に関するグレートブリテン及び北アイルランド連合王国政府と日本国政府との間の協定

グレートブリテン及び北アイルランド連合王国政府及び日本国政府（以下「両締約国政府」という。）は、

安全保障の分野において両締約国政府の間に存在する協力関係を考慮し、

国際的な共同研究、共同開発及び共同生産に参加することにより、防衛装備品及び他の関連物品の性能を改善し、並びにこれらの費用の上昇に対処することが、先進国の間で一般的になっているという事実を認識し、

両締約国政府が参加する防衛装備品及び他の関連物品の共同研究、共同開発及び共同生産が、それぞれの国の安全保障に資すること並びに日本国及び英国の防衛産業の間の一層緊密な関係を促進することを希望し、

両締約国政府が参加する共同研究、共同開発及び共同生産に係る事業を促進するため、武器及び武器技術

[TRANSLATION IN FRENCH – TRADUCTION EN FRANÇAIS]

ACCORD ENTRE LE GOUVERNEMENT DU ROYAUME-UNI DE GRANDE-BRETAGNE ET D'IRLANDE DU NORD ET LE GOUVERNEMENT DU JAPON RELATIF AU TRANSFERT D'ARMES ET DE TECHNOLOGIES MILITAIRES NÉCESSAIRES À LA MISE EN ŒUVRE D'ACTIVITÉS CONJOINTES DE RECHERCHE, DE DÉVELOPPEMENT ET DE PRODUCTION D'ÉQUIPEMENTS DE DÉFENSE ET D'AUTRES ARTICLES CONNEXES

Le Gouvernement du Royaume-Uni de Grande-Bretagne et d'Irlande du Nord et le Gouvernement du Japon (ci-après dénommés « Parties »),

Considérant les relations de coopération existantes entre les Parties dans le domaine de la sécurité,

Reconnaissant qu'il est désormais courant, pour les pays développés, d'améliorer les performances des équipements de défense et autres articles connexes et de faire face à l'augmentation de leurs coûts en participant à des activités internationales conjointes de recherche, de développement et de production,

Désireux de faire en sorte que les activités conjointes de recherche, de développement et de production d'équipements de défense et d'autres articles connexes auxquelles les Parties prennent part favorisent la sécurité de leurs pays respectifs et encouragent un rapprochement entre les industries de défense japonaise et britannique, et

Reconnaissant qu'afin de promouvoir les projets conjoints de recherche, de développement et de production auxquels les Parties prennent part, il est nécessaire de définir les modalités qui doivent régir le transfert d'armes et de technologies militaires,

Sont convenus de ce qui suit :

Article premier

1. Chacune des Parties, sous réserve de ses lois et règlements nationaux applicables et conformément aux dispositions du présent Accord, met à la disposition de l'autre Partie les armes et les technologies militaires nécessaires à la mise en œuvre de projets conjoints de recherche, de développement et de production d'équipements de défense et d'autres articles connexes, à déterminer conformément aux dispositions du paragraphe 2 ci-dessous.

2. Les différents projets conjoints de recherche, de développement et de production sont déterminés d'un commun accord, en tenant compte de divers facteurs, notamment la viabilité commerciale, et confirmés par les Parties par la voie diplomatique.

Article II

1. Il est créé une commission mixte chargée de déterminer les armes et les technologies militaires à transférer pour les projets conjoints de recherche, de développement et de production déterminés conformément aux dispositions du paragraphe 2 de l'article premier.

2. La Commission mixte est composée de deux sections nationales.

La section japonaise comprend :

- Un représentant du Ministère de la défense ;
- Un représentant du Ministère des affaires étrangères ; et
- Un représentant du Ministère de l'économie, du commerce et de l'industrie.

La section britannique comprend :

- Un représentant du Ministère de la défense ;
- Un représentant de la Defence and Security Organisation de l'agence gouvernementale UK Trade and Investment ; et
- Un représentant du Ministère des affaires étrangères et du Commonwealth.

3. Les informations pertinentes nécessaires à la détermination des armes et des technologies militaires à transférer sont communiquées aux sections nationales par la voie diplomatique.

4. À la lumière des informations pertinentes communiquées conformément aux dispositions du paragraphe 3 ci-dessus, la Commission mixte détermine les armes et les technologies militaires à transférer.

5. Les arrangements détaillés portant, entre autres, sur les armes et les technologies militaires à transférer, les personnes intervenant dans le transfert et les conditions détaillées du transfert sont mises au point par les autorités compétentes des Parties en vue de la mise en œuvre du présent Accord. Les autorités compétentes du Gouvernement du Japon sont le Ministère de la défense et le Ministère de l'économie, du commerce et de l'industrie ; les autorités compétentes du Royaume-Uni de Grande-Bretagne et d'Irlande du Nord sont le Ministère de la défense et la Defence and Security Organisation de l'agence gouvernementale UK Trade and Investment.

Article III

1. Chaque Partie utilise efficacement les armes et les technologies militaires transférées par l'autre Partie conformément aux buts et principes énoncés dans la Charte des Nations Unies et conformément aux autres finalités pouvant être établies dans les modalités d'application, et aucune des Parties n'utilise ces armes et technologies militaires à d'autres fins.

2. Chaque Partie est tenue de ne transférer à personne en dehors de ses fonctionnaires ou de ses agents, y compris un contractant ou un sous-traitant de cette Partie, ni à un autre gouvernement la propriété ou la possession d'armes et de technologies militaires transférées en application du présent Accord, sans avoir obtenu au préalable le consentement de la Partie qui a transféré ces armes et technologies militaires.

Article IV

Chaque Partie, sous réserve de ses lois et règlements nationaux applicables et conformément aux autres accords internationaux applicables entre les Parties, prend les mesures nécessaires pour protéger les informations classifiées transférées par l'autre Partie en application du présent Accord.

Article V

Le présent Accord ainsi que toutes les modalités découlant de ses dispositions sont mis en œuvre sous réserve des lois et règlements applicables et des crédits budgétaires des deux pays.

Article VI

Toute question concernant l'interprétation ou l'application du présent Accord et de l'ensemble des modalités découlant de ses dispositions est réglée uniquement par voie de consultations entre les Parties.

Article VII

1. Le présent Accord entre en vigueur à la date de sa signature.

2. Toute modification du présent Accord est conclue par consentement mutuel écrit des Parties et entre en vigueur à la date de sa signature.

3. Le présent Accord reste en vigueur pendant une période de cinq ans et il est ensuite automatiquement prolongé chaque année, à moins que l'une des Parties ne notifie à l'autre avec un préavis écrit de 90 jours, transmis par la voie diplomatique, son intention de le dénoncer.

EN FOI DE QUOI, les soussignés, à ce dûment autorisés par leurs Gouvernements respectifs, ont signé le présent Accord.

FAIT à Londres, le 4 juillet 2013, en double exemplaire en langues anglaise et japonaise, les deux textes faisant également foi.

Pour le Gouvernement du Royaume-Uni de Grande-Bretagne et d'Irlande du Nord :

WILLIAM HAGUE

Pour le Gouvernement du Japon :

KEIICHI HAYASHI

No. 54396

Poland and Switzerland

Treaty of conciliation and arbitration between the Republic of Poland and the Swiss Confederation. Warsaw, 20 January 1993

Entry into force: *9 March 1994 by the exchange of the instruments of ratification, in accordance with article 18*

Authentic texts: *French and Polish*

Registration with the Secretariat of the United Nations: *Poland, 31 March 2017*

Pologne et Suisse

Traité de conciliation et d'arbitrage entre la République de Pologne et la Confédération suisse. Varsovie, 20 janvier 1993

Entrée en vigueur : *9 mars 1994 par l'échange des instruments de ratification, conformément à l'article 18*

Textes authentiques : *français et polonais*

Enregistrement auprès du Secrétariat de l'Organisation des Nations Unies : *Pologne, 31 mars 2017*

[TEXT IN FRENCH – TEXTE EN FRANÇAIS]

TRAITE DE CONCILIATION ET D'ARBITRAGE

ENTRE LA REPUBLIQUE DE POLOGNE ET LA CONFEDERATION SUISSE

Le Gouvernement de la République de Pologne

et

Le Conseil fédéral suisse,

Désireux de resserrer les liens d'amitié qui existent entre la République de Pologne et la Confédération suisse et de favoriser, dans l'intérêt de la paix et de la sécurité en Europe et dans le monde, le développement de procédures conduisant au règlement pacifique, juste et équitable de leurs différends,

ont conclu le Traité suivant:

A. NEGOCIATIONS

Article premier

Les Parties Contractantes s'efforcent de régler leurs différends par la négociation. Si celle-ci n'a pas abouti dans l'année qui suit son ouverture, chaque Partie peut soumettre le différend à la procédure de conciliation décrite ci-après.

B. CONCILIATION

Article 2

Tout différend qui n'a pas pu être réglé par la négociation dans le délai spécifié à l'article premier peut être soumis par chaque Partie à la conciliation au moyen d'une notification écrite adressée à l'autre Partie.

Article 3

La commission de conciliation est ainsi constituée:
a) Dans la notification écrite, faite conformément à l'article 2, la Partie qui déclenche la procédure de conciliation désigne un membre de la commission, qui peut être de ses ressortissants.

b) L'autre Partie désigne un deuxième membre, qui peut être de ses ressortissants, dans les 60 jours à compter de la réception de cette notification.

c) Dans les 90 jours à compter de la désignation prévue à la lettre b, les Parties désignent d'un commun accord un troisième membre, qui présidera la commission.

d) Toute désignation qui n'est pas intervenue dans un délai de 150 jours à compter de la réception de la notification écrite, prévue à l'article 2, est effectuée par le Secrétaire général du Conseil de l'Europe parmi des ressortissants d'Etats tiers.

e) En cas de décès, de démission ou d'empêchement de l'un des membres de la commission, il doit être immédiatement procédé à son remplacement en suivant la méthode prévue pour sa nomination.

Article 4

Une fois constituée, la commission de conciliation peut recommander aux Parties les mesures conservatoires qu'elle estime appropriées. Les Parties informent promptement la commission des dispositions qu'elles ont pu prendre en vue de l'application de ces mesures.

Article 5

1. La commission de conciliation fixe elle-même son lieu de réunion et sa procédure, après avoir consulté les représentants des Parties. Ce faisant, elle respecte les principes de l'égalité des Parties et du caractère contradictoire de la procédure.

2. La commission peut à tout moment suspendre la procédure de conciliation et inviter les parties à reprendre la négociation en tenant compte, le cas échéant, de ses recommandations.

Article 6

1. Les Parties participent à l'ensemble de la procédure et fournissent à la commission de conciliation les pièces et renseignements requis par elle.

2. Le défaut d'une Partie n'empêche pas la commission de poursuivre ses travaux.

Article 7

1. Dans les six mois qui suivent la clôture de la procédure, la commission de conciliation dresse un rapport confidentiel, assorti de recommandations, qu'elle communique promptement aux Parties.

2. Les Parties font savoir par écrit à la commission, dans les six mois qui suivent la communication du rapport de celle-ci, si elles acceptent ses recommandations. L'acceptation par les Parties des recommandations de la commission vaut accord réglant le différend.

C. ARBITRAGE

Article 8

1. Tout différend qui n'a pas pu être réglé par la procédure de conciliation prévue aux articles 2 à 7 peut être soumis par chaque Partie à la procédure d'arbitrage au moyen d'une notification écrite adressée à l'autre Partie.

2. Les Parties peuvent toutefois convenir de recourir à la procédure d'arbitrage sans passer par la conciliation.

Article 9

Le tribunal arbitral est constitué de la même manière que la commission de conciliation, selon ce qui est prévu à l'article 3, sauf que les désignations qui ne sont pas intervenues dans le délai spécifié à l'article 3, lettre d, sont effectuées par le Président de la Cour internationale de Justice. Si le Président est empêché d'accomplir cette tâche, ou s'il est ressortissant de l'une des Parties, les désignations nécessaires sont faites par le Vice-Président de la Cour. Si, pour ces mêmes raisons, le Vice-Président ne peut procéder aux désignations nécessaires, celles-ci sont effectuées par le membre le plus ancien de la Cour qui n'est ressortissant ni de l'une ni de l'autre Partie.

Article 10

Une fois constitué, le tribunal arbitral peut, à la requête d'une Partie ou proprio motu, prescrire les mesures conservatoires qu'il juge appropriées pour préserver les droits respectifs des parties. Celles-ci sont tenues de se conformer à ces mesures de bonne foi.

Article 11

Le tribunal arbitral fixe lui-même son lieu de réunion et sa procédure, après avoir consulté les représentants des Parties. Ce faisant, il respecte les principes de l'égalité des Parties, du caractère contradictoire de la procédure et de la division de celle-ci en une phase écrite et une phase orale.

Article 12

1. Les Parties participent à l'ensemble de la procédure d'arbitrage. L'absence d'une Partie, ou le fait que celle-ci néglige de faire valoir ses moyens, n'empêche pas la continuation de la procédure.

2. Les Parties fournissent au tribunal les pièces et renseignements requis par celui-ci.

Article 13

1. Le tribunal arbitral rend sa sentence à la majorité de ses membres dans les neuf mois qi suivent la clôture de la procédure d'arbitrage.

2. La sentence arbitrale, qui doit être motivée, est fondée sur le droit international, A la demande des deux Parties, le tribunal peut statuer ex aequo et bono.

3. La sentence est immédiatement communiquée aux Parties. Elle est obligatoire et définitive pour celles-ci et doit être exécutée de bonne foi.

4. En cas de contestation ou de doute sur le sens et la portée de la sentence, chaque Partie peut, dans les 90 jours à compter de la communication de celle-ci, demander au tribunal de l'interpréter.

D. DISPOSITIONS GENERALES

Article 14

1. Les dispositions du présent Traité ne s'appliquent pas:

a) aux différends nés antérieurement à l'entrée en vigueur du présent Traité;

b) aux différends que les Parties ont convenu ou conviendront de soumettre à une autre procédure de règlement pacifique.

2. les Parties peuvent convenir à tout moment de déroger aux dispositions du présent Traité lorsqu'il s'agit de régler un différend dans le cadre de ce Traité.

Article 15

En attendant le règlement du différend, les Parties s'abstiennent de tout comportement susceptible d'aggraver la situation et de rendre plus difficile ou d'empêcher le règlement du différend par les moyens prévus dans le présent Traité.

Article 16

La commission de conciliation et le tribunal arbitral prévus dans le présent Traité décident de leur propre compétence.

Artcle 17

1. Les membres de la commission de conciliation et du tribunal arbitral reçoivent une indemnité arrêtée par les Parties, qui en supportent chacune une part égale.

2. Chaque Partie assume ses propres frais et la moitié de frais encourus par la commission de conciliation ou le tribunal arbitral.

Article 18

1. Le présent Traité sera ratifié. Les instruments de ratification en seront échangés à Berne dans le plus bref délai possible.

2. Le Traité entrera en vigueur avec l'échange des instruments de ratification. Il est conclu pour une durée de cinq ans à compter de son entrée en vigueur. S'il n'est pas dénoncé six mois avant l'expiration de ce délai, il sera réputé renouvelé pour une nouvelle période de cinq ans, et ainsi de suite.

3. Si une procédure de conciliation ou d'arbitrage est en cours lors de l'expiration du Traité, elle se poursuivra conformément aux dispositions de celui-ci ou de tout accord que les Parties Contractantes seraient convenues de lui substituer.

En foi de quoi, les plénipotentiaires ont signé le présent Traité.

Fait à Varsovie, le 20 janvier 1993, en deux exemplaires originaux, en langue française et polonaise, les deux textes faisant également foi.

Pour le Gouvernement de la République de Pologne:	Pour le Conseil fédéral suisse:

[TEXT IN POLISH – TEXTE EN POLONAIS]

TRAKTAT KONCYLIACYJNY I ARBITRAŻOWY MIĘDZY RZECZĄPOSPOLITĄ POLSKA A KONFEDERACJĄ SZWAJCARSKĄ

Rząd Rzeczypospolitej Polskiej
i
Szwajcarska Rada Związkowa,

Pragnąc zacieśnić więzy przyjaźni, które istnieją między Rzecząpospolitą Polską i Konfederacją Szwajcarską oraz popierając w interesie pokoju i bezpieczeństwa w Europie i na świecie rozwój procedur zmierzających do pokojowego, słusznego i sprawiedliwego załatwiania sporów między nimi,

zawarły niniejszy Traktat :

A. ROKOWANIA

Artykuł 1

Umawiające się Strony będą starały się załatwiać swe spory w drodze rokowań. Jeśli nie zostanie to osiągnięte w ciągu roku następującego po rozpoczęciu rokowań, każda ze Stron może poddać spór niżej opisanej procedurze koncyliacyjnej.

B.KONCYLIACJA

Artykuł 2

Wszelkie spory,które nie mogą być załatwione za pomocą rokowań w terminie przewidzianym w artykule 1, mogą być poddane koncyliacji przez każdą ze Stron w drodze pisemnej notyfikacji skierowanej do drugiej Strony.

Artykuł 3

Komisja koncyliacyjna będzie utworzona w sposób następujący:

a) W pisemnej notyfikacji złożonej zgodnie z artykułem 2, Strona, która wszczyna postępowanie koncyliacyjne, wyznacza jednego członka Komisji, który może być jej obywatelem.

b) Druga strona wyznaczy drugiego członka, który może być jej obywatelem, w ciągu 60 dni licząc od otrzymania pisemnej notyfikacji.

c) W ciągu 90 dni, licząc od daty nominacji przewidzianej w punkcie "b", Strony uzgodnią i wyznaczą trzeciego członka, który będzie przewodniczącym Komisji.

d) Wszystkie nominacje, które nie zostały uzgodnione w ciągu 150 dni, licząc od otrzymania pisemnej notyfikacji przewidzianej w artykule 2, będą dokonane przez Sekretarza Generalnego Rady Europy spośród obywateli państw trzecich.

e) W razie śmierci, rezygnacji lub przeszkody w wykonywaniu funkcji jednego z członków Komisji, musi on zostać niezwłocznie zastąpiony, w ten sam sposób,w jaki został wyznaczony.

Artykuł 4

Komisja koncyliacyjna może zaproponować Stronom środki zabezpieczające, które uzna za właściwe. Strony poinformują niezwłocznie Komisję o krokach podjętych w celu zastosowanie takich środków.

Artykuł 5

1. Komisja koncyliacyjna sama ustala miejsce obrad i swoją procedurę, po konsultacji z przedstawicielami Stron. Komisja przestrzegać będzie zasady równości Stron i kontradyktoryjnego charakteru postępowania.

2. Komisja może w każdym momencie zawiesić postępowanie i wezwać strony do wznowienia rokowań, biorąc ewentualnie pod uwagę jej zalecenia.

Artykuł 6

1. Strony biorą udział w całym postępowaniu i dostarczają komisji koncyliacyjnej wymagane przez nią dokumenty i informacje.
2. Niestawienie się jednej ze Stron nie wstrzymuje prac Komisji.

Artykuł 7

1. W ciągu sześciu miesięcy, które następują po zamknięciu postępowania, Komisja koncyliacyjna sporządza poufne sprawozdanie zawierające zalecenia, które przekazuje niezwłocznie Stronom.

2. Strony poinformują pisemnie Komisję w ciągu sześciu miesięcy od otrzymania jej sprawozdania, czy akceptują jej zalecenia. Przyjęcie przez Strony zaleceń Komisji oznacza porozumienie dotyczące załatwienia sporu.

C. ARBITRAŻ

Artykuł 8

1. Każdy spór, który nie mógł być załatwiony na drodze procedury koncyliacyjnej przewidzianej w artykułach od 2 do 7, może być poddany przez każdą ze Stron procedurze arbitrażowej w drodze pisemnej notyfikacji skierowanej do drugiej Strony.

2. Strony mogą jednak uzgodnić zastosowanie procedury arbitrażowej bez stosowania postępowania koncyliacyjnego.

Artykuł 9

Trybunał arbitrażowy tworzy się w ten sam sposób jak Komisję koncyliacyjną, tak jak przewidziano to w artykule 3 , przy czym, gdy nominacje nie nastąpiły w terminie określonym w artykule 3 litera "d", są one dokonywane przez Prezesa Międzynarodowego Trybunału Sprawiedliwości. Jeśli Prezes nie będzie w stanie dokonać nominacji lub jest obywatelem jednej ze stron, wymagane nominacje będą dokonane przez Wiceprezesa Międzynarodowego Trybunału Sprawiedliwości. Jeśli z tych samych powodów Wiceprezes nie może dokonać przewidzianych nominacji, dokona ich najstarszy wiekiem członek Międzynarodowego Trybunału Sprawiedliwości, który nie jest obywatelem żadnej ze Stron.

Artykuł 10

Trybunał arbitrażowy może, na wniosek jednej ze Stron lub proprio motu, nakazać środki zabezpieczające, które uzna za stosowne dla ochrony wzajemnych praw Stron. Strony zastosują się do tych środków w dobrej wierze.

Artykuł 11

Trybunał arbitrażowy sam ustala miejsce obrad i swoją procedurę, po konsultacji z przedstawicielami Stron. Trybunał uwzględnia przy tym zasady równości Stron, charakter kontradyktoryjny postępowania oraz jego podział na część pisemną i ustną.

Artykuł 12

1. Strony biorą udział w całym postępowaniu arbitrażowym. Nieobecność jednej ze Stron lub fakt,że nie wykorzystuje ona swoich środków procesowych,nie przeszkadza w kontynuowaniu postępowania.

2. Strony dostarczają Trybunałowi wymagane dokumenty i informacje.

Artykuł 13

1. Trybunał arbitrażowy wydaje orzeczenie większością głosów swoich członków w ciągu dziewięciu miesięcy po zakończeniu postępowania arbitrażowego.

2. Orzeczenie arbitrażowe, które musi zawierać uzasadnienie, opiera się na prawie międzynarodowym. Na wniosek obydwu Stron,Trybunał może rozstrzygnąć spór ex aequo et bono.

3. Orzeczenie jest natychmiast przekazywane Stronom. Jest ono obowiązujące i ostateczne dla Stron i powinno być wykonane w dobrej wierze.

4. W razie zakwestionowania orzeczenia lub wątpliwości w odniesieniu do jego znaczenia i zakresu, każda ze Stron może w ciągu 90 dni, licząc od momentu otrzymania orzeczenia, zażądać od Trybunału jego interpretacji.

D. POSTANOWIENIA OGÓLNE

Artykuł 14

1. Postanowienia niniejszego Traktatu nie mają zastosowania do sporów, które :

a) powstały przed wejściem w życie niniejszego Traktatu;

b) strony zgodziły się lub zgodzą się poddać innej procedurze pokojowego załatwiania sporów.

2. Strony mogą porozumieć się w każdym momencie odnośnie uchylenia pewnych postanowień niniejszego Traktatu, jeśli chodzi o załatwienie sporu w ramach Traktatu.

Artykuł 15

Zanim spór nie zostanie załatwiony, Strony powstrzymają się od wszelkich działań mogących przyczynić się do zaostrzenia sytuacji i utrudnienia bądź uniemożliwienia załatwienia sporu środkami przewidzianymi w niniejszym Traktacie.

Artykuł 16

Komisja koncyliacyjna i Trybunał arbitrażowy, przewidziane w niniejszym Traktacie, decydują o swojej kompetencji.

Artykuł 17

1. Członkowie Komisji koncyliacyjnej i Trybunału arbitrażowego otrzymują wynagrodzenie ustalane przez Strony i wnoszone przez nie w równych częściach.

2. Każda ze Stron ponosi swoje własne koszty oraz połowę kosztów Komisji koncyliacyjnej i Trybunału arbitrażowego.

Artykuł 18

1. Traktat niniejszy podlega ratyfikacji. Dokumenty ratyfikacyjne zostaną wymienione w Bernie w możliwie bliskim terminie.

2. Traktat wejdzie w życie w dniu wymiany dokumentów ratyfikacyjnych. Jest on zawarty na okres pięciu lat, licząc od daty jego wejścia w życie. Jeśli nie zostanie wypowiedziany w ciągu sześciu miesięcy przed upływem jego ważności, będzie uważany za przedłużony na następny okres pięciu lat. Zasada ta stosuje się odpowiednio do kolejnych okresów.

3. Jeśli postępowanie arbitrażowe lub koncyliacyjne będzie toczyło się w chwili wygaśnięcia Traktatu, będzie ono kontynuowane zgodnie z jego postanowieniami, bądź też porozumieniem zawartym przez Umawiające się Strony w celu zastąpienia Traktatu.

Na dowód czego pełnomocnicy Stron podpisali niniejszy Traktat.

Sporządzono w Warszawie, dnia 20 stycznia 1993 roku, w dwóch egzemplarzach, każdy w językach polskim i francuskim, przy czym obydwa teksty posiadają jednakową moc.

Za Rząd Rzeczypospolitej Polskiej	Za Szwajcarską Radę Związkową

[TRANSLATION IN ENGLISH – TRADUCTION EN ANGLAIS]

TREATY ON CONCILIATION AND ARBITRATION BETWEEN THE REPUBLIC OF POLAND AND THE SWISS CONFEDERATION

The Government of the Republic of Poland and

The Swiss Federal Council,

Wishing to tighten the existing bonds of friendship between the Republic of Poland and the Swiss Confederation and to promote, in the interest of peace and security in Europe and throughout the world, the development of procedures conducive to the peaceful, just and equitable settlement of their disputes,

Have concluded the following Treaty:

A. NEGOTIATIONS

Article 1

The Contracting Parties shall endeavour to settle their disputes through negotiation. If a successful outcome has not been reached within a year following the start of negotiations, either Party may submit the dispute to undergo the conciliation procedure described below.

B. CONCILIATION

Article 2

Any dispute that cannot be settled through negotiation within the time limit specified in article 1 may be submitted by either Party for conciliation by means of a written notification addressed to the other Party.

Article 3

The conciliation commission shall be constituted as follows:

(a) In the written notification transmitted in accordance with article 2, the Party initiating the conciliation procedure shall appoint a member of the commission, who may be one of its nationals;

(b) The other Party shall appoint a second member, who may be one of its nationals, within 60 days of the receipt of such notification;

(c) Within 90 days of the appointment provided in subparagraph (b), the Parties shall, by joint agreement, appoint a third member, who shall chair the commission;

(d) Any appointment that has not been made within 150 days of the receipt of the written notification provided in article 2 shall be made by the Secretary General of the Council of Europe from among the nationals of third States;

(e) In the event of the death, resignation or incapacitation of a member of the commission, the member shall immediately be replaced using the prescribed method for such appointment.

Article 4

Once constituted, the conciliation commission may recommend to the Parties any provisional measures that it deems appropriate. The Parties shall promptly inform the commission of any arrangements made to give effect to such measures.

Article 5

1. The conciliation commission shall determine its own meeting place and procedure after consulting the representatives of the Parties. In so doing, it shall respect the principles of the equality of the Parties and the adversarial nature of the procedure.

2. The commission may at any time suspend the conciliation procedure and call on the Parties to resume negotiations, bearing in mind, where appropriate, its recommendations.

Article 6

1. The Parties shall participate throughout the conciliation procedure and shall provide the conciliation commission with any requested documents and information.

2. Default by one Party shall not prevent the commission from continuing its work.

Article 7

1. Within the six months following the closure of the procedure, the conciliation commission shall prepare a confidential report, including recommendations, which it shall promptly share with the Parties.

2. The Parties shall notify the commission in writing, within six months of the communication of the report, whether they accept its recommendations. Acceptance of the commission's recommendations by the Parties shall be deemed to constitute an agreement settling the dispute.

C. ARBITRATION

Article 8

1. Any dispute that cannot be settled through the conciliation procedure specified in articles 2 through 7 may be submitted by either Party to arbitration by means of a written notification addressed to the other Party.

2. The Parties may nevertheless agree to engage in the arbitration procedure without first going through conciliation.

Article 9

The arbitration tribunal shall be constituted in the same manner as the conciliation commission, as provided in article 3, except that any appointments that have not been made within the time limit specified in article 3 (d) shall be made by the President of the International Court of Justice. If the President is unable to perform that task, or is a national of one of the Parties, the necessary appointments shall be made by the Vice-President of the Court. If, for the same reasons, the

Vice-President cannot make the necessary appointments, they shall be made by the most senior member of the Court who is not a national of either Party.

Article 10

Once constituted, the arbitration tribunal may, at the request of one of the Parties or proprio motu, prescribe any provisional measures that it deems appropriate to preserve the respective rights of the Parties. The latter shall be required to comply with such measures in good faith.

Article 11

The arbitration tribunal shall determine its own meeting place and procedure after consulting the representatives of the Parties. In so doing, it shall respect the principles of the equality of the Parties, taking into account the adversarial nature of the procedure and the division of the latter into a written procedure and an oral procedure.

Article 12

1. The Parties shall participate throughout the arbitration procedure. The absence of one Party, or the fact that it fails to present its case, shall not prevent the continuation of the procedure.
2. The Parties shall provide the tribunal with any requested documents and information.

Article 13

1. The arbitration tribunal shall make its award by a majority decision within nine months following the closure of the arbitration procedure.
2. The arbitration award, which shall be substantiated, shall be based on international law. At the request of both Parties, the tribunal may make its award ex aequo et bono.
3. The award shall be communicated immediately to the Parties. It shall be binding and final for the Parties and must be performed in good faith.
4. In the event of any dispute or doubt as to the meaning and scope of the award, either Party may, within 90 days of the communication of the award, request the tribunal to interpret it.

D. GENERAL PROVISIONS

Article 14

1. The provisions of this Treaty shall not apply to:
   (a) Disputes arising prior to the entry into force of this Treaty;
   (b) Disputes which the Parties have agreed or shall agree to submit to another procedure of peaceful settlement.
2. The Parties may agree at any time to depart from the provisions of this Treaty with a view to settling a dispute within the framework of the Treaty.

Article 15

Pending the settlement of the dispute, the Parties shall refrain from any conduct likely to aggravate the situation and to hinder or prevent the settlement of the dispute by the means provided in this Treaty.

Article 16

The conciliation commission and the arbitration tribunal provided for in this Treaty shall ascertain their own jurisdiction.

Article 17

1. The members of the conciliation commission and arbitration tribunal shall receive an allowance, to be fixed by the Parties, who shall cover it in equal proportions.

2. Each Party shall cover its own expenses and half the expenses of the conciliation commission or the arbitration tribunal.

Article 18

1. This Treaty shall be ratified. The instruments of ratification shall be exchanged at Berne as soon as possible.

2. The Treaty shall enter into force upon the exchange of the instruments of ratification. It is concluded for a period of five years from the date of its entry into force. Unless it is terminated six months before the expiration of this period, it shall be deemed to have been renewed for a further period of five years, and similarly thereafter.

3. If a conciliation or arbitration procedure is in progress at the time of the expiry of the Treaty, such procedure shall continue in accordance with the provisions of the Treaty or of any alternative agreement that may be reached by the Parties.

IN WITNESS WHEREOF, the plenipotentiaries have signed this Treaty.

DONE at Warsaw, on 20 January 1993, in two originals, in the French and Polish languages, both texts being equally authentic.

For the Government of the Republic of Poland:

[KRZYSZTOF SKUBISZEWSKI]

For the Swiss Federal Council:

[LUCIUS CAFLISCH]

No. 54397

Argentina
and
Kuwait

Trade Agreement between the Government of the Argentine Republic and the Government of the State of Kuwait. Kuwait City, 16 January 2011

Entry into force: *5 June 2015 by notification, in accordance with article 8*

Authentic texts: *Arabic, English and Spanish*

Registration with the Secretariat of the United Nations: *Argentina, 9 March 2017*

Argentine
et
Koweït

Accord commercial entre le Gouvernement de la République argentine et le Gouvernement de l'État du Koweït. Koweït, 16 janvier 2011

Entrée en vigueur : *5 juin 2015 par notification, conformément à l'article 8*

Textes authentiques : *arabe, anglais et espagnol*

Enregistrement auprès du Secrétariat de l'Organisation des Nations Unies : *Argentine, 9 mars 2017*

مادة (8)

1- تدخل هذه الاتفاقية حيز النفاذ من تاريخ الاشعار الأخير الذي يخطر فيه أي من الطرفين المتعاقدين الآخر كتابة من خلال القنوات الدبلوماسية باستيفائه للاجراءات الدستورية الازمة لنفاذ هذه الاتفاقية.

2- يجوز تعديل هذه الاتفاقية بموافقة الطرفين المتعاقدين ، ويدخل هذا التعديل حيز النفاذ وفقا للإجراءات المذكورة في الفقرة السابقة .

3- تظل هذه الاتفاقية سارية المفعول لمدة خمسة سنوات وتجدد تلقائيا لمدة مماثلة ، ما لم يقم أي من الطرفين المتعاقدين بإبلاغ الطرف المتعاقد الأخر كتابة برغبته في انهاء هذه الاتفاقية وذلك قبل ستة أشهر من انتهاء المدة الأولي لهذه الاتفاقية أو أي مدة أخرى.

مادة (9)

يستمر تطبيق أحكام هذه الإتفاقية بالنسبة للعقود التي تبرم أثناء فترة سريانها ولم يتم إنجازها من تاريخ إنتهاء الإتفاقية .

أي خلاف قد ينشأ بين الطرفين المتعاقدين يتعلق بتفسير أو بتطبيق هذه الإتفاقية يتم تسويته وديا من خلال التشاور أو المفاوضات بين الطرفين المتعاقدين عن طريق القنوات الدبلوماسية .

حررت في مدينة الكويت بتاريخ 11 صفر 1432هـ الموافق 16 يناير 2011م من نسختين أصليتين، باللغات الأسبانية والعربية والانجليزية، وتكون جميع النصوص متساوية الحجية، وفي حالة الاختلاف يسود النص الانجليزي.

عن حكومة جمهورية الأرجنتين	عن حكومة دولة الكويت

مادة (4)

يعمل الطرفان المتعاقدان على تشجيع تبادل الوفود التجارية بين البلدين ، وفقا للقوانين والأنظمة السارية في كل من البلدين.

مادة (5)

تتم كافة المدفوعات الخاصة بالبضائع والخدمات المتفق عليها بين البلدين في إطار هذه الاتفاقية ، يتم تحديدها بعملة قابلة للتحويل بحرية .

مادة (6)

يعفى الطرفان المتعاقدان من الرسوم الجمركية والضرائب وفقا للقوانين واللوائح المطبقة لدى الطرفين المتعاقدين وذلك في السلع التالية :

1- عينات أو مواد الدعاية والتي ليس لها ذات قيمة البضائع لتسهيل و تطوير التبادل التجاري .
2- المواد والمعدات مع قيمة السلع التي يعاد تصديرها بعد أن تم استيرادها للمعارض والأسواق التجارية .

مادة (7)

يشكل الطرفان المتعاقدان لجنة تجارية مشتركة تتكون من ممثليهما . تختص هذه اللجنة بالأتي :-

1. متابعة تطبيق مواد الإتفاقية .
2. تقدير التجارة الثنائية .
3. مناقشة المقترحات المقدمة من أحد الطرفان المتعاقدان لتنمية أو تنويع التجارة بن البلدين .

تعقد اجتماعات اللجنة التجارية المشتركة بناءاً على طلب أي من الطرفين المتعاقدين وموافقة الطرف الآخر ، بالتناوب في الأرجنتين و الكويت .

[TEXT IN ARABIC – TEXTE EN ARABE]

إتفاق تجاري
بين
حكومة جمهورية الأرجنتين
وحكومة دولة الكويت

إن حكـومة جمهورية الأرجنتين وحكومة دولة الكويت (ويشار إليهم فيما بعد "بالطرفين المتعاقدين") .

ورغبة منها في تطـوير العلاقات التجارية بين البلدين على أساس المساواة والمنفعة المتبادلة ،

مع الأخذ في الاعتبار متطلبات قواعد اتفاقية مراكش التي تأسست بموجبها منظمة التجارة العالمية WTO في 15 ابريل 1994م، والاتفاقيات المنبثقة عنها بموجب التزاماتها في المنظمة،

واقتناعاً بالحاجة إلى تطوير وتوسيع تبادل البضائع والخدمات،

فقد اتفقا على ما يلي :-

مادة (1)

يأخذ الطرفان المتعاقدان بكل الإجراءات الضرورية التي تؤدي إلى توسيع وتنويع تبادل البضائع والخدمات بين البلدين من خلال هذه الإتفاقية .

مادة (2)

يعمل الطرفان المتعاقدان على تعزيز إنجاز العقود بين الأشخاص الطبيعيين والمعنويين في جمهورية الأرجنتين ، وفقا للقواعد والقوانين والأنظمة السارية في كل من البلدين .

مادة (3)

يعمل الطرفان المتعاقدان لكل منهما على تقديم التسهيلات الضرورية للمشاركة في بالمعارض التجارية و الأسواق الدولية والتي تقام وفقا للقوانين والأنظمة السارية في كل من البلدين .

[TEXT IN ENGLISH – TEXTE EN ANGLAIS]

TRADE AGREEMENT
BETWEEN
THE GOVERNMENT OF THE ARGENTINE REPUBLIC
AND
THE GOVERNMENT OF THE STATE OF KUWAIT

The Government of the Argentine Republic and the Government of the State of Kuwait and the hereafter referred to as the "Contracting Parties",

Desirous to develop trade relations between the two countries, on the basis of equality and mutual benefits,

Taking in account their commitments to the principles of the Marrakesh Agreement establishing the World Trade Organization signed on 15 April, 1994, and the agreements stemming thereof by virtue of their obligation to the Organization, and

Convinced of the need to develop and expend the exchange of goods and services,

Have agreed on the following:

Article 1

The Contracting Parties take all necessary measures to enlarge and diversify exchange of goods and services between the two countries through this agreement.

Article 2

The Contracting Parties promote conclusion of contracts between juridical and natural persons in the Argentine Republic and the State of Kuwait, in accordance with the laws and regulations in practice in the two countries.

Article 3

The Contracting Parties afford each other necessary facilities to participate to the in trade fairs and international markets to be organized according to the laws and regulations in practice in the two countries.

Article 4

The Contracting Parties shall encourage the exchange of commercial delegations between the two countries, in accordance with the laws and regulations in practice in the two countries.

Article 5

The payment to all goods and services done between the two countries in the framework of this agreement should be settled by freely convertible currencies.

Article 6

The Contracting Parties exempt from custom's duties and taxes according to the laws and regulations in practice in the contracting parties the following goods:

1. Sample or advertisements items having no value as goods and mainly for promotion and commercial order.

2. Material and equipments with value of goods those are re-exported after it were imported for trade fairs and exhibitions.

Article 7

The Contracting Parties establish a Joint Trade Committee composed of their representatives. The functions of this committee are the following:

1. Follow up to implementation of articles of this Agreement.

2. Evaluation of bilateral trade.

3. Discuss of propositions forwarded by one of the Contracting Parties for enlargement or diversification of trade between the two countries.

The Joint Trade Committee shall meet at the request of either Party and consent the other Party, alternately in Argentine and Kuwait.

Article 8

1. This Agreement shall enter into force from the date of the last notification whereby one of the Parties informs the other in writing through diplomatic channels that it has satisfied the constitutional procedures required for its entry into force.

2. This Agreement can be amended with consent of both the Parties. Amendment will be effective according to the procedures mentioned in the previous paragraph.

3. The Agreement shall remain in force for a period of five years and automatically renewed for same period, unless either Parties notice the other in writing about his intention to terminate this Agreement within six months before the termination of initial period or any period.

Article 9

The rules of this agreement shall continue to be applied to all contracts concluded during its validity but not duly fulfilled at the date of expiry.

Any dispute between the Contracting Parties that may result from the implementation or interpretation of this agreement shall be resolved through consultation and negotiation by diplomatic channels.

Done in Kuwait City, on 16th January 2011, corresponding to the 11th of Safar 1432 H, in two original copies in the Spanish, Arab and English languages, all texts being equally authentic. In case of any divergence of interpretation, the English version shall prevail.

For the Government of the
Argentine Republic

For Government of the
State of Kuwait

[TEXT IN SPANISH – TEXTE EN ESPAGNOL]

ACUERDO COMERCIAL
ENTRE
EL GOBIERNO DE LA REPÚBLICA ARGENTINA
Y EL GOBIERNO DEL ESTADO DE KUWAIT

El Gobierno de la República Argentina y el Gobierno del Estado de Kuwait, en adelante las "Partes Contratantes",

Deseosos de desarrollar las relaciones comerciales entre ambos países, sobre la base de la igualdad y los beneficios mutuos,

Teniendo en cuenta su compromiso con los principios de los Acuerdos de Marrakech el 15 de abril de 1994, por el cual se establece la Organización Mundial de Comercio, y los acuerdos que emanan de dicho Acuerdo en virtud de sus obligaciones para con la Organización, y

Convencidos de la necesidad de desarrollar y ampliar el intercambio de bienes y servicios,

Han acordado lo siguiente:

Artículo 1

Las Partes Contratantes tomarán todas las medidas necesarias para ampliar y diversificar el intercambio de bienes y servicios entre ambos países por medio del presente.

Artículo 2

Las Partes Contratantes promoverán la celebración de contratos entre personas físicas y jurídicas en la República Argentina y el Estado de Kuwait, de conformidad con las leyes y normas vigentes en dichos países.

Artículo 3

Las Partes Contratantes se brindarán mutuamente las facilidades necesarias para participar en las ferias comerciales y los mercados internacionales que se organicen de acuerdo con las leyes y normas vigentes en ambos países.

Artículo 4

Las Partes Contratantes fomentarán el intercambio de delegaciones comerciales entre ambos países, de conformidad con las leyes y normas vigentes en ellos.

Artículo 5

El pago de los bienes intercambiados y los servicios prestados entre ambos países en el marco de este Acuerdo se realizará en moneda libremente convertible.

Artículo 6

Las Partes Contratantes eximirán a los siguientes bienes de los aranceles y derechos aduaneros aplicables de conformidad con las leyes y normas vigentes en ambos países:

1. Artículos publicitarios o de muestra sin valor comercial que tengan fines principalmente promocionales.

2. Materiales y equipos con valor comercial que sean exportados nuevamente luego de haber sido importados para ferias y exposiciones comerciales.

Artículo 7

Las Partes Contratantes establecerán un Comité Comercial Mixto compuesto por sus representantes. Las funciones de dicho comité incluirán:

1. El seguimiento de la implementación de las disposiciones del presente Acuerdo.

2. La evaluación del comercio bilateral.

3. El análisis de las propuestas presentadas por una de las Partes Contratantes para la ampliación o diversificación del comercio entre ambos países.

El Comité Comercial Mixto se reunirá a pedido de cualquiera de las Partes, mediando el consentimiento de la otra Parte. Las reuniones se celebrarán alternativamente en la Argentina y en Kuwait.

Artículo 8

1. El presente Acuerdo entrará en vigor a partir de la fecha de la última notificación en la que una de las Partes le informe a la otra, por escrito y por la vía diplomática, que ha cumplido con todos los procedimientos constitucionales necesarios para su entrada en vigor.

2. Este Acuerdo podrá modificarse con el consentimiento de ambas Partes. Las modificaciones entrarán en vigor de conformidad con los procedimientos mencionados en el párrafo anterior.

3. El presente Acuerdo permanecerá vigente durante un período de cinco años y se renovará automáticamente por períodos equivalentes, a menos que cualquiera de las Partes notifique a la otra por escrito sobre su intención de dar por terminado este Acuerdo dentro de los seis meses previos a la finalización del período inicial o de cualquier período posterior.

Artículo 9

Las disposiciones del presente seguirán aplicándose a todos los contratos que se hayan celebrado durante el plazo de su validez pero no se hayan cumplido totalmente a la fecha de su terminación.

Todo conflicto entre las Partes Contratantes que surja de la implementación o interpretación del presente Acuerdo se resolverá mediante consultas y negociaciones por la vía diplomática.

Hecho en la ciudad de Kuwait, el 16 de enero de 2011, correspondiente al 11 de Safar de 1432 H, en dos ejemplares originales, en español, árabe e inglés, siendo todos los textos igualmente auténticos. En caso de divergencia, prevalecerá el texto en inglés.

Por el Gobierno de la República Argentina

Por el Gobierno del Estado de Kuwait

[TRANSLATION IN FRENCH – TRADUCTION EN FRANÇAIS]

ACCORD COMMERCIAL ENTRE LE GOUVERNEMENT DE LA RÉPUBLIQUE ARGENTINE ET LE GOUVERNEMENT DE L'ÉTAT DU KOWEÏT

Le Gouvernement de la République argentine et le Gouvernement de l'État du Koweït, ci-après dénommés « Parties contractantes »,

Désireux de développer les relations commerciales entre les deux pays dans des conditions d'égalité et dans leur intérêt mutuel,

Tenant compte de leurs engagements à l'égard des principes de l'Accord de Marrakech instituant l'Organisation mondiale du commerce, signé le 15 avril 1994, et des accords qui en découlent en vertu de leur obligation envers l'Organisation, et

Convaincus de la nécessité de développer et d'étendre l'échange de biens et de services,

Sont convenus de ce qui suit :

Article premier

Les Parties contractantes prennent toutes les mesures nécessaires pour élargir et diversifier les échanges de biens et de services entre les deux pays dans le cadre du présent Accord.

Article 2

Les Parties contractantes encouragent la conclusion de contrats entre les personnes physiques et morales de la République argentine et de l'État du Koweït, conformément aux lois et règlements en vigueur dans les deux pays.

Article 3

Les Parties contractantes s'accordent les facilités nécessaires pour participer aux foires commerciales et aux marchés internationaux qui seront organisés conformément aux lois et règlements en vigueur dans les deux pays.

Article 4

Les Parties contractantes encouragent l'échange de délégations commerciales entre les deux pays, conformément aux lois et règlements en vigueur dans les deux pays.

Article 5

Les paiements de tous les biens et services effectués entre les deux pays dans le cadre de présent Accord doivent être réglés en monnaies librement convertibles.

Article 6

Conformément aux lois et règlements en vigueur, les Parties contractantes exonèrent des droits et taxes de douane les biens suivants :

1. Échantillons ou articles publicitaires n'ayant aucune valeur en tant que biens et principalement destinés à la promotion et à la commande commerciale ;

2. Matériel et équipements ayant une valeur de biens qui sont réexportés après avoir été importés pour des foires et expositions.

Article 7

Les Parties contractantes établissent un Comité mixte du commerce composé de leurs représentants. Les fonctions dudit Comité sont les suivantes :

1. Suivi de la mise en œuvre des articles du présent Accord ;

2. Évaluation du commerce bilatéral ;

3. Discussion des propositions avancées par l'une des Parties contractantes visant à élargir ou à diversifier les échanges entre les deux pays.

Le Comité mixte du commerce se réunit à la demande de l'une ou l'autre des Parties et avec l'accord de l'autre Partie, alternativement en Argentine et au Koweït.

Article 8

1. Le présent Accord entre en vigueur à la date de la dernière notification par laquelle l'une des Parties informe l'autre Partie par écrit et par voie diplomatique de l'accomplissement des procédures constitutionnelles requises pour son entrée en vigueur.

2. Le présent Accord peut être modifié avec le consentement des deux Parties. La modification sera effective selon les procédures mentionnées au paragraphe précédent.

3. Le présent Accord demeure en vigueur pour une période de cinq ans et est reconduit automatiquement pour des périodes de même durée, sauf si l'une ou l'autre des Parties notifie à l'autre Partie par écrit son intention de le dénoncer, et ce dans les six mois qui précèdent la fin de la période initiale ou de toute autre période.

Article 9

Les règles du présent Accord continuent de s'appliquer à l'égard de tout contrat conclu alors qu'il était en vigueur et dont les dispositions n'auraient pas été pleinement satisfaites à la date de l'expiration de l'Accord.

Tout différend entre les Parties contractantes pouvant découler de la mise en œuvre ou de l'interprétation du présent Accord est réglé au moyen de consultations ou de négociations par la voie diplomatique.

FAIT à Koweït, le 16 janvier 2011, correspondant au 11 safar 1432 du calendrier hégirien, en deux exemplaires originaux en langues espagnole, arabe et anglaise, tous les textes faisant également foi. En cas de divergence d'interprétation, le texte anglais prévaut.

Pour le Gouvernement de la République argentine :
[HÉCTOR TIMERMAN]

Pour le Gouvernement de l'État du Koweït :
[AHMAD RASHED AL-AROUN]

No. 54398

Argentina
and
Israel

Agreement between the Government of the Argentine Republic and the Government of the State of Israel on cooperation in the fields of telecommunications, posts and information and network security. Jerusalem, 4 April 2011

Entry into force: *12 June 2015 by notification, in accordance with article 19*

Authentic texts: *English, Hebrew and Spanish*

Registration with the Secretariat of the United Nations: *Argentina, 9 March 2017*

Argentine
et
Israël

Accord entre le Gouvernement de la République argentine et le Gouvernement de l'État d'Israël relatif à la coopération dans les domaines des télécommunications, des services postaux et de la sécurité de l'information et des réseaux. Jérusalem, 4 avril 2011

Entrée en vigueur : *12 juin 2015 par notification, conformément à l'article 19*

Textes authentiques : *anglais, hébreu et espagnol*

Enregistrement auprès du Secrétariat de l'Organisation des Nations Unies : *Argentine, 9 mars 2017*

[TEXT IN ENGLISH – TEXTE EN ANGLAIS]

Agreement between the Government of the Argentine Republic and the Government of the State of Israel on Cooperation in the Fields of Telecommunications, Posts and Information and Network Security

The Government of the Argentine Republic and the Government of the State of Israel, hereafter referred to as "the Parties";

Sharing the view that the development of telecommunications and postal relations is a major factor for promoting trade and technical exchanges, as well as the economic and social development of each country;

Confirming the necessity of mutually beneficial cooperation for the development of up-to-date telecommunications and postal services, the modernization of telecommunication networks in both countries and the expansion and development of telecommunication and postal services between the two countries;

Guided by the desire to develop and deepen mutually beneficial cooperation in the field of telecommunications and posts;

Have agreed as follows:

General Provisions Regarding Telecommunications and Posts

Article 1

The Parties, on the basis of equity, reciprocity and mutual benefit shall develop telecommunication and postal services between them, in accordance with the provisions of this Agreement, and the mutually-applicable provisions of the Constitution and the Universal Postal Convention of the Universal Postal Union, the Constitution and Convention of the International Telecommunications Union, and the basic documents of the World Trade Organization.

In case of conflicting obligations between this Agreement and the mutually-applicable provisions of the relevant international agreements mentioned above, the latter shall have precedence.

Article 2

The Parties agree to consult at the request of either side, regarding telecommunications and postal issues of concern to either of them in the International fora, including the Universal Postal Union, the International Telecommunications Union and the World Trade Organization.

Article 3

The Parties shall encourage contacts between public bodies and private entities, academic and research institutes, corporations, other relevant organizations and specialists to discuss scientific and technical issues related to telecommunication and postal activities. These bodies may conclude relevant memoranda, which may provide details of cooperative activities under this Agreement.

The Parties shall encourage the establishment of joint companies for the provision of telecommunications and/or postal services in accordance with their respective national legislation.

Article 4

The Parties agree to exchange views regarding the regulation of telecommunication and postal services in an increasingly liberal market environment.

The Parties shall encourage the exchange of information on their liberalization in the fields of telecommunications and posts which may be of mutual interest, with a view to encouraging participation by companies from the other Party in projects in those fields.

Article 5

The Parties agree to develop cooperation, in accordance with the respective resources and needs of each Party, with existing scientific and academic institutions dealing with telecommunications and posts in both countries.

The terms and conditions of such cooperation shall be realized through separate agreements between the concerned entities of the Parties.

Article 6

The Parties shall, whenever necessary, consult each other on further simplification of operational, managerial and tariff arrangements, taking into consideration the situation of telecommunication and postal services in both countries and their respective legislation.

Article 7

All activities undertaken pursuant to this Agreement, including the conclusion of additional agreements or memoranda shall be carried out in accordance with and subject to the respective laws and regulations of the Parties, subject to their budgetary considerations and within the competence of the entity involved in the activity.

Specific Provisions Regarding Telecommunications

Article 8

The Parties agree to promote the establishment of telecommunications between them on the basis of modern technologies and their integration into the worldwide telecommunication network, including the creation of new channels utilizing available satellite systems and fiber-optical communication lines, in accordance with their respective national laws and regulations in force.

To this end, cooperation on international projects may be realized on the basis of separate agreements concluded between the concerned entities of the Parties.

Specific Provisions Regarding Posts

Article 9

The Parties shall permit the exchange of airmail and surface mail of the following services:

a. Postal items, including letters, postal cards, printed material, "M" bags, secograms, small packets and insured items;
b. Ordinary postal parcels;
c. Express airmail service (EMS) and hybrid electronic mail service.

The Parties may encourage entities in their states to provide additional postal services as appropriate.

Article 10

The Parties shall inform each other by timely correspondence of the restrictions relating to the conditions of posting and delivery, and the contents of postal items.

Article 11

The Parties shall endeavor to take the necessary measures for the improvement of mail exchange and to secure its safety.

Article 12

The liability for the loss, theft or damage to the registered postal items, insured items and postal parcels shall in all cases be settled according to the Universal Postal Union Acts and to the contracts between the relevant entities engaged in the postal services.

Article 13

The Parties shall promote the development of cooperation in the field of philately including the organization of philatelic exhibitions.

Information and Network Security

Article 14

With the aim of promoting Network Security activities, increased cooperation and adoption of new technologies as well as promoting joint enterprises, the Parties, shall encourage the bodies, organizations and enterprises concerned in both countries to reach a closer interaction and exchange of information concerning Network Security and, where possible, to a closer cooperation in carrying out specific programmes and projects.

Article 15

Cooperation in the Network Security sector shall be developed in the following areas:

a. Exchange of information regarding regulation, standardization and relevant International conventions concerning Network Security;
b. Promotion of investments in the Network Security sector in both countries;
c. Promotion of joint enterprises in the field of Network Security through projects in both countries or in third countries;
d. Promotion of the relationships between commercial and regulatory agencies in the Network Security sector;
e. Promotion of commercial relationships between companies in the Network Security sector;
f. Training in the Network Security sector;
g. Exchange of information regarding security architectures, authentication devices, biometric devices, security products such as firewalls and intrusion prevention systems.

Concluding Provisions

Article 16

The Ministry of Federal Planning, Public Investments and Services of the Argentine Republic and the Ministry of Communications of the State of Israel shall be responsible for the implementation of this Agreement on behalf of their respective governments, unless otherwise agreed upon between the Parties.

The working language shall be English, unless otherwise agreed upon between the Parties.

Each Party shall bear its own costs arising out of the implementation of this Agreement, unless otherwise agreed upon between them.

Article 17

Neither Party shall disclose or distribute any information received from the other Party that is marked or stated to be confidential by the originating Party, unless as specifically authorized by the originating Party prior to the said disclosure or distribution.

Termination of this Agreement shall not affect obligations under this Article.

Article 18

a. Any dispute arising from the interpretation and application of this Agreement shall be settled by means of negotiations and consultations between the Parties.

b. Issues, which are not regulated by this agreement or by any multilateral instrument to which both sides are Parties, shall be settled by mutual consultation.

Article 19

This Agreement shall enter into force on the date of the second diplomatic note by which the Parties notify each other that their internal legal procedures for the entry into force of the Agreement have been complied with.

This Agreement shall remain in force for a period of five (5) years, and shall automatically be extended for additional periods of five (5) years each, unless terminated by either Party giving at least six (6) months prior written notice to the other Party of its intention to terminate the Agreement.

Termination shall not affect the terms of activities that are in progress at the time of the termination. Such activities shall continue until their completion unless agreed otherwise by the Parties.

Article 20

Each of the Parties may, at any time, suggest any amendments to this Agreement. Direct consultation between the Parties regarding amendments and addenda will be held to the extent possible sixty (60) days from the date of the transmittal of the written request to that effect by one of the Parties to the other through diplomatic channels.

Any amendment to this Agreement shall be made in accordance with the provisions of Article 19.

Done in Jerusalem, on april 4th, 2011, which corresponds to the Adar II 29th, 5771, in two originals, in the Spanish, Hebrew and English languages, both being equally authentic. In case of divergence in interpretation, the English text shall prevail.

For the Government of the Argentine Republic	For the Government of the State of Israel

<u>סעיף 20</u>

כל צד רשאי, בכל עת, להציע כל תיקון להסכם זה. התייעצויות ישירות בין הצדדים בנוגע לתיקונים ולתוספות יתחילו במידת האפשר שישים ימים מתאריך העברת הבקשה בכתב בעניין זה מצד לצד בצינורות הדיפלומטיים.

כל תיקון להסכם זה ייעשה בהתאם להוראות סעיף 19.

נעשה ב בואנוס איירס ביום כ"ט ב אדר ב' התשע"א שהוא יום 4 ב אפריל 2011, בשני עותקים, כל אחד בשפות עברית, ספרדית ואנגלית, ולכל הנוסחים דין מקור שווה. במקרה של הבדלי פרשנות, יכריע הנוסח האנגלי.

בשם ממשלת	בשם ממשלת
מדינת ישראל	הרפובליקה של ארגנטינה

סעיף 17

צד לא יגלה ולא יפיץ מידע כלשהו, שהתקבל מהצד האחר, המסומן או מוגדר כסודי ע"י צד המקור, אלא לפי היתר מפורש של צד המקור לפני הגילוי או ההפצה האמורים.

סיומו של הסכם זה לא ישפיע על התחייבויות לפי סעיף זה.

סעיף 18

א. כל מחלוקת הנובעת מפרשנותן ומיישומן של הוראות הסכם זה תיושב במשא-ומתן ובהתייעצויות בין הצדדים.

ב. נושאים שאינם מוסדרים ע"י הסכם זה או ע"י כל מסמך רב-צדדי ששני הצדדים הם צדדים לו, ייושבו בהתייעצות הדדית.

סעיף 19

הסכם זה ייכנס לתוקף בתאריך השנייה מבין האיגרות הדיפלומטיות שבאמצעותן יודיעו הצדדים זה לזה כי הדרישות המשפטיות הפנימיות שלהם לכניסתו לתוקף של ההסכם מולאו.

הסכם זה יישאר בתוקף לפרק זמן של חמש (5) שנים, ויוארך מאליו לפרקי זמן נוספים של חמש (5) שנים כל אחד, אלא אם כן אחד הצדדים מביא אותו לידי סיום ע"י מתן הודעה בכתב לפחות שישה (6) חודשים מראש לצד האחר על כוונתו להביא את ההסכם לידי סיום.

הסיום לא ישפיע על תנאיהן של פעילויות הנמצאות בעיצומן במועד הסיום. פעילויות כאמור יימשכו עד למועד השלמתן, אלא אם כן הסכימו הצדדים אחרת.

סעיף 15

שיתוף פעולה במגזר אבטחת הרשתות יפותח בתחומים הבאים:

א. חילופי מידע בנוגע להסדרה, תקינה ואמנות בינלאומיות מתאימות הנוגעות לאבטחת רשתות;

ב. קידום השקעות במגזר אבטחת הרשתות בשתי המדינות;

ג. קידום מיזמים משותפים בתחום אבטחת הרשתות באמצעות פרויקטים בשתי המדינות או במדינות שלישיות;

ד. קידום היחסים בין גופי מסחר ותקינה במגזר אבטחת הרשתות;

ה. קידום היחסים המסחריים בין חברות במגזר אבטחת הרשתות;

ו. הכשרה במגזר אבטחת הרשתות;

ז. חילופי מידע בנוגע לאדריכלות אבטחה, מתקני אימות, מתקנים ביומטריים, וכן מוצרי אבטחת רשתות כגון פיירוול ומערכות למניעת חדירה.

הוראות סיום

סעיף 16

משרד התקשורת של מדינת ישראל ומשרד התכנון הפדרלי, ההשקעות הציבוריות והשירותים של ממשלת הרפובליקה של ארגנטינה יהיו אחראים ליישום הסכם זה כל אחד מטעם ממשלתו, אלא אם כן יוסכם אחרת בין הצדדים.

שפת העבודה תהיה אנגלית, אלא אם כן יוסכם אחרת בין הצדדים.

כל צד יישא בהוצאותיו-שלו המתעוררות מיישום הסכם זה, אלא אם כן יוסכם אחרת ביניהם.

ג. שירות דואר אוויר מהיר (EMS) ושירות כלאיים של דואר אלקטרוני.

הצדדים רשאים לעודד גופים במדינותיהם לתת שירותי דואר נוספים כפי שמתאים.

סעיף 10

הצדדים יודיעו זה לזה בתכתובת במועדה על ההגבלות המתייחסות לתנאי המשלוח וההובלה, ולתוכן פריטי הדואר.

סעיף 11

הצדדים ישתלו לנקוט באמצעים הדרושים לשיפור חילופי הדואר ולהבטחת בטיחותם.

סעיף 12

האחריות על אובדן, גניבה או נזק לפריטי דואר רשומים, לפריטים מבוטחים ולחבילות דואר בכל המקרים תיושב בהתאם לכתבי איגוד הדואר העולמי ולחוזים בין הגופים הנוגעים בדבר העוסקים בשירותי הדואר.

סעיף 13

הצדדים יקדמו את פיתוח שיתוף הפעולה בתחום הבולאות, כולל ארגון תערוכות בולאות.

אבטחת מידע ורשתות

סעיף 14

במגמה לקדם פעילויות של אבטחת רשתות, שיתוף פעולה מוגבר ואימוץ של טכנולוגיות חדשות, וכן לעודד מיזמים משותפים, הצדדים יעודדו את הגופים, הארגונים והמיזמים הנוגעים בדבר של שתי המדינות להגיע להידברות קרובה יותר ולחילופי מידע בנוגע לאבטחת רשתות, ומקום שאפשר, לשיתוף פעולה הדוק בביצוע תכניות ופרויקטים מוגדרים.

סעיף 6

בכל עת שיידרש, הצדדים ייוועצו זה בזה בכתב בנוגע לפישוט נוסף של הסדרי תפעול, ניהול ותעריף, תוך התחשבות במצב בפועל של שירותי הבזק והדואר בשתי המדינות ובחקיקה של כל אחד מהם.

סעיף 7

כל הפעילויות המתבצעות בהתאם להסכם זה, כולל עשיית הסכמים או זיכרונות דברים נוספים, יתבצעו בהתאם ובכפוף לחוקים ולתקנות של הצדדים, בכפוף לשיקולים התקציביים שלהם, ובמסגרת סמכותו של הגוף המעורב בפעילות.

הוראות מיוחדות בנוגע לבזק

סעיף 8

הצדדים מסכימים לקדם את כינון הבזק ביניהם על בסיס של טכנולוגיות מודרניות ושילובן ברשת הבזק העולמית, כולל יצירת אפיקים חדשים תוך שימוש במערכות לווין זמינות ובקווי תקשורת מסיבים אופטיים, בהתאם לדין הלאומי ולתקנות שבתוקף של כל אחד מהם.

למטרה זו, ניתן לממש שיתוף פעולה בפרויקטים בינלאומיים על בסיס של הסכמים נפרדים בין הגופים הנוגעים בדבר של הצדדים.

הוראות מיוחדות בנוגע לדואר

סעיף 9

הצדדים יתירו החלפת דואר אוויר ודואר יבשה בשירותים הבאים:

א. פריטי דואר כולל מכתבים, גלויות דואר, דברי דפוס, שקי M, דברי דואר לעיוורים, צרורות קטנים ופריטים מבוטחים;

ב. חבילות דואר רגילות;

סעיף 2

הצדדים מסכימים להיוועץ לבקשת צד, בנושאים של בזק ודואר שיש בהם עניין לאחד מהם, בפורומים בינלאומיים, כולל איגוד הדואר העולמי, איגוד הבזק הבינלאומי וארגון הסחר העולמי.

סעיף 3

הצדדים יעודדו מגעים בין גופים ציבוריים ופרטיים, מוסדות אקדמיה ומחקר, תאגידים, ארגונים אחרים הנוגעים בדבר ומומחים לשם דיון בנושאים מדעיים וטכניים הקשורים לפעילויות דואר ובזק. גופים אלה רשאים לעשות זיכרונות דברים הנוגעים בדבר, אשר בהם ייקבעו פרטי פעילויות משותפות לפי הסכם זה.

הצדדים יעודדו את כינונן של חברות משותפות למתן שירותי בזק ו/או דואר בהתאם לחקיקה הלאומית של כל אחד מהם.

סעיף 4

הצדדים מסכימים להחליף דעות בנוגע להסדרת שירותי הדואר והבזק בסביבת שוק ההופכת לליברלית יותר ויותר.

הצדדים יעודדו חילופי מידע על תכניות הליברליזציה וההשקעות שלהם בתחומי הבזק והדואר שעשויה להיות בהן תועלת הדדית, במגמה לעודד השתתפות של חברות מהצד האחר בפרויקטים בתחומי הבזק והדואר.

סעיף 5

הצדדים מסכימים לשתף פעולה, בהתאם למשאבים ולצרכים של כל צד, עם מוסדות מדעיים ואקדמיים קיימים העוסקים בבזק ובדואר בשתי המדינות.

התנאים וההתניות של שיתוף פעולה כאמור ימומשו באמצעות הסכמים נפרדים בין הגופים הנוגעים בדבר של שני הצדדים.

[TEXT IN HEBREW – TEXTE EN HÉBREU]

הסכם
בין
ממשלת מדינת ישראל
לבין
ממשלת הרפובליקה של ארגנטינה
בדבר שיתוף פעולה בתחומי הבזק, הדואר
והמידע ואבטחת הרשתות

ממשלת מדינת ישראל וממשלת הרפובליקה של ארגנטינה, להלן "הצדדים";

בהיותן שותפות לדעה שפיתוח קשרי בזק ודואר הוא גורם חשוב בקידום קשרי גומלין מסחריים וטכניים וכן בפיתוח הכלכלי והחברתי של כל מדינה;

באשרן את הצורך בשיתוף פעולה מועיל הדדית לפיתוח שירותים עדכניים של בזק ודואר, חידוש רשתות הבזק בשתי המדינות והרחבה ופיתוח של שירותי בזק ודואר בין שתי המדינות;

בהיותן מונחות ע"י השאיפה לפתח ולהעמיק שיתוף פעולה מועיל הדדית בתחומי הבזק הדואר;

הסכימו לאמור:

הוראות כלליות בנוגע לבזק ודואר

<u>סעיף 1</u>

הצדדים, על בסיס של שיוויון, הדדיות ותועלת הדדית, יפתחו שירותי בזק ודואר ביניהם בהתאם להוראות הסכם זה, וההוראות בנות ההחלה ההדדית של החוקה ואמנת הדואר העולמית של איגוד הדואר העולמי, החוקה והאמנה של איגוד הבזק הבינלאומי ומסמכי היסוד של ארגון הסחר העולמי.

במקרה של התחייבויות סותרות בין הסכם זה לבין ההוראות בנות ההחלה ההדדית של ההסכמים הבינלאומיים הנוגעים בדבר הנ"ל, תהיה עדיפות לאחרונות.

[TEXT IN SPANISH – TEXTE EN ESPAGNOL]

Acuerdo
entre el Gobierno de la República Argentina
y el Gobierno del Estado de Israel
sobre Cooperación en materia de Telecomunicaciones, Servicios Postales y Seguridad de la Información y de las Redes

El Gobierno de la República Argentina y el Gobierno del Estado de Israel, en adelante denominados "las Partes";

Compartiendo la visión de que el desarrollo de las telecomunicaciones y de las relaciones postales es un factor importante para promover el comercio y el intercambio tecnológico, como así también el desarrollo económico y social de cada país;

Confirmando la necesidad de una cooperación mutuamente beneficiosa para el desarrollo de servicios postales y de telecomunicaciones actuales, la modernización de las redes de telecomunicaciones en ambos países y la expansión y el desarrollo de los servicios postales y de telecomunicaciones entre ambos países;

Guiados por el deseo de desarrollar y profundizar una cooperación mutuamente beneficiosa en el campo de las telecomunicaciones y de los servicios postales;

Han acordado lo siguiente:

Disposiciones generales con respecto a las telecomunicaciones y a los servicios postales

<u>Artículo 1</u>

Las Partes, en base a la equidad, la reciprocidad y el beneficio mutuo desarrollarán servicios postales y de telecomunicaciones entre ambas, de conformidad con las disposiciones del presente Acuerdo y con las disposiciones mutuamente aplicables de la Constitución y la Convención Postal Universal de la Unión Postal Universal, la Constitución y la Convención de la Unión Internacional de Telecomunicaciones y los documentos básicos de la Organización Mundial del Comercio.

En caso de conflicto entre las obligaciones que derivan del presente Acuerdo y las disposiciones mutuamente aplicables de los acuerdos internacionales pertinentes antes mencionados, estos últimos tendrán precedencia.

Artículo 2

Las Partes acuerdan consultar, a pedido de cualquiera de ellas, con respecto a cuestiones que resulten controvertidas para cualquiera de ellas con relación a telecomunicaciones y servicios postales en los foros internacionales, entre los que se incluyen la Unión Postal Universal, la Unión Internacional de Telecomunicaciones y la Organización Mundial del Comercio.

Artículo 3

Las Partes fomentarán los contactos entre los organismos públicos y las organizaciones privadas, las instituciones académicas y de investigación, las empresas y demás organizaciones pertinentes y especialistas para discutir cuestiones técnicas y científicas relacionadas con las telecomunicaciones y las actividades postales. Estos organismos podrán celebrar los memoranda pertinentes, los que podrán proporcionar los detalles de las actividades de cooperación en virtud del presente Acuerdo.

Las Partes alentarán el establecimiento de empresas conjuntas para la provisión de servicios de telecomunicaciones y/o postales de conformidad con sus respectivas legislaciones nacionales.

Artículo 4

Las Partes acuerdan intercambiar opiniones con relación a la regulación de los servicios postales y de telecomunicaciones en un entorno de mercado cada vez más liberal.

Las Partes alentarán el intercambio de información sobre la liberalización en materia de telecomunicaciones y servicios postales que pueda ser de interés mutuo, con miras a alentar la participación de las empresas de la otra Parte en proyectos relacionados con dichas áreas.

Artículo 5

Las Partes acuerdan desarrollar cooperación, de acuerdo con los respectivos recursos y necesidades de cada Parte, con instituciones académicas y científicas existentes en materia de telecomunicaciones y servicios postales en ambos países.

Los términos y condiciones de dicha cooperación se acordarán mediante acuerdos separados entre las organizaciones pertinentes de las Partes.

Artículo 6

Cuando sea necesario, las Partes consultarán entre ellas sobre la futura simplificación de acuerdos operativos, administrativos y tarifarios teniendo en cuenta la situación de los servicios postales y de telecomunicaciones en ambos países y sus respectivas legislaciones.

Artículo 7

Todas las actividades asumidas en virtud del presente Acuerdo, incluyendo la celebración de acuerdos adicionales o memoranda se llevarán a cabo de conformidad con, y con sujeción a, las respectivas leyes y reglamentaciones de las Partes, sujetos a sus consideraciones presupuestarias y dentro del ámbito de competencia de la organización involucrada en la actividad.

Disposiciones Específicas con respecto a las Telecomunicaciones

Artículo 8

Las Partes acuerdan promover el establecimiento de telecomunicaciones entre ellas en base a tecnologías modernas y a su integración a la red de telecomunicaciones mundial, incluyendo la creación de nuevos canales utilizando sistemas satelitales disponibles y líneas de comunicaciones de fibra óptica, de conformidad con sus respectivas leyes y regulaciones nacionales vigentes.

Con este fin, la cooperación en materia de proyectos internacionales se podrá llevar a cabo en base a acuerdos separados celebrados entre las organizaciones concernientes de las Partes.

Disposiciones específicas con respecto a los servicios postales

Artículo 9

Las Partes permitirán el intercambio de correo aéreo y correo de superficie de los siguientes servicios:

a. Artículos postales, entre los que se incluyen cartas, tarjetas postales, materiales impresos, bolsas de correo ("M" bags), secogramas, pequeñas encomiendas y artículos asegurados;
b. Encomiendas postales ordinarias;
c. Servicio de Correo Aéreo Expreso (EMS) y servicio de correo electrónico híbrido.

Las Partes podrán alentar a las organizaciones de sus estados a que provean servicios postales adicionales, de ser apropiado.

Artículo 10

Cada Parte deberá informar a la otra oportunamente por correspondencia las restricciones relacionadas con las condiciones de envío y entrega y con los contenidos de los artículos postales.

Artículo 11

Las Partes se esforzarán en tomar las medidas necesarias para mejorar el intercambio de correspondencia y garantizar su seguridad.

Artículo 12

La responsabilidad en caso de pérdida, robo o daño de los artículos postales certificados, los artículos asegurados y las encomiendas postales, en todos los casos, se establecerá de conformidad con las Actas de la Unión Postal Universal y los contratos celebrados entre las organizaciones pertinentes en materia de servicios postales.

Artículo 13

Las Partes promoverán el desarrollo de cooperación en materia de filatelia incluyendo la organización de exposiciones de filatelia.

Seguridad de la Información y de las Redes

Artículo 14

Con la intención de promover actividades relacionadas con la Seguridad de las Redes, una mayor cooperación y la adopción de nuevas tecnologías, como así también promover emprendimientos conjuntos, las Partes alentarán a los organismos, las organizaciones y las empresas pertinentes de ambos países a alcanzar una interacción más estrecha y a intercambiar información con relación a la Seguridad de las Redes y, cuando fuere posible, a una cooperación más estrecha en la realización de proyectos y programas específicos.

Artículo 15

La cooperación en materia de Seguridad de Redes se desarrollará en las siguientes áreas:

a. Intercambio de información con relación a la regulación, la estandarización y a convenciones internacionales pertinentes concernientes a la Seguridad de las Redes;
b. Promoción de inversiones en materia de Seguridad de Redes en ambos países;

c. Promoción de emprendimientos conjuntos en materia de Seguridad de Redes a través de proyectos en ambos países o en terceros países;
d. Promoción de las relaciones entre los organismos comerciales y regulatorios en materia de Seguridad de Redes;
e. Promoción de las relaciones comerciales entre las empresas en materia de Seguridad de Redes;
f. Capacitación en materia de Seguridad de Redes;
g. Intercambio de información con relación a las arquitecturas de seguridad, los dispositivos de autenticación, los dispositivos biométricos, los productos de seguridad tales como "firewalls" y los sistemas de prevención de intrusiones.

Disposiciones finales

Artículo 16

El Ministerio de Planificación Federal, Inversión Pública y Servicios de la República Argentina y el Ministerio de Comunicaciones del Estado de Israel serán responsables por la implementación del presente Acuerdo en nombre de sus respectivos gobiernos, a menos que las Partes acuerden lo contrario.

El idioma de trabajo será el inglés, a menos que las Partes acuerden lo contrario.

Cada Parte se hará cargo de sus costos relacionados con la implementación del presente Acuerdo, a menos que las mismas acuerden lo contrario.

Artículo 17

Ninguna de las Partes revelará o distribuirá ninguna información recibida de la otra Parte que esté marcada o considerada como confidencial por la Parte que la originó, salvo que esté específicamente autorizada por la Parte que la originó con anterioridad a dicha revelación o distribución.

La finalización del presente Acuerdo no afectará las obligaciones contraídas en virtud del presente Artículo.

Artículo 18

a. Toda controversia que surja con relación a la interpretación y aplicación del presente Acuerdo será resuelta mediante negociaciones y consultas entre las Partes.

b. Las cuestiones que no estén reguladas por el presente Acuerdo o por algún instrumento multilateral en el que ambas Partes sean parte, se resolverán mediante consultas mutuas.

Artículo 19

El presente Acuerdo entrará en vigor en la fecha de la segunda nota diplomática mediante la cuál las Partes se notifiquen entre sí que se han cumplimentado los procedimientos legales internos para la entrada en vigor del Acuerdo.

El presente Acuerdo tendrá vigencia por un período de cinco (5) años y se extenderá automáticamente por otros períodos adicionales de cinco (5) años cada uno, a menos que sea terminado por alguna de las Partes mediante una notificación por escrito con al menos seis (6) meses de antelación a la otra Parte manifestando su intención de finalizar el Acuerdo.

La terminación no afectará los términos y condiciones de las actividades que se estén llevando a cabo al momento de producirse la misma. Dichas actividades continuarán hasta su concreción salvo que las Partes acuerden lo contrario.

Artículo 20

Cada Parte podrá, en cualquier momento, sugerir modificaciones al presente Acuerdo. La consulta directa entre las Partes con relación a modificaciones y a agregados se realizará, en la medida de lo posible, durante sesenta (60) días a partir de la fecha en que una de las Partes transmita por escrito la solicitud respectiva a la otra Parte a través de los canales diplomáticos.

Toda modificación del presente Acuerdo deberá efectuarse de conformidad con las disposiciones del Artículo 19.

Hecho en Jerusalén , el 4 de abril de 2011, que corresponde al 29 Adar II del 5771, en dos originales, en idioma español, hebreo e inglés, siendo ambos igualmente auténticos. En caso de divergencias de interpretación, prevalecerá el texto en idioma inglés.

Por el Gobierno de la República Argentina

Por el Gobierno del Estado de Israel

[Translation in French – Traduction en français]

ACCORD ENTRE LE GOUVERNEMENT DE LA RÉPUBLIQUE ARGENTINE ET LE GOUVERNEMENT DE L'ÉTAT D'ISRAËL RELATIF À LA COOPÉRATION DANS LES DOMAINES DES TÉLÉCOMMUNICATIONS, DES SERVICES POSTAUX ET DE LA SÉCURITÉ DE L'INFORMATION ET DES RÉSEAUX

Le Gouvernement de la République argentine et le Gouvernement de l'État d'Israël, ci-après dénommés « Parties »,

Partageant l'avis selon lequel le développement des télécommunications et des relations postales est un facteur important pour promouvoir les échanges commerciaux et techniques ainsi que le développement économique et social de chaque pays,

Confirmant la nécessité d'une coopération mutuellement avantageuse pour le développement de télécommunications et de services postaux modernes, pour la modernisation des réseaux de télécommunications dans les deux pays et pour l'expansion et le développement de télécommunications et de services postaux entre les deux pays,

Guidés par la volonté d'élargir et d'approfondir la coopération mutuellement avantageuse dans le domaine des télécommunications et des services postaux,

Sont convenus de ce qui suit :

Dispositions générales relatives aux télécommunications et aux services postaux

Article premier

Les Parties développent, selon les principes d'équité, de réciprocité et d'avantage mutuel, des services de télécommunications et des services postaux entre elles, conformément aux dispositions du présent Accord, et aux dispositions mutuellement applicables de la Constitution et de la Convention postale universelle de l'Union postale universelle, de la Constitution et Convention de l'Union internationale des télécommunications et des textes fondamentaux de l'Organisation mondiale du commerce.

En cas d'obligations contradictoires entre le présent Accord et les dispositions mutuellement applicables des accords internationaux pertinents susmentionnés, ces derniers l'emportent.

Article 2

Les Parties conviennent de se consulter, à la demande de l'une ou l'autre d'entre elles, sur les questions touchant aux télécommunications et aux services postaux qui les préoccupent dans les instances internationales, notamment l'Union postale universelle, l'Union internationale des télécommunications et l'Organisation mondiale du commerce.

Article 3

Les Parties encouragent les contacts entre les organismes publics et les entités privées, les universités et les instituts de recherche, les entreprises et d'autres organisations et spécialistes pertinents afin de débattre des questions scientifiques et techniques soulevées dans le cadre des activités entreprises dans les domaines des télécommunications et des services postaux. Ces organismes peuvent conclure des programmes d'exécution, qui apportent des précisions sur les activités de coopération entreprises dans le cadre du présent Accord.

Les Parties encouragent la création de sociétés mixtes pour la fourniture de services de télécommunications et/ou de services postaux, conformément à leur législation nationale respective.

Article 4

Les Parties conviennent d'échanger leurs points de vue sur la réglementation des services de télécommunications et des services postaux dans un contexte où les marchés sont de plus en plus libéralisés.

Les Parties encouragent l'échange d'informations sur leurs programmes de libéralisation dans les domaines des télécommunications et des services postaux qui peuvent présenter un intérêt mutuel, en vue d'encourager la participation des entreprises de l'autre Partie à des projets dans ces domaines.

Article 5

Les Parties conviennent de renforcer la coopération, en fonction des ressources et des besoins de chaque Partie, avec les institutions scientifiques et universitaires existantes qui traitent des télécommunications et des services postaux dans les deux pays.

Les conditions de cette coopération sont établies dans des accords distincts conclus entre les entités concernées des Parties.

Article 6

Les Parties peuvent, chaque fois que nécessaire, se consulter en vue de simplifier davantage les dispositions relatives au fonctionnement, à la gestion et aux tarifs, en tenant compte de la situation des services de télécommunications et des services postaux dans les deux pays et de leur législation nationale respective.

Article 7

Toutes les activités entreprises en application du présent Accord, notamment la conclusion d'accords ou de mémorandums complémentaires, sont menées conformément aux législations et réglementations nationales des Parties, sous réserve de leurs considérations budgétaires et dans le cadre des compétences de l'entité participant à l'activité.

DISPOSITIONS PARTICULIÈRES RELATIVES AUX TÉLÉCOMMUNICATIONS

Article 8

Les Parties conviennent d'encourager la mise en place de télécommunications entre elles à l'aide des technologies modernes et de favoriser leur intégration dans le réseau mondial des télécommunications, y compris la création de nouveaux canaux en utilisant les systèmes satellites et les lignes de communication par fibre optique disponibles, conformément à leurs législations et réglementations nationales respectives.

À cette fin, les activités de coopération portant sur des projets internationaux peuvent être menées sur la base d'accords distincts conclus entre les entités concernées des Parties.

DISPOSITIONS PARTICULIÈRES RELATIVES AUX SERVICES POSTAUX

Article 9

Les Parties autorisent l'échange de courrier par voie aérienne et par voie de surface pour les services suivants :

a. Envois postaux, notamment de lettres, cartes postales, imprimés, sacs d'imprimés, publications destinées aux personnes aveugles, petits paquets et articles assurés ;

b. Envois de colis postaux ordinaires ;

c. Service de courrier express par avion et service de courrier électronique hybride.

Les Parties peuvent encourager les entités dans leurs États à fournir des services postaux supplémentaires, le cas échéant.

Article 10

Les Parties s'informent mutuellement, en temps opportun, des restrictions apportées aux conditions d'expédition et de livraison, ainsi qu'au contenu des envois postaux.

Article 11

Les Parties s'emploient à prendre les mesures nécessaires pour améliorer l'échange de courrier et assurer sa sécurité.

Article 12

La responsabilité en cas de perte, de vol ou de détérioration des envois postaux recommandés, des envois assurés et des colis postaux est, dans tous les cas, établie conformément aux statuts de l'Union postale universelle et aux contrats conclus entre les entités concernées qui assurent les services postaux.

Article 13

Les Parties encouragent le renforcement de la coopération dans le domaine de la philatélie, notamment en organisant d'expositions philatéliques.

SÉCURITÉ DES RÉSEAUX ET DES DONNÉES INFORMATIQUES

Article 14

En vue de favoriser les activités dans le domaine de la sécurité des réseaux, l'intensification de la coopération et l'adoption de nouvelles technologies et de promouvoir les projets communs, les Parties encouragent les organes, les organisations et les entreprises concernés dans les deux pays à renforcer leurs interactions et les échanges de renseignements touchant à la sécurité des réseaux et, dans la mesure du possible, à coopérer plus étroitement dans la mise en œuvre de programmes et de projets spécifiques.

Article 15

La coopération dans le secteur de la sécurité des réseaux est renforcée dans les domaines suivants :

a. Échange d'informations sur la réglementation, la normalisation et les conventions internationales pertinentes relatives à la sécurité des réseaux ;

b. Promotion des investissements dans le secteur de la sécurité des réseaux dans les deux pays ;

c. Promotion de projets communs dans le domaine de la sécurité des réseaux, dans le cadre de projets menés dans les deux pays ou dans des pays tiers ;

d. Promotion des relations entre les agences commerciales et réglementaires du secteur de la sécurité des réseaux ;

e. Promotion des relations commerciales entre les entreprises du secteur de la sécurité des réseaux ;

f. Formation dans le secteur de la sécurité des réseaux ;

g. Échange d'informations sur les architectures de sécurité, les dispositifs d'authentification, les dispositifs biométriques et les produits de sécurité, tels que les pares-feux et les systèmes de prévention des intrusions.

DISPOSITIONS FINALES

Article 16

Le Ministère de la planification fédérale, de l'investissement public et des services de la République argentine et le Ministère des communications de l'État d'Israël sont chargés de mettre en œuvre le présent Accord au nom de leurs Gouvernements respectifs, sauf accord contraire entre les Parties.

La langue de travail est l'anglais, à moins que les Parties n'en conviennent autrement.

Chaque Partie assume ses propres frais découlant de la mise en œuvre du présent Accord, sauf accord contraire entre les Parties.

Article 17

Aucune des Parties ne divulgue ni ne diffuse les informations transmises par l'autre Partie qui sont estampillées ou désignées comme étant confidentielles par la Partie d'origine sans avoir obtenu le consentement exprès de cette dernière avant cette divulgation ou diffusion.

La cessation d'effet du présent Accord ne modifie en rien les obligations découlant du présent article.

Article 18

a. Tout différend découlant de l'interprétation et de l'application du présent Accord est réglé par voie de négociations et de consultations entre les Parties.

b. Les questions qui ne sont pas traitées dans le présent Accord ou dans tout autre instrument multilatéral auquel les deux Parties sont parties, sont réglées par consultation mutuelle.

Article 19

Le présent Accord entre en vigueur à la date de la seconde des notes diplomatiques par lesquelles les Parties s'informent mutuellement de l'accomplissement des procédures juridiques internes nécessaires à l'entrée en vigueur de l'Accord.

Le présent Accord reste en vigueur pendant une période de cinq ans et est ensuite automatiquement reconduit pour des périodes supplémentaires de cinq ans, à moins que l'une des Parties ne notifie par écrit à l'autre Partie, au moins six mois à l'avance, son intention de le dénoncer.

La dénonciation ne modifie en rien les conditions d'exécution des activités encore en cours au moment où le présent Accord est dénoncé. Ces activités se poursuivent jusqu'à leur achèvement, sauf accord contraire entre les Parties.

Article 20

Chaque Partie peut à tout moment suggérer d'apporter des amendements au présent Accord. Les consultations directes entre les Parties portant sur les amendements et les ajouts proposés interviennent, dans la mesure du possible, dans les 60 jours suivant la date de remise de la demande écrite transmise à cet effet par l'une des Parties à l'autre Partie par la voie diplomatique.

Tout amendement au présent Accord est réalisé selon les dispositions prévues à l'article 19.

FAIT à Jérusalem, le 4 avril 2011, correspondant au 29 adar II 5771, en deux exemplaires originaux en langues espagnole, hébraïque et anglaise, les deux textes faisant également foi. En cas de divergence d'interprétation, le texte anglais prévaut.

Pour le Gouvernement de la République argentine :
[HÉCTOR TIMERMAN]

Pour le Gouvernement de l'État d'Israël :
[AVIGDOR LIBERMAN]

No. 54399

Argentina and Finland

Agreement between the Argentine Republic and the Republic of Finland on the free exercise of remunerated activities by family members of diplomatic, consular, administrative and technical staff of their diplomatic missions, consular offices and missions to international organizations. Helsinki, 11 December 2014

Entry into force: *1 September 2016, in accordance with article 12*

Authentic texts: *English, Finnish and Spanish*

Registration with the Secretariat of the United Nations: *Argentina, 9 March 2017*

Not published in print, in accordance with article 12(2) of the General Assembly regulations to give effect to Article 102 of the Charter of the United Nations, as amended, and the publication practice of the Secretariat.

Argentine et Finlande

Accord entre la République argentine et la République de Finlande relatif au libre exercice des activités rémunérées par les membres de la famille du personnel diplomatique, consulaire, administratif et technique de leurs missions diplomatiques, des bureaux consulaires et des missions auprès des organisations internationales. Helsinki, 11 décembre 2014

Entrée en vigueur : *1er septembre 2016, conformément à l'article 12*

Textes authentiques : *anglais, finnois et espagnol*

Enregistrement auprès du Secrétariat de l'Organisation des Nations Unies : *Argentine, 9 mars 2017*

Non disponible en version imprimée, conformément au paragraphe 2 de l'article 12 du règlement de l'Assemblée générale destiné à mettre en application l'Article 102 de la Charte des Nations Unies, tel qu'amendé, et à la pratique du Secrétariat en matière de publication.

No. 54400

Argentina
and
Turkey

Agreement between the Government of the Argentine Republic and the Government of the Republic of Turkey on air services between their respective territories (with annexes). Ankara, 20 January 2011

Entry into force: *26 July 2015, in accordance with article 22*

Authentic texts: *English, Spanish and Turkish*

Registration with the Secretariat of the United Nations: *Argentina, 9 March 2017*

Argentine
et
Turquie

Accord entre le Gouvernement de la République argentine et le Gouvernement de la République turque relatif aux services aériens entre leurs territoires respectifs (avec annexes). Ankara, 20 janvier 2011

Entrée en vigueur : *26 juillet 2015, conformément à l'article 22*

Textes authentiques : *anglais, espagnol et turc*

Enregistrement auprès du Secrétariat de l'Organisation des Nations Unies : *Argentine, 9 mars 2017*

[TEXT IN ENGLISH – TEXTE EN ANGLAIS]

AIR TRANSPORT AGREEMENT
BETWEEN
THE GOVERNMENT OF THE ARGENTINE REPUBLIC
AND
THE GOVERNMENT OF THE REPUBLIC OF TURKEY
ON AIR SERVICES
BETWEEN THEIR RESPECTIVE TERRITORIES

The Government of the Argentine Republic and the Government of the Republic of Turkey;

Being Parties to the Convention on International Civil Aviation and the International Air Services Transit Agreement both opened for signature at Chicago on the seventh day of December, 1944;

Desiring to conclude an Agreement for the purpose of establishing air services between their respective territories;

Desiring to ensure the highest degree of safety and security in international air transport;

HAVE AGREED AS FOLLOWS:

ARTICLE 1
DEFINITIONS

For the purpose of this Agreement, unless the context otherwise requires:

a) The term "Convention" means the Convention on International Civil Aviation opened for signature at Chicago on the seventh day of December, 1944 and includes any annex adopted under Article 90 of that Convention and any amendment of the Annexes of the Convention under Articles 90 and 94 thereof, so far as those annexes and amendments have become effective for or being ratified by both Contracting Parties;

b) The term "aeronautical authorities" means, in the case of the Argentine Republic, the Ministry of Federal Planning, Public Investment and Services, -Secretariat of Transport-, National Administration of Civil Aviation, or any other person or body authorised to perform any functions exercised by the said Ministry, and in the case of the Republic of Turkey, the Ministry of Transport and Communications or any other person or body authorised to perform any functions exercised by the said Ministry;

c) the term "designated airlines" means any airline which has been designated and authorised in accordance with Article 3 of this Agreement;

d) the term "territory" has the meaning assigned to it in Article 2 of the Convention;

e) the terms "air service", "international air service", "airline" and "stop for non traffic purposes" have the meanings respectively assigned to them in Article 96 of the Convention;

f) the term "capacity" means:

- in relation to an aircraft, the payload of that aircraft available on the route or section of a route;

- in relation to a specified air service, the capacity of the aircraft used on such service multiplied by the frequency operated by such aircraft over a given period and route or section of a route;

g) the term "specified route" means the route specified in the route schedule contained in the Annex to this Agreement on which international air services shall be operated by the designated airlines of the Parties;

h) the term "traffic" means, passengers, baggage, cargo and mail;

i) the term "tariff" means the prices to be paid for the carriage of passengers, baggage and cargo and the conditions under which these prices apply, including commission charges and other additional remuneration for agency or sale of transportation documents but excluding remuneration and conditions for the carriage of mail.

ARTICLE 2
TRAFFIC RIGHTS

1. Each Contracting Party grants to the other Contracting Party the rights specified in this Agreement for the purpose of establishing and operating scheduled international air services on the routes specified in Annex I to this Agreement. Such services and routes are hereinafter called the "agreed services" and "the specified routes" respectively.

2. The airlines designated by each Contracting Party shall enjoy, while operating an agreed service on a specified route, the following rights:

a) to fly without landing across the territory of the other Contracting Party,

b) to make stops in the said territory for non-traffic purposes; and,

c) to make stops in the territory at the points specified for that route in Annex I to this Agreement for the purpose of putting down and taking up international traffic in combination or separately.

3. The airlines of each Contracting Party other than those designated under Article 3 of this Agreement, shall also enjoy the rights specified in paragraph (2) (a) and (b) of this Article.

4. Nothing in paragraph (1) of this Article shall be deemed to confer on the airlines of one Contracting Party the privilege of taking up, in the territory of the other Contracting Party, traffic carried for remuneration or hire and destined for another point in the territory of that other Contracting Party, notwithstanding that it does not exclude stop-over rights.

ARTICLE 3
OPERATING AUTHORISATIONS

1. Each Contracting Party shall have the right to designate in writing to the other Contracting Party one or more airlines for the purpose of operating the agreed services on the specified routes.

2. On receipt of such designation, the other Contracting Party shall, subject to the provisions (3) and (4) of this Article, without delay grant to a designated airline the appropriate operating authorisations to operate the agreed services for which that airline has been designated.

3. The aeronautical authorities of one Contracting Party may require an airline designated by the other Contracting Party to demonstrate them that it is qualified to fulfil the conditions prescribed under the laws and regulations normally and reasonably applied to the operations of international air services by such authorities, in conformity with the provisions of the Convention.

4. Each Contracting Party shall have the right to refuse to grant the operating authorisations referred to in paragraph (2) of this Article, or to impose such conditions as it may deem necessary on the exercise by a designated airline of the rights specified in Annex 2 of this Agreement, in any case where the Contracting Party is not satisfied that substantial ownership and effective control of that airline are vested in the Contracting Party designating the airline or in its nationals, subject to the provisions of the state designating the airline.

5. When an airline has been so designated and authorised it may begin at any time to operate the agreed services, provided that flight schedules have been approved and tariffs established in accordance with the provisions of Annex II and Article 13 respectively of this Agreement in force in respect of those services.

6. Each Contracting Party shall have the right to withdraw, by written notification to the other Contracting Party, the designation of its airline and to substitute it by the designation of another airline.

ARTICLE 4
REVOCATION AND SUSPENSION

1. The aeronautical authorities of each Contracting Party shall have the right to withhold an operating authorisation or to suspend the exercise of the rights specified in Article 2 of this Agreement by an airline designated and/or authorised by the other Contracting Party, or to revoke or suspend such authorisations or to impose such conditions as it may deem necessary on the exercise of these rights:

a) in the event of failure by such airline to qualify before the aeronautical authorities of that Party under the laws and regulations normally applied by these authorities in conformity with the Convention;
b) in the event of failure by such airline to comply with the laws or the regulations of that Party;
c) in the event that they are not satisfied that substantial ownership and effective control of that airline are vested in the Contracting Party designating the airline or in its nationals, subject to the provisions of the state designating the airline;
d) in case the airline otherwise fails to operate in accordance with the conditions prescribed under this Agreement.

2. Unless immediate action is essential to prevent further infringements of the laws and regulations referred above, the rights enumerated in paragraph 1 of this Article shall be exercised only after consultation with the aeronautical authorities of the other Contracting Party.

ARTICLE 5
APPLICABILITY OF LAWS AND REGULATIONS

1. The laws, regulations and procedures of the Contracting Party relating to entering into, remaining in or departing from its territory of aircraft engaged in international air navigation or to the operation and navigation of such aircraft shall be complied with by the designated airlines of the other Contracting Party upon entrance into, while within and departure from the said territory.

2. The laws and regulations of one Contracting Party respecting entry, clearance, staying or transit, emigration or immigration, passport, customs and quarantine shall be complied with by the designated airline of the other Contracting Party and by or on

behalf of its crews, passengers, cargo and mail upon transit of, admission to, while within and departure of the territory of such Contracting Party.

3. Passengers, baggage and cargo in direct transit across the territory of one Contracting Party and not leaving the area of the airport reserved for such purpose shall only be subject to a simplified control. Baggage and cargo in direct transit shall be exempt from customs duties and other similar taxes.

ARTICLE 6
CUSTOMS DUTIES AND OTHER CHARGES

1. Aircraft operating on international air services by a designated and/or authorised airline of either Contracting Party, as well as their regular equipment, spare parts, supplies of fuels and lubricants and aircraft stores (including food, beverages and tobacco) on board such aircraft, shall be exempt from all customs duties, inspection fees and other duties or taxes on arriving in the territory of the other Contracting Party, provided such equipment, spare parts and supplies remain aboard the aircraft up to such time as they are re-exported.

2. There shall be also exempt from the same duties and taxes with the exception of fees corresponding to the service performed:

a) aircraft stores taken on board in the territory of either Contracting Party, within limits fixed by the authorities of said Contracting Party, and for use aboard aircraft engaged in an international service by the designated airline of the other Contracting Party;

b) spare parts and regular equipment entered into the territory of either Contracting Party for the maintenance or repair of aircraft used on international services by the designated airline of the other Contracting Party;

c) fuel and lubricants destined to supply aircraft operated on international services by designated airline of the other Contracting Party, even when these supplies are to be used on the part of the journey to be performed over the territory of the Contracting Party in which they are taken aboard.

Materials referred to in sub-paragraphs (a), (b) and (c) above may be required to be kept under customs supervision or control, in accordance with the Customs legislation in force in the territory of the Contracting Party.

3. The regular airborne equipment, as well as the materials and supplies retained aboard the aircraft of either Contracting Party may be unloaded in the territory of the other Contracting Party only with the approval of the customs authorities of such territory. In such case, they may be placed under the supervision of said authorities up to such time as they are re-exported or otherwise disposed of in accordance with customs regulations.

4. The exemptions provided for by this Article shall also be available in situations where the designated airline of either Contracting Party have entered into arrangements

with another airline or airlines for the loan or transfer in the territory of the other Contracting Party of the items specified in paragraphs 1 and 2 of this Article, provided such other airline or airlines similarly enjoy such exemptions from such other Contracting Party.

5. Passengers in transit across the territory of either Contracting Party shall be subject to no more than a very simplified control. Baggage and cargo in direct transit shall be exempt from customs, duties and other similar taxes.

ARTICLE 7
REPRESENTATION

1. The designated and/or authorised airline or airlines of one Contracting Party shall be allowed on the basis of reciprocity, to bring into and maintain in the territory of the other Contracting Party their representatives and commercial, operational and technical staff as required in connection with the operation of the agreed services. These staff shall be chosen among nationals of either or both Parties as may be necessary.

2. Each Contracting Party shall permit the designated and/or authorised airline of the other Contracting Party, to bring into and maintain in the territory of the other Contracting Party, employees and other responsible personnel for the administration, technical and commercial operations of their air services in accordance with the entry, residence and employment rules and regulations of the other Contracting Party.

ARTICLE 8
RECOGNITION OF CERTIFICATES AND LICENCES

Certificates of airworthiness, certificates of competency and licences issued or rendered valid by one Contracting Party, and still in force shall be recognised as valid by the other Contracting Party for the purpose of operating the routes and services provided for in this Agreement, provided that the requirements under which such certificates or licences were issued or rendered valid are equal to or above the minimum standards which are or may be established pursuant to the Convention. However, each Contracting Party reserves the right, to refuse to recognise, for the purpose of flights above its own territory, certificates of competency and licences granted to its own nationals or rendered valid for them by the other Contracting Party or by any other Party.

ARTICLE 9
FINANCIAL PROVISIONS

1. Each designated airline shall have the right to sell and issue its own transportation documents in the territory of the other Contracting Party directly and, at its discretion, through its agents. Such airlines shall have the right to sell such transportation and ancillary services and any person shall be free to purchase such transportation in any convertible currency and/or in local currency.

2. Each designated airline shall have the right to convert and remit to its country, on demand, at the official rate of exchange, the excess of receipts over expenditures achieved in connection with the carriage of traffic. In the absence of appropriate provisions of a payments agreement between the Contracting Parties, the above mentioned transfer shall be made in convertible currencies and in accordance with the national laws and foreign exchange regulations applicable.

3. The conversions and remittance of such revenues shall be permitted without restriction at the rate of exchange applicable to current transactions which is in effect at the time such revenues are presented for conversion and remittance, and shall not be subject to any charges except those normally made by banks for carrying out such conversion and remittance.

ARTICLE 10
USER CHARGES

Each Contracting Party shall establish, through its competent authorities, fair and reasonable charges for the use of airports and other facilities under its control.

Each of the Contracting Parties agree, however, that such charges shall not be higher than would be paid for the use of such airports and facilities by its national aircraft engaged in similar international service.

ARTICLE 11
CAPACITY PROVISIONS

1. Capacity shall be agreed upon between the aeronautical authorities of the Contracting Parties.

2. There shall be fair and equal opportunity for the designated airlines of both Contracting Parties to operate the agreed services on the routes specified in the Annex to this Agreement.

3. In operating the agreed services, the designated airlines of each Contracting Party shall take into account the interests of the designated airlines of the other Contracting Party so as not to affect unduly the services which the latter provides on the whole or part of the same routes.

4. The agreed services operated by the designated airlines of the Contracting Parties, shall bear a close relationship to the requirements of the public for transportation on the specified routes and shall have as their primary objective the provision, at a reasonable load factor of capacity adequate to carry the current and reasonably anticipated requirements for the carriage of traffic originating in or destined for the territory of the Contracting Party which has designated the airlines.

5. The right of the designated airlines of either Contracting Party to carry traffic between points in the territory of the other Contracting Party and points in the territories of third countries on the specified routes, shall be exercised in accordance with the general principles that capacity shall be related to:

a) the traffic requirements to and from the territory of the Contracting Party which has designated the airline;

b) the traffic requirements of the area through which the airline passes, after taking account of other transport services established by airlines of the States comprising the area; and

c) the requirements of through airline operations.

ARTICLE 12
AVIATION SECURITY

1. Consistent with their rights and obligations under international law, the Contracting Parties reaffirm that their obligation to each other to protect the security of Civil Aviation against acts of unlawful interference forms an integral part of this Agreement. Without limiting the generality of their rights and obligations under international law, the Contracting Parties shall in particular act in conformity with the provisions of the Convention on Offences and Certain Other Acts Committed on Board Aircraft, signed al Tokyo on 14 September 1963, the Convention for the Suppression of Unlawful Seizure of Aircraft, signed at the Hague on 16 December 1970, the Convention for the Suppression of Unlawful Acts Against the Safety of Civil Aviation, signed al Montreal on 23 September 1971 and Protocol for the Suppression of Unlawful Acts of Violence at Airports serving International Civil Aviation, signed at Montreal on 24 February 1988 or any other convention on aviation security binding both Contracting Parties.

2. The Contracting Parties shall provide upon request all necessary assistance to each other to prevent acts of unlawful seizure of civil aircraft and other unlawful acts against the safety of such aircraft, their passengers and crew, airports and air navigation facilities, and any other threat to the security of civil aviation.

3. The Parties shall, in their mutual relations, act in conformity with the aviation security provisions established by the International Civil Aviation Organisation and designated as Annexes to the Convention on International Civil Aviation to the extent that such security provisions are applicable to the Parties; they shall require that operations of aircraft of their registry or operations of aircraft who have their principal place of business or permanent residence in their territory and the operators of airports in their territory act in conformity with such aviation security provisions.

4. Each Contracting Party agrees that such operators of aircraft may be required to observe the aviation security provisions referred to in paragraph (3) above required by the other Contracting Party for entry into, departure from, or while within the territory of that other Contracting Party. Each Contracting Party shall secure that adequate measures are effectively applied within its territory to protect the aircraft and to inspect

passengers, crew, carry-on items, baggage, cargo and aircraft stores prior to and during boarding or loading. Each Contracting Party shall also give positive consideration to any request from the other Contracting Party for reasonable special security measures to meet a particular threat.

5. When an incident or threat of an incident of unlawful seizure of civil aircraft or other unlawful acts against the safety of such aircraft, their passengers and crew, airports or air navigation facilities occurs, the Contracting Parties shall assist each other by facilitating communications and other appropriate measures intended to terminate rapidly and safely such incident or threat thereof.

6. Should one Contracting Party have problems with regard to the aviation security provisions of this Article, the Aeronautical Authorities of either Contracting Party may request immediate consultations with the Aeronautical Authorities of the other Contracting Party.

ARTICLE 13
TARIFFS

1. The tariffs to be applied by the designated airlines of a Contracting Party for services covered by this Agreement shall be established at reasonable levels, due regard being paid to all relevant factors, including interests of users, costs of operation, characteristics of service, commission rates, reasonable profit, tariffs of other airlines and other commercial considerations in the market place.

1.1 The Contracting Parties agree to give particular attention to tariffs which may be objectionable because they appear unreasonably discriminatory, unduly high or restrictive because of the abuse of a dominant position, artificially low because of direct or indirect subsidy or support or "predatory".

2. The tariffs shall whenever possible, be agreed by the designated airlines concerned of both Contracting Parties, after discussion as required with their respective governments and, if applicable, consultation with other airlines. Such agreement shall, wherever possible, be reached by the use of appropriate international tariff co-ordination mechanism. Failing any multilateral or bilateral agreement, each designated airline may develop tariffs individually.

3. Each Contracting Party may require notification or filing of tariffs proposed by the designated airline(s) of both Contracting Parties for carriage to or from its territory and, in exceptional circumstances, for carriage via its territory where a stopover is permitted in its territory.

3.1 Such notification or filing may be required not more than 30 days before the proposed date of introduction. In individual cases this maximum period may be reduced.

4. Neither Contracting Party shall take unilateral action to prevent the inauguration of a proposed tariff the continuation of an effective tariff of a designated airline of either Party for carriage between the territories of the Parties.

4.1 Neither Contracting Party shall take unilateral action to prevent the inauguration of a proposed tariff or the continuation of an effective tariff of a designated airline of one Party for transportation between the territory of the other Party and that of a third State.

4.2 Where either Contracting Party believes that a tariff falls within the categories described in Paragraph 1.1. above, such Party shall give notice of dissatisfaction to the other Party (as soon as possible and at least) within 15 days of the date of notification or filing of the tariff, and may avail itself of the consultation procedures set out in Paragraph 5 below. However, unless both Parties have agreed in writing to disapprove the tariffs concerned under these procedures, the tariffs shall be considered approved.

5. Each Contracting Party may request consultation regarding any tariff of an airline of either Party for services covered by this Agreement, including where the tariff concerned has been subject to a notice of dissatisfaction. Such consultations shall be held not later than 30 days after receipt of the request. The Parties shall co-operate in securing information necessary for reasoned resolution of the issues. If the Parties reach agreement with respect to a tariff for which notice of dissatisfaction has been given, each Party shall use its best efforts to put that agreement into effect but if no agreement is reached the tariff in question shall go into or continue in effect.

6. A tariff established in accordance with the provisions of this clause shall remain in force, unless withdrawn by the airline(s) concerned until the due expiry date of the tariff if any, on until new tariffs have been approved. The original expiry date may be extended unless both Contracting Parties agree that the tariff should be discontinued. Where a tariff has been approved without an expiry date and where no new tariff has been filed and approved, that tariff shall remain in force until withdrawn by the airline(s) concerned or both Contracting Parties agree that the tariff should be discontinued.

ARTICLE 14
AVIATION SAFETY

1. Each Contracting Party may request consultations at any time concerning safety standards in any area relating to aircrew, aircraft or their operation adopted by the other Contracting Party. Such consultations shall take place within 30 days of that request.

2. If following such consultations, one Contracting Party finds that the other Contracting Party does not effectively maintain and administer safety standards in any such area that are at least equal to the minimum standards established at that time pursuant to the Chicago Convention, the first Contracting Party shall notify the other Contracting Party of those findings and the steps considered necessary to conform with those minimum standards, and that other Contracting Panty shall take appropriate corrective action. Failure by the other Contracting Party to take appropriate action within 15 days or such longer period as may be agreed shall be grounds for the application of Article 4 of this Agreement.

3. Notwithstanding the obligations mentioned in Article 33 of the Chicago Convention it is agreed that any aircraft operated by the airline or airlines of one Contracting Party on services to or from the territory of another Contracting Party may, while within the territory of the other Contracting Party be made the subject of an examination by the authorised representatives of the other Contracting Party, on board and around the aircraft to check both the validity of the aircraft documents and those of its crew and that apparent conditions of the aircraft and its equipment (in this Article called "ramp inspection') provided this does not lead to unreasonable delay.

4. If any such ramp inspection or series of ramp inspections gives risk to:

a) serious concerns that an aircraft or the operation of an aircraft does not comply with the minimum standards established at that time pursuant to the Chicago Convention, or

b) serious concerns that there is a lack of effective maintenance and administration of safety standards established at that time pursuant to the Chicago Convention,

the Contracting Party carrying out the inspection shall, for the purposes of Article 33 of the Chicago Convention, be free to conclude that the requirements under which the certificate or licences in respect of that aircraft or in respect of the crew of that aircraft had been issued or rendered valid, or that the requirements under which that aircraft is operated are not equal to or above the minimum standards established pursuant to the Chicago Convention.

5. In the event that access for the purpose of undertaking a ramp inspection of an aircraft operated by the airline or airlines of one Contracting Party in accordance with the paragraph 3 above is denied by the representative of that airline or airlines, the other Contracting Party shall be free to infer that serious concerns of the type referred to in paragraph 4 above arise and draw the conclusions referred in that paragraph.

6. Each Contracting Party reserves the right to suspend or vary the operating authorisation of an airline or airlines of the other Contracting Party immediately in the event the first Contracting Party concludes whether as a result of a ramp inspection, a denial of access for ramp inspection, consultation or otherwise, that immediate action is essential to the safety of an airline operation.

7. Any action by one Contracting Party in accordance with paragraphs 2 or 6 above shall be discontinued once the basis for the taking of that action ceases to exit.

ARTICLE 15
INFORMATION AND STATISTICS

The aeronautical authorities and the airlines of either Contracting Party shall supply to the aeronautical authorities of the other Contracting Party at their request, such periodic on other statements of statistics as may be reasonably required for the purpose of reviewing the capacity provided on the agreed services by the designated airlines of the first Contracting Party. Such statements shall include all information required to determine the amount of traffic carried by that airline on the agreed services and the origins and destinations of such traffic.

ARTICLE 16
CONSULTATION AND AMENDMENT

If either of the Contracting Parties considers it desirable to amend any provision of this Agreement or its Annex, it may at any time request consultation with the other Contracting Party, and such consultation, which may be through discussion or by correspondence, shall begin within a period of sixty (60) days from the date of receipt of the request by the other Contracting Party, unless both Parties agree to an extension of this period.

Any amendment to this Agreement shall come into effect when the Parties have notified, through diplomatic channels, the fulfilment of their own legal requirements.

Amendments to the Route schedule in the Annex may however be made by direct agreement between the aeronautical authorities of the Contracting Parties.

ARTICLE 17
CONFORMITY WITH MULTILATERAL CONVENTIONS

This Agreement and its Annexes will be amended so as to conform with any multilateral convention which may become binding on both Contracting Parties.

ARTICLE 18
TERMINATION

Either Contracting Party may at any time give notice to the other Contracting Party of its decision to terminate this Agreement; such notice shall be simultaneously communicated to the International Civil Aviation Organisation.

In such case the Agreement shall terminate twelve (12) months after the date of receipt of the notice by the other Contracting Party unless the notice to terminate is withdrawn by agreement before the expiry period.

In the absence of acknowledgement of receipt by the other Contracting Party, notice shall be deemed to have been received fourteen (14) days after the receipt of the notice by the International Civil Aviation Organisation.

ARTICLE 19
SETTLEMENT OF DISPUTES

1. If any dispute arises between the Contracting Parties relating to the interpretation or application of this agreement and its Annexes thereto, the Contracting Parties shall, in the first place endeavour to settle it by negotiation.

2. If the Contracting Parties fail to reach a settlement by negotiation, they may agree to refer the dispute for decision to some person or body, or the dispute may, at the request of either Contracting Party, be submitted for decision to a tribunal of three

arbitrator, one to be nominated by each Contracting Party and the third to be appointed by the two so nominated. Each of the Contracting Parties shall nominate an arbitrator within a period of sixty (60) days from the date of receipt by either Contracting Party from the other of a notice through diplomatic channels requesting arbitration of the dispute and the third arbitrator shall be appointed within a further period of sixty (60) days. If either of the Contracting Parties fails to nominate an arbitrator within the period specified or if the third arbitrator is not appointed within the period specified, the President of the Council of the International Civil Aviation Organisation may be requested by either Contracting Party to appoint an arbitrator or arbitrators as the case requires.

In such a case the third arbitrator shall be a national of a third State and shall act as president of the arbitral tribunal.

3. The Contracting Parties undertake to comply with any decision given under paragraph (2) of this article.

4. If any so long as either Contracting Party or the designated airline of either Contracting Party fails to comply with the decision given under paragraph (2) of this Article, the other Contracting Party may limit, suspend or revoke any rights or privileges which it has granted by virtue of this Agreement to the Contracting Party in default.

5. Each Contracting Party shall pay the expenses of the arbitrator it has nominated. The remaining expenses of the arbitration tribunal shall be shared equally by the Contracting Parties.

ARTICLE 20
TITLES

Titles are inserted in this Agreement at the head of each Article for the purpose of reference and convenience and in no way define limit or describe the scope or intent of this Agreement.

ARTICLE 21
REGISTRATION

This Agreement and its Annexes shall be registered with the International Civil Aviation Organisation.

ARTICLE 22
ENTRY INTO FORCE

This Agreement and its Annexes, which are an integral part hereof, shall enter into force thirty days after the date on which the Parties have notified each other, in writing and through the diplomatic channel, that their respective domestic approval requirements have been complied with, and it shall be in force for an indefinite period of time.

In witness whereof, the undersigned, being duly authorised by their respective Governments, have signed this Agreement.

Done at Ankara, on the 20th January, 2011, in two originals, in the Spanish, Turkish and English languages, being both equally authentic. In case of divergence of interpretation, the English version shall prevail.

FOR THE GOVERNMENT
OF THE ARGENTINE REPUBLIC

Julio De Vido
Minister of Federal Planning,
Public Investment and Services

FOR THE GOVERNMENT
OF THE REPUBLIC OF TURKEY

Binali Yildirim
Minister of Transport and
Communications

ANNEX I

ROUTES

1. (a) The airlines designated by the Government of the Argentine Republic shall be entitled to operate air services in both directions as follows:

From: Any points in the Argentine Republic

Intermediate Points: Any points in America, Europe and Africa

To: Any points in the Republic of Turkey

Beyond Points: Any points in Asia

(b) The airlines designated by the Government of the Republic of Turkey shall be entitled to operate air services in both directions as follows:

From: Any points in the Republic of Turkey

Intermediate Points: Any points in America, Europe and Africa

To: Any points in the Argentine Republic

Beyond points: Any points in America and Africa

2. Points on any of the above routes may, at the option of the designated airline, be omitted on any or all flights provided that such service shall have its starting point in the territory of the Contracting Party designating the airline.

ANNEX II

APPROVAL OF FLIGHTS SCHEDULES

1. The designated airline of either Contracting Party shall submit its flight schedule, including the type of equipment, for approval to the aeronautical authorities of the other Contracting Party on each schedule period (summer and winter) not later than thirty (30) days prior to the effective date of schedule. In special cases this time limit may be reduced subject to the consent of the said authorities.

2. Prior to the submission of flight schedules by the designated airline of either Contracting Party to the aeronautical authorities of the other Contracting Party, the airlines of both Contracting Parties shall consult each other on the schedules with a view to facilitating their approval

3. The aeronautical authorities receiving such flight schedules shall approve them or suggest modifications thereto. In any case the designated airlines shall not commence their services before the schedules are approved by the aeronautical authorities concerned. This provision shall likewise apply to later changes.

ANNEX III

CODE SHARING

1. The designated airline(s) of either Contracting Party may enter into code-share arrangements with:

- an airline of either Contracting Party;

- an airline of a third country as long as such third country authorizes or allows comparable arrangements between airlines of Contracting Party and other airlines on services to, from and via such third country;

- provided that all airlines in the above arrangements hold the appropriate route and traffic rights.

2. When a designated airline of a Contracting Party performs air services under co-operative marketing arrangements as marketing carrier, the total capacity operated by that airline will not be counted against the capacity entitlements of that Contracting Party designating the airline.

3. The co-operative marketing arrangements entered into by the designated airlines of either Contracting Party shall be filed with the aeronautical authorities of the Contracting Parties for their approval.

ANNEX IV

CHANGE OF AIRCRAFT

1. Each designated airline may on any or all flights on the agreed services and at its option, change aircraft in the territory of the other Contracting Party or at any point along the specified routes, provided that:

a) aircraft used beyond the point of change of aircraft shall be scheduled in coincidence with the inbound or outbound aircraft, as the case may be;

b) in the case of change of aircraft in the territory of the other Contracting Party and when more than one aircraft is operated beyond the point of change, not more than one such aircraft may be equal size and none may be larger than the aircraft used in the third and fourth freedom sector.

2. For the purpose of change of aircraft operations, a designated airline may use its own equipment and subject to national regulations, leased equipment and may operate under commercial arrangements with other airline.

3. A designated airline may use different or identical flight numbers for sectors of change of aircraft operations.

[TEXT IN SPANISH – TEXTE EN ESPAGNOL]

ACUERDO SOBRE TRANSPORTE AÉREO ENTRE EL GOBIERNO DE LA REPÚBLICA ARGENTINA Y EL GOBIERNO DE LA REPÚBLICA DE TURQUÍA EN MATERIA DE SERVICIOS AÉREOS ENTRE SUS RESPECTIVOS TERRITORIOS

El Gobierno de la República Argentina y el Gobierno de la República de Turquía;

Como Partes de la Convención sobre Aviación Civil Internacional y el Acuerdo de Tránsito de los Servicios Aéreos Internacionales abierto a la firma en Chicago el siete de diciembre de 1944;

Con el deseo de celebrar un Acuerdo a los efectos de establecer servicios aéreos entre sus respectivos territorios;

Deseosos de garantizar el más alto nivel de seguridad en el transporte aéreo internacional;

HAN ACORDADO LO SIGUIENTE:

ARTÍCULO 1
DEFINICIONES

A los fines del presente Acuerdo, salvo que el contexto exija lo contrario:

a) el término "Convención" se refiere a la Convención sobre Aviación Civil Internacional abierta a la firma en Chicago el siete de diciembre de 1944, e incluye cualquier Anexo aprobado en virtud del Artículo 90 de dicha Convención y cualquier enmienda a los Anexos o a la Convención en virtud de los Artículos 90 y 94 de la misma, siempre que dichos Anexos y modificaciones hubieran sido aprobados o ratificados por ambas Partes Contratantes;

b) el término "autoridades aeronáuticas" se refiere, en el caso de la República Argentina, al Ministerio de Planificación Federal, Inversión Pública y Servicios -Secretaría de Transporte- Administración Nacional de Aviación Civil, o a cualquier otra persona u organismo autorizado para desempeñar las funciones ejercidas por dicho Ministerio, y en el caso de la República de Turquía, al Ministerio de Transporte y Comunicaciones o a cualquier otra persona u organismo autorizado para desempeñar las funciones ejercidas por dicho Ministerio;

c) el término "líneas aéreas designadas" se refiere a la línea aérea que una Parte Contratante haya designado y autorizado de conformidad con el Artículo 3 del presente Acuerdo;

d) el término "territorio", tiene el significado asignado en el Artículo 2 de la Convención;

e) los términos "servicio aéreo", "servicio aéreo internacional", "línea aérea" y "escalas para fines no comerciales" tienen el significado asignado respectivamente a los mismos en el Artículo 96 de la Convención;

f) el término "capacidad" se refiere:

- con relación a una aeronave, a la carga paga de una aeronave en una ruta o sección de una ruta;
- con relación a un servicio aéreo especificado, a la capacidad de la aeronave usada en dicho servicio multiplicada por la frecuencia operada por dicha aeronave en un cierto período y ruta o sección de una ruta;

g) el término "ruta especificada" se refiere a la ruta especificada en el Cuadro de rutas contenido en el Anexo del presente Acuerdo en las cuales serán operados los servicios aéreos internacionales por las líneas aéreas designadas de las Partes;

h) el término "tráfico" se refiere a los pasajeros, el equipaje, la carga y la correspondencia;

i) el término "tarifa" se refiere a los precios a ser pagados por el transporte de pasajeros, equipaje y carga y las condiciones en virtud de las cuales se aplican dichos precios, incluyendo el pago de comisiones y otras remuneraciones adicionales por la representación o venta de documentos de transporte, excluyendo remuneraciones y condiciones para el transporte de correspondencia.

ARTÍCULO 2
DERECHOS DE TRÁFICO

1. Cada Parte Contratante otorga a la otra Parte Contratante los derechos especificados en el presente Acuerdo con el objeto de establecer y operar servicios aéreos internacionales en las rutas especificadas en el Anexo I del presente Acuerdo. Dichos servicios y rutas en adelante se denominarán "servicios acordados" y "rutas especificadas", respectivamente.

2. Las líneas aéreas designadas por cada Parte Contratante, al operar servicios aéreos internacionales en las rutas especificadas, gozarán de los siguientes derechos:

   a) volar a través del territorio de la otra Parte Contratante sin aterrizar;

   b) efectuar escalas en dicho territorio para fines no comerciales; y

   c) efectuar escalas en el territorio en los puntos especificados para una ruta del Anexo I del presente Acuerdo a los fines de desembarcar o embarcar tráfico internacional, en forma conjunta o separada.

3. Las líneas aéreas de cada Parte Contratante que no hayan sido designadas conforme el Artículo 3 del presente Acuerdo, también gozarán de los derechos especificados en el párrafo (2) (a) y (b) del presente Artículo.

4. Nada de lo dispuesto en el párrafo (1) del presente Artículo otorgará a las líneas aéreas designadas de una Parte Contratante el privilegio de embarcar, en el territorio de la otra Parte Contratante, tráfico transportado mediando el pago de remuneración o flete y con destino a otro punto del territorio de esa Parte Contratante, sin perjuicio de que esto no excluye el derecho de efectuar parada estancia.

ARTÍCULO 3
AUTORIZACIONES DE OPERACIÓN

1. Cada Parte Contratante tendrá derecho a designar una o más líneas aéreas, mediante notificación escrita a la otra Parte, a los efectos de operar los servicios acordados en las rutas especificadas.

2. La otra Parte Contratante, al recibir la designación, otorgará sin demora a la línea aérea designada las correspondientes autorizaciones para operar los servicios acordados para los cuales ha sido designada, sujeto a las disposiciones 3) y 4) del presente Artículo.

3. Las autoridades aeronáuticas de una Parte Contratante podrán solicitar a la línea aérea designada por la otra Parte Contratante que demuestre que está calificada para cumplir con las condiciones establecidas en virtud de las leyes y reglamentaciones que normalmente y razonablemente aplican dichas autoridades a la operación de servicios aéreos internacionales, de conformidad con las disposiciones de la Convención.

4. Cada Parte Contratante tendrá el derecho de denegar el otorgamiento de las autorizaciones para operar mencionadas en el párrafo 2) del presente Artículo, o a imponer las condiciones que estime necesarias para el ejercicio de los derechos especificados en el Anexo 2 del presente Acuerdo, en el caso de que la Parte Contratante no pueda demostrar que la propiedad sustancial y el control efectivo de dicha aerolínea se encuentra en manos de la Parte Contratante que designa la línea aérea o en sus nacionales, sujeto a las disposiciones del estado que designa la línea aérea.

5. Cuando una línea aérea haya sido así designada y autorizada, podrá comenzar a operar en cualquier momento los servicios acordados, siempre que los horarios hayan sido aprobados y se hayan establecido las tarifas para dichos servicios, de conformidad con las disposiciones del Anexo II y el Artículo 13, respectivamente, de este Acuerdo que se encuentren en vigencia para dichos servicios.

6. Cada Parte Contratante tendrá el derecho de retirar, mediante notificación escrita a la otra Parte Contratante, la designación de su línea aérea y de sustituirla por la designación de otra línea aérea.

ARTÍCULO 4
REVOCACIÓN Y SUSPENSIÓN

1. Las autoridades aeronáuticas de cada Parte Contratante tendrán el derecho de retirar o suspender la autorización para ejercer los derechos establecidos en el Artículo 2 del presente Acuerdo de la línea aérea designada y/o autorizada de la otra Parte Contratante, o de revocar o suspender dichas autorizaciones o imponer las condiciones que considere necesarias con relación al ejercicio de dichos derechos, cuando:

   a) la línea aérea no se encuentra calificada ante las autoridades aeronáuticas de esa Parte según las leyes y reglamentaciones que normalmente aplican dichas autoridades de conformidad con la Convención;

   b) la línea aérea no cumpla con las leyes o reglamentaciones de esa Parte;

   c) las autoridades aeronáuticas no estén convencidas de que la propiedad sustancial y el control efectivo de dicha línea aérea se encuentra en manos de la Parte Contratante que designa la línea aérea o en la de sus nacionales, sujeto a las disposiciones del estado que designe la línea aérea;

   d) la línea aérea no pueda operar de conformidad con las condiciones establecidas en el presente Acuerdo.

2. Los derechos enumerados en el párrafo 1) del presente Artículo serán ejercidos solamente después de haberse efectuado consultas con las autoridades aeronáuticas de la otra Parte Contratante, a menos que sea esencial actuar de inmediato para evitar otras violaciones a las leyes y reglamentaciones antes mencionadas.

ARTÍCULO 5
APLICACIÓN DE LEYES Y REGLAMENTACIONES

1. Las leyes, reglamentaciones y procedimientos de la Parte Contratante relativas al ingreso, permanencia o salida de su territorio de aeronaves afectadas a la navegación aérea internacional o a la operación y navegación de dichas aeronaves serán cumplidas por las líneas aéreas de la otra Parte Contratante durante el ingreso, permanencia o salida de dicho territorio.

2. Las leyes y reglamentaciones de una Parte Contratante relativos al ingreso, despacho, permanencia o tránsito, emigración o inmigración, pasaportes, aduanas y cuarentena serán cumplidas por la línea aérea designada de la otra Parte Contratante y por o en representación de sus tripulaciones, pasajeros, carga y correspondencia durante el tránsito, admisión, permanencia y salida del territorio de dicha Parte Contratante.

3. Los pasajeros, el equipaje y la carga en tránsito directo a través del territorio de una Parte Contratante sin salir del área del aeropuerto reservada para tal fin sólo estarán sujetos a un control simplificado. El equipaje y la carga en tránsito directo estarán exentos de derechos aduaneros y otros impuestos similares.

ARTÍCULO 6
DERECHOS ADUANEROS Y OTRAS TASAS

1. Las aeronaves que operen los servicios internacionales de una línea aérea designada y/o autorizada de cualquiera de las Partes Contratantes, así como también su equipamiento habitual, repuestos, abastecimiento de combustible y lubricantes y suministros para aeronaves (incluyendo alimentos, bebidas y tabaco) que se encuentren a bordo de dichas aeronaves estarán exentos de todo derecho aduanero, tasas de inspección u otros derechos o impuestos al arribar al territorio de la otra Parte Contratante, siempre que dicho equipamiento, repuestos y provisiones permanezcan a bordo de la aeronave hasta que sean reexportados.

2. Se eximirá también de los mismos derechos aduaneros e impuestos, a excepción de las tasas que correspondan por los servicios brindados:

a) a los suministros para aeronaves que lleven a bordo en el territorio de cualquiera de las Partes Contratantes, dentro de los límites fijados por las autoridades de dicha Parte Contratante, y para su utilización a bordo de una aeronave que opere un servicio internacional de la línea aérea designada de la otra Parte Contratante;

b) los repuestos y equipamiento habitual ingresados al territorio de cualquiera de las Partes Contratantes para el mantenimiento o reparación de aeronaves de la línea aérea de la otra Parte Contratante utilizadas en los servicios internacionales;

c) el combustible y lubricantes destinados a abastecer a las aeronaves que operen servicios internacionales de una línea aérea designada de la otra Parte Contratante, aún cuando dichos suministros deban ser utilizados en el tramo del viaje a ser efectuado sobre el territorio de la Parte Contratante donde hayan sido embarcados.

Se podrá exigir que los materiales mencionados en los subpárrafos a), b) y c) precedentes sean mantenidos bajo la supervisión y el control aduanero, conforme la legislación aduanera en vigor en el territorio de la Parte Contratante.

3. El equipamiento habitual de a bordo aerotransportado, como así también los materiales y suministros conservados a bordo de la aeronave de cualquiera de las Partes Contratantes podrán desembarcarse en el territorio de la otra Parte Contratante sólo con la aprobación de las autoridades aduaneras de ese territorio. En ese caso, podrán ser colocados bajo la supervisión de dichas autoridades hasta ser reexportados o hasta que se disponga de ellos, conforme a las reglamentaciones de aduana.

4. Las exenciones dispuestas en el presente Artículo también podrán aplicarse cuando las aerolíneas designadas de cualquiera de las Partes Contratantes hayan acordado con otra línea o líneas aéreas el préstamo o traslado en el territorio de la otra Parte Contratante de los elementos especificados en los párrafos 1 y 2 del presente Artículo, siempre que dicha(s) línea o líneas aérea(s) goce(n) de exenciones similares en esa otra Parte Contratante.

5. Los pasajeros en tránsito a través del territorio de cualquiera de las Partes Contratantes estarán sujetos a un control muy simplificado. El equipaje y carga en tránsito directo estarán exentos de derechos aduaneros y otros impuestos similares.

ARTÍCULO 7
REPRESENTACIÓN

1. La línea o líneas aéreas designada(s) y/o autorizada(s) de una Parte Contratante podrán, sobre la base de la reciprocidad, traer y mantener en el territorio de la otra Parte Contratante a sus representantes y personal comercial, operativo y técnico que sean necesarios para la operación de los servicios acordados. El personal será seleccionado entre los nacionales de una o de ambas Partes, según sea necesario.

2. Cada Parte Contratante permitirá que la línea aérea designada y/o autorizada de la otra Parte Contratante lleve y mantenga en el territorio de la otra Parte Contratante empleados y otro personal responsable de la administración, operaciones técnicas y comerciales de sus servicios aéreos de conformidad con las normas y reglamentaciones de ingreso, residencia y trabajo de la otra Parte Contratante.

ARTÍCULO 8
RECONOCIMIENTO DE CERTIFICADOS Y LICENCIAS

Los certificados de aeronavegabilidad, los certificados de aptitud y las licencias emitidas o convalidadas por una Parte Contratante, y que aún estén en vigor, serán reconocidos como válidos por la otra Parte Contratante a los efectos de operar las rutas y servicios establecidos en el presente Acuerdo, siempre que los requisitos en virtud de los cuales se haya emitido o reconocido la validez de dichos certificados o licencias sean iguales o superiores a las normas mínimas establecidas o que puedan establecerse de conformidad con la Convención. Sin perjuicio de ello, cada Parte Contratante se reserva el derecho de negarse a reconocer, para los vuelos sobre su propio territorio, certificados de aptitud y licencias otorgadas a sus propios nacionales o reconocidos como válidos para éstos por la otra Parte Contratante o por cualquier otra Parte.

ARTÍCULO 9
DISPOSICIONES FINANCIERAS

1. Cada línea aérea designada tendrá el derecho de vender y emitir sus propios documentos de transporte en el territorio de la otra Parte Contratante directamente y, a su criterio, a través de sus agentes. Dichas líneas aéreas tendrán el derecho de vender los servicios de transporte y servicios complementarios, y cualquier persona tendrá la libertad de comprar dicho transporte en cualquier moneda de libre convertibilidad y/o en moneda local.

2. Cada línea aérea designada tendrá el derecho de convertir y remitir a su país, a solicitud, y a la tasa de cambio oficial, el excedente de los ingresos obtenidos por el servicio de transporte luego de abonar los gastos. En caso de que no haya disposiciones pertinentes sobre un acuerdo de pagos entre las Partes Contratantes, la transferencia antes mencionada se efectuará en monedas convertibles y de conformidad con las leyes y reglamentaciones cambiarias vigentes.

3. La conversión y remesas de dichas ganancias se permitirán sin restricciones a la tasa de cambio aplicable a las transacciones corrientes que se encuentre en vigor a la fecha que dichas ganancias sean presentadas para su conversión y remisión, y no estarán sujetas a ningún cargo excepto los que sean normalmente aplicables por los bancos que lleven a cabo dicha conversión y remisión.

ARTÍCULO 10
TASAS DE USUARIOS

Cada Parte Contratante establecerá, por intermedio de sus autoridades competentes, tasas justas y razonables para el uso de aeropuertos y otras instalaciones bajo su control.

Sin embargo, cada Parte Contratante acuerda que dichas tasas no serán superiores que las que serían pagadas por el uso de dichos aeropuertos e instalaciones por las aeronaves nacionales afectadas a servicios internacionales similares.

ARTÍCULO 11
DISPOSICIONES SOBRE CAPACIDAD

1. La capacidad será acordada entre las autoridades aeronáuticas de las Partes Contratantes.

2. Las líneas aéreas designadas de ambas Partes Contratantes gozarán de oportunidades justas e iguales para operar los servicios acordados sobre las rutas especificadas en el Anexo del presente Acuerdo.

3. Al operar los servicios acordados, las líneas aéreas designadas de cada Parte Contratante tendrán en consideración los intereses de las líneas aéreas designadas de la otra Parte Contratante, a fin de no afectar indebidamente los servicios que estas últimas brinden en todo o en parte de las mismas rutas.

4. Los servicios acordados operados por las líneas aéreas designadas de las Partes Contratantes guardarán estrecha relación con la demanda del público para el transporte en las rutas especificadas y tendrán como objetivo principal proveer, a un coeficiente de carga razonable, la capacidad adecuada para la demanda de transporte actual y razonablemente anticipada para el transporte desde o hacia el territorio de la Parte Contratante que designe la línea aérea.

5. El derecho de las líneas aéreas designadas de cualquiera de las Partes Contratantes de transportar tráfico entre el territorio de la otra Parte Contratante y puntos en los territorios de terceros países sobre rutas especificadas será ejercido de conformidad con los principios generales de que la capacidad estará relacionada con:

    a) la demanda de tráfico hacia y desde el territorio de la Parte Contratante que haya designado la línea aérea;

    b) la demanda de tráfico del área a través de la cual pasa el servicio acordado, luego de tomar en cuenta los demás servicios de transporte establecidos por las líneas aéreas de los Estados que comprenda el área; y

    c) la demanda de vuelos directos de la línea aérea.

ARTÍCULO 12
SEGURIDAD EN LA AVIACIÓN

1. De conformidad con sus derechos y obligaciones en virtud del derecho internacional, las Partes Contratantes reafirman que su obligación mutua de proteger la seguridad en la Aviación Civil contra actos de interferencia ilícita forma parte integral del presente Acuerdo. Sin limitar la generalidad de sus derechos y obligaciones en virtud del derecho internacional, las Partes Contratantes, actuarán, en particular, de conformidad con las disposiciones de la Convención sobre las Infracciones y ciertos Otros Actos Cometidos a Bordo de las Aeronaves, firmada en Tokio el 14 de septiembre de 1963, la Convención para la Represión del Apoderamiento Ilícito de Aeronaves, firmada en La Haya el 16 de diciembre de 1970 y la Convención para la Represión de Actos Ilícitos contra la Seguridad de la Aviación Civil, firmada en Montreal el 23 de septiembre de 1971 y el Protocolo Complementario para la Represión de Actos Ilícitos de Violencia en los Aeropuertos que presten servicio a la Aviación Civil Internacional, firmado en Montreal el 24 de febrero de 1988, o cualquier otra convención sobre seguridad en la aviación que sea vinculante para ambas Partes Contratantes.

2. Las Partes Contratantes se proporcionarán mutuamente, a solicitud, toda la asistencia necesaria para impedir actos de apoderamiento ilícito de una aeronave

civil y otros actos ilícitos contra la seguridad de dichas aeronaves, sus pasajeros y tripulación, aeropuertos e instalaciones para aeronavegación, y cualquier otra amenaza para la seguridad en la aviación civil.

3. Las Partes Contratantes, en sus relaciones mutuas, actuarán de conformidad con las normas de seguridad en la aviación establecidas por la Organización de Aviación Civil Internacional y que se denominan Anexos de la Convención en la medida en que tales normas de seguridad sean aplicables a las Partes Contratantes; las Partes Contratantes requerirán que las operaciones de aeronaves de su registro u operaciones de aeronaves con sede principal de actividades o residencia permanente en sus territorios y los operadores de aeronaves en sus territorios actúen de conformidad con dichas disposiciones sobre seguridad de la aviación.

4. Cada Parte Contratante acuerda que se podrá requerir que dichos operadores de aeronaves observen las disposiciones sobre seguridad en la aviación mencionadas en el párrafo (3), al ingresar, permanecer o salir del territorio de la otra Parte Contratante. Cada Parte Contratante garantizará que efectivamente se apliquen dentro de su territorio las medidas adecuadas para proteger las aeronaves y controlar a los pasajeros, la tripulación, su equipaje de mano, el equipaje, la carga y las bodegas de la aeronave antes y durante el embarque o la carga. Cada Parte Contratante considerará de modo favorable cualquier pedido de la otra Parte Contratante para tomar medidas razonables especiales de seguridad en caso de una amenaza en particular.

5. Cuando ocurra un incidente o amenaza de incidente de apoderamiento ilícito de una aeronave civil u otros actos ilícitos contra la seguridad de dicha aeronave, sus pasajeros y la tripulación, los aeropuertos o servicios de aeronavegación, las Partes Contratantes se prestarán asistencia mutua facilitando las comunicaciones y otras medidas adecuadas destinadas a ponerle fin en forma rápida y segura a dicho incidente o amenaza.

6. Cuando una Parte Contratante tenga problemas con respecto a las disposiciones sobre seguridad en la aviación del presente Artículo, las Autoridades Aeronáuticas de cualquiera de las Partes Contratantes podrán solicitar mantener consultas de inmediato con las Autoridades Aeronáuticas de la otra Parte Contratante.

ARTÍCULO 13
TARIFAS

1. Las tarifas a ser aplicadas por las líneas aéreas designadas de una Parte por servicios comprendidos en este Acuerdo se fijarán en niveles razonables, teniendo en cuenta todos los factores relevantes, incluyendo los intereses de los usuarios, costos operativos, características del servicio, tasas de comisión, ganancias razonables, tarifas de otras líneas aéreas y otras consideraciones comerciales que rijan en el mercado.

1.1 Las Partes acuerdan prestar particular atención a las tarifas que puedan ser objetables debido a que resulten injustificadamente discriminatorias, indebidamente altas o restrictivas como consecuencia del abuso de una posición dominante, artificialmente bajas debido a un subsidio o apoyo directo o indirecto o "depredatorias".

2. Las tarifas, siempre que sea posible, serán acordadas por las correspondientes líneas aéreas designadas de ambas Partes, después de mantener conversaciones con sus respectivos gobiernos y, en caso de corresponder, consultas con otras líneas aéreas. Dicho acuerdo, siempre que sea posible, se alcanzará mediante el uso de mecanismos apropiados de coordinación de tarifas internacionales. En caso de no llegarse a un acuerdo multilateral o bilateral, cada línea aérea designada podrá conformar las tarifas individualmente.

3. Cada Parte podrá solicitar la notificación o presentación de las tarifas propuestas por la(s) línea(s) aérea(s) designada(s) de ambas Partes para el transporte desde o hacia su territorio y, en circunstancias especiales, para el transporte a través de su territorio cuando esté permitida una escala en el mismo.

   3.1 Dicha notificación o presentación podrá solicitarse al menos 30 días antes de la fecha propuesta para su entrada en vigor. Este plazo máximo podrá reducirse en casos especiales.

4. Ninguna de las Partes tomará medidas unilaterales para evitar el establecimiento de tarifas propuestas o la continuación de tarifas vigentes de una línea aérea designada de cualquiera de las Partes para el transporte entre los territorios de las Partes.

   4.1 Ninguna de las Partes tomará medidas unilaterales para evitar el establecimiento de tarifas propuestas o la continuación de tarifas efectivas de una línea aérea designada de una Parte para el transporte entre el territorio de la otra Parte y el de un tercer Estado.

   4.2 Cuando cualquiera de las Partes considere que una tarifa corresponde a las categorías establecidas en el Párrafo 1.1 precedente, dicha Parte notificará su disconformidad a la otra Parte (a la brevedad y a más tardar) dentro de los 15 días contados a partir de la fecha de notificación o presentación de la tarifa, y podrá aprovechar el procedimiento de consultas establecido en el Párrafo 5 siguiente. Sin embargo, salvo que ambas Partes desaprueben por escrito las tarifas incluidas en este procedimiento, éstas se considerarán aprobadas.

5. Cualquiera de las Partes podrá solicitar mantener consultas con respecto a cualquier tarifa de una línea aérea de cualquiera de las Partes por servicios contemplados por el presente Acuerdo, incluso cuando la tarifa en cuestión haya sido objeto de una notificación de disconformidad. Dichas consultas se realizarán dentro de los treinta (30) días subsiguientes a la recepción de la solicitud. Las Partes cooperarán para garantizar la información necesaria para una solución favorable de las cuestiones. En el caso de que las Partes lleguen a un acuerdo con respecto a una tarifa que haya sido objeto de una notificación de desaprobación, cada Parte hará todo lo posible para que entre en vigor dicho acuerdo, pero de no llegarse a un acuerdo, la tarifa en cuestión comenzará a regir o continuará en vigor.

6. Una tarifa establecida de conformidad con las disposiciones de la presente cláusula permanecerá vigente, salvo que sea retirada por la(s) línea(s) aérea(s) interesada(s), hasta la fecha de su vencimiento, si la hubiera, o hasta que se aprueben nuevas tarifas. La fecha de vencimiento original podrá prorrogarse salvo que ambas Partes acuerden que la tarifa debe discontinuarse. Cuando una tarifa haya sido aprobada sin fecha de vencimiento y no se haya presentado ni aprobado una nueva tarifa, la tarifa continuará en vigor hasta que sea retirada por la(s) línea(s) aérea(s) interesadas o hasta ambas Partes acuerden que la tarifa debería discontinuarse.

ARTÍCULO 14
SEGURIDAD OPERACIONAL

1. Cada una de las Partes podrá solicitar mantener consultas en cualquier momento sobre las normas de seguridad operacional adoptadas por la otra Parte en cualquier área que esté relacionada con la tripulación, las aeronaves o su operación. Dichas consultas se llevarán a cabo dentro de los 30 días de solicitadas.

2. Si, luego de dichas consultas, una Parte comprueba que la otra Parte no mantiene ni administra efectivamente normas de seguridad operacional en cualquiera de dichas áreas que por lo menos sean iguales a las normas mínimas vigentes en ese momento de acuerdo con la Convención de Chicago, la primera Parte notificará a la otra Parte dicha comprobación y le informará cuáles son los pasos necesarios para cumplir con esas normas mínimas, y esa otra Parte tomará las medidas correctivas correspondientes. Si la otra Parte no tomara las medidas correspondientes dentro de los 15 días o dentro de un período más extenso que pueda ser acordado, ello constituirá causal de aplicación del Artículo 4 del presente Acuerdo.

3. Sin perjuicio de las obligaciones mencionadas en el Artículo 33 de la Convención de Chicago, se acuerda que cualquier aeronave operada por la línea o líneas aéreas de una Parte en servicios hacia o desde el territorio de la otra Parte, mientras se encuentre dentro del territorio de la otra Parte, podrá ser objeto de una inspección por parte de los representantes autorizados de la otra Parte , a bordo y en los alrededores de la aeronave para controlar tanto la validez de los documentos de la aeronave y los de su tripulación, como la condición aparente de la aeronave y su equipo (en el presente Artículo denominada "inspección de rampa") siempre que ello no conduzca a una demora injustificada.

4. Si dicha inspección de rampa o serie de inspecciones dieran lugar a:

   a) serias dudas sobre si una aeronave o la operación de una aeronave cumple con las normas mínimas vigentes en ese momento en virtud de la Convención de Chicago, o

   b) serias sospechas de falta de mantenimiento efectivo y administración de las normas de seguridad vigentes en ese momento en virtud de la Convención de Chicago, la Parte que realice la inspección, a los fines del Artículo 33 de la Convención de Chicago, tendrá la libertad de decidir que los requisitos en virtud de los cuales el certificado o licencias de esa aeronave o de la tripulación de la misma habían sido emitidos o considerados válidos, o que los requisitos bajo los cuales operaba la aeronave no son iguales o superiores a las normas mínimas vigentes en virtud de la Convención de Chicago.

5. En el caso de que el acceso para realizar la inspección de rampa de una aeronave operada por la línea o líneas aéreas de una Parte de conformidad con el párrafo precedente sea denegado por el representante de esa línea o líneas aéreas, la otra Parte tendrá la libertad de inferir que han surgido problemas graves como los mencionados en el párrafo 4) precedente y podrá llegar a las conclusiones mencionadas en dicho párrafo.

6. Cada Parte se reserva el derecho de suspender o modificar de inmediato la autorización para operar de la línea o líneas aéreas de la otra Parte en el caso de que la primera Parte llegue a la conclusión, ya sea como resultado de una inspección de rampa, una denegación de acceso para la inspección de rampa, consultas u otro modo de inspección, que es esencial que se tomen medidas inmediatas para la seguridad de la operación de la línea aérea.

7. Toda medida adoptada por una Parte de conformidad con los párrafos 2 ó 6 precedentes quedará sin efecto cuando desaparezcan los fundamentos que originaron la aplicación de dicha medida.

ARTÍCULO 15
INFORMACIÓN Y ESTADÍSTICAS

Las autoridades aeronáuticas y las líneas aéreas de cualquiera de las Partes suministrarán a las autoridades aeronáuticas de la otra Parte, a solicitud, estados periódicos de estadísticas que sean requeridos razonablemente con el propósito de revisar la capacidad ofrecida en los servicios acordados por las líneas aéreas designadas de la primera Parte. Dichos estados incluirán toda la información requerida para determinar la cantidad de tráfico realizado por esa línea aérea para los servicios acordados y el origen y destino de dicho tráfico.

ARTÍCULO 16
CONSULTAS Y MODIFICACIONES

En el caso de que cualquiera de las Partes considere propicio modificar cualquier disposición del presente Acuerdo o de su Anexo, podrá solicitar en cualquier momento mantener consultas con la otra Parte, y dichas consultas, que podrán efectuarse a través de conversaciones o por correspondencia, comenzarán dentro de un plazo de sesenta (60) días contados a partir de la recepción de la solicitud por la otra Parte, salvo que ambas Partes acuerden extender dicho plazo.

Cualquier modificación al presente Acuerdo comenzará a regir cuando las Partes se hayan notificado mutuamente, a través de la vía diplomática, que han cumplido con sus propios requisitos legales.

Sin perjuicio de lo anterior, las modificaciones al Cuadro de Rutas del Anexo podrán efectuarse mediante acuerdo directo entre las autoridades aeronáuticas de las Partes.

ARTÍCULO 17
CONFORMIDAD CON LAS CONVENCIONES MULTILATERALES

El presente Acuerdo y sus Anexos serán modificados de modo que concuerden con cualquier convención multilateral que sea vinculante para ambas Partes.

ARTÍCULO 18
TERMINACIÓN

Cualquier Parte podrá, en cualquier momento, notificar por escrito a la otra Parte su decisión de poner final el presente Acuerdo; dicha notificación será comunicada simultáneamente a la Organización de Aviación Civil Internacional.

En ese caso el presente Acuerdo terminará doce (12) meses después de la fecha de recepción de la notificación por parte de la otra Parte, salvo que la notificación de terminación sea retirada por acuerdo entre las Partes antes de la expiración del período.

A falta de acuse de recibo de la otra Parte, la notificación se tendrá por recibida catorce (14) días después de la recepción de la notificación por parte la Organización de Aviación Civil Internacional.

ARTÍCULO 19
SOLUCIÓN DE CONTROVERSIAS

1. En caso de surgir alguna controversia entre las Partes en relación con la interpretación o aplicación del presente Acuerdo y sus Anexos, como primera medida las Partes tratarán de llegar a una solución a través de negociaciones.

2. En caso de que las Partes no pudieran llegar a una solución a través de negociaciones, podrán acordar la remisión de la controversia a alguna persona u organismo para que decida al respecto, o podrán, a solicitud de cualquiera de las Partes, someterla a la decisión de un tribunal formado por tres árbitros, uno a ser designado por cada Parte y el tercero a ser designado por los dos árbitros así designados. Cada una de las Partes designará a un árbitro dentro de los sesenta (60) días contados a partir de la fecha de recepción por cualquiera de las Partes de la notificación enviada por la otra Parte, a través de los canales diplomáticos, en la que solicite el arbitraje de la controversia, designándose al tercer árbitro dentro de los sesenta (60) días subsiguientes. En caso de que alguna de las Partes no designe al

árbitro dentro del período especificado, o si no se designa al tercer árbitro dentro del período especificado, cualquiera de las Partes podrá solicitar al Presidente del Consejo de la Organización de Aviación Civil Internacional que designe a un árbitro o a los árbitros según se requiera.

En tal caso, el tercer árbitro será un nacional de un tercer Estado y se desempeñará como presidente del tribunal arbitral.

3. Las Partes se comprometen a cumplir con cualquier decisión establecida conforme al inciso (2) del presente artículo.

4. En el caso de que cualquier Parte o la línea aérea designada de cualquiera de las Partes no cumpla con la decisión establecida conforme al inciso (2) del presente Artículo, la otra Parte podrá limitar, suspender o revocar cualquier derecho o privilegio que haya otorgado en virtud del presente Acuerdo a la Parte que haya incumplido.

5. Cada una de las Partes pagará los gastos del árbitro que haya designado. Los gastos restantes del tribunal de arbitraje serán compartidos en partes iguales por las Partes.

ARTÍCULO 20
TÍTULOS

Los títulos se colocan en el presente Acuerdo al principio de cada Artículo a los fines de referencia y conveniencia y de ningún modo definen, limitan o describen el alcance o propósito del presente Acuerdo.

ARTÍCULO 21
INSCRIPCIÓN

El presente Acuerdo y sus Anexos se registrarán en la Organización de Aviación Civil Internacional.

ARTÍCULO 22
ENTRADA EN VIGOR

El presente Acuerdo y sus Anexos, que forman parte integral del mismo, entrarán en vigor treinta días después de la fecha en que las Partes se hayan comunicado recíprocamente, por escrito y por la vía diplomática, el cumplimiento de sus respectivos requisitos internos de aprobación y tendrá una duración indefinida.

En fe de lo cual, los que suscriben, debidamente autorizados por sus respectivos gobiernos, firman el presente Acuerdo.

Hecho en Ankara, el 20 de enero de 2011, en dos originales en español, turco e inglés, siendo ambos igualmente auténticos. En caso de divergencia en la interpretación, la versión en inglés prevalecerá.

POR EL GOBIERNO DE LA REPÚBLICA ARGENTINA	POR EL GOBIERNO DE LA REPÚBLICA DE TURQUÍA
Julio De Vido Ministro de Planificación Federal, Inversión Pública y Servicios	Binali Yildirim Ministro de Transporte y Comunicaciones

ANEXO I

RUTAS

1. (a) Las líneas aéreas designadas por el Gobierno de la República Argentina tendrán derecho a operar servicios aéreos en ambas direcciones, a saber:

Desde: Cualquier punto en la República Argentina

Puntos Intermedios: Cualquier punto en América, Europa y África

Hacia: Cualquier punto en la República de Turquía

Otros Puntos en el Exterior: Cualquier punto en Asia

(b) Las líneas aéreas designadas por el Gobierno de la República de Turquía tendrán el derecho de operar servicios aéreos en ambas direcciones, a saber:

Desde: Cualquier punto en la República de Turquía

Puntos Intermedios: Cualquier punto en América, Europa y África

Hacia: Cualquier punto en la República Argentina

Otros Puntos en el Exterior: Cualquier punto en América y África

2. Los puntos de cualquiera de las rutas antes mencionadas, a criterio de la línea aérea designada, podrán ser omitidos en todos o cualquiera de los vuelos, siempre que dicho servicio tenga como punto de partida el territorio de la Parte que designe la línea aérea.

ANEXO II

APROBACIÓN DE HORARIOS

1. La línea aérea designada dc cualquiera de las Partes prcsentará los horarios, incluyendo el tipo de equipo, para su aprobación por las autoridades aeronáuticas de la otra Parte para cada período programado (verano e invierno) a más tardar treinta (30) días antes de la fecha efectiva del programa. En casos especiales el plazo podrá reducirse sujeto al consentimiento de dichas autoridades.

2. Antes de la presentación de los horarios por parte de la línea aérea designada de cualquiera de las Partes ante las autoridades aeronáuticas de la otra Parte, las aerolíneas de ambas Partes se consultarán mutuamente sobre los horarios con vistas a facilitar su aprobación.

3. Las autoridades aeronáuticas que reciban dichos horarios los aprobarán o sugerirán modificaciones a los mismos. En ningún caso las líneas aéreas designadas comenzarán sus servicios antes de que los horarios sean aprobados por las autoridades Aeronáuticas correspondientes. La presente disposición sc aplicará de la misma manera a cambios posteriores.

ANEXO III

CÓDIGO COMPARTIDO

1. La línea o líneas aéreas designada(s) de cualquiera de las Partes podrá(n) celebrar un acuerdo de código compartido con:

- una línea aérea de cualquiera de las Partes;

- una línea aérea de un tercer país, siempre que éste autorice o permita acuerdos semejantes entre las líneas aéreas de la otra Parte y otras líneas aéreas de servicios hacia, desde y a través de dicho tercer país;

- siempre que todas las líneas aéreas en los acuerdos precedentes tengan los correspondientes derechos de ruta y tráfico.

2. Cuando una línea aérea designada de una Parte preste servicios aéreos en virtud de acuerdos de comercialización cooperativos como comercializador, la capacidad total operada por dicha línea aérea no será contabilizada dentro de las autorizaciones de capacidad de dicha Parte Contratante que designó a la línea aérea.

3. Los acuerdos de comercialización cooperativos celebrados por las líneas aéreas designadas de cualquiera de las Partes Contratantes serán presentados ante las autoridades aeronáuticas de las Partes para su aprobación.

ANEXO IV

CAMBIO DE AERONAVE

1. Cada línea aérea designada podrá en todos o cualquiera de los vuelos de los servicios acordados, y a su opción, cambiar de aeronave en el territorio de la otra Parte Contratante o en cualquier punto de las rutas especificadas, estableciéndose que:

a) la aeronave utilizada fuera del punto de cambio de aeronave se programará de acuerdo con la aeronave de llegada o de salida, según sea el caso;

b) en el caso de cambio de aeronave en el territorio de la otra Parte Contratante y cuando se opere más de una aeronave fuera del punto de cambio, sólo una aeronave de este tipo podrá ser del mismo tamaño y ninguna podrá ser más grande que la aeronave utilizada en el sector tercero y cuarto de libertad de tráfico.

2. A los fines de las operaciones de cambio de aeronave, una línea aérea designada podrá utilizar su propio equipo y, sujeto a las reglamentaciones nacionales, un equipo arrendado y podrá operar en virtud de acuerdos comerciales con otra línea aérea.

3. Una línea aérea designada podrá utilizar números de vuelo diferentes o iguales para los sectores de sus operaciones con cambio de aeronave.

[TEXT IN TURKISH – TEXTE EN TURC]

TÜRKİYE CUMHURİYETİ HÜKÜMETİ
VE
ARJANTİN CUMHURİYETİ HÜKÜMETİ
ARASINDA
HAVA ULAŞTIRMA ANLAŞMASI

Türkiye Cumhuriyeti Hükümeti ile Arjantin Cumhuriyeti Hükümeti

Her ikisi de 7 Aralık 1944 tarihinde Şikago'da imzaya açılmış olan Uluslararası Sivil Havacılık Sözleşmesinin ve Uluslararası Hava Seferleri Transit Anlaşmasının tarafları olarak;

Ülkeleri arasında hava seferleri kurmak amacıyla bir anlaşma yapmak arzusuyla;

Uluslararası hava taşımasında emniyet ve güvenliğin en üst mertebede sağlamasını arzu ederek,

AŞAĞIDAKİ MADDELERDE ANLAŞMIŞLARDIR

MADDE 1
TANIMLAR

Aşağıda yazılı terimler bağlam başka türlü gerektirmedikçe, bu Anlaşma amaçları bakımından, tanımlanmış bulunmaktadır:

a) "Sözleşme" terimi 7 Aralık 1944 tarihinde Şikago'da imzaya açılan Uluslararası Sivil Havacılık Sözleşmesini ifade etmekte ve her iki Akit tarafın mevzuatı uyarınca yürürlüğe girmesi ya da kabul edilmesi koşuluyla, Sözleşmenin 90. Maddesi altında kabul edilen her türlü Eki ve 90.ve 94. Maddeler uyarınca Eklerde yapılan her türlü değişikliği içermektedir;

b) "Havacılık otoriteleri" terimi, Türkiye Cumhuriyeti için, Ulaştırma Bakanlığı veya bu Bakanlık tarafından ifa edilen herhangi bir görevi yerine getirmeye yetkili herhangi bir teşekkül ya da kişiyi; Arjantin Cumhuriyeti Hükümeti için Federal Planlama, Kamu Yatırımı ve Hizmetleri Bakanlığı -Ulaştırma Genel Sekreterliği- Ulusal Sivil Havacılık Idaresi veya bu Bakanlık tarafından yürütülmekte olan görevleri yerine getirmeye yetkili herhangi bir teşekkül ya da kişiyi ifade etmektedir;

c) "Tayin edilen havayolu" terimi, bu Anlaşmanın 3. Maddesi uyarınca tayin edilmiş ve yetkilendirilmiş havayolunu ifade etmektedir;

d) "Ülke" terimi Sözleşmenin 2. Maddesinde belirtilmiş olan anlamı haizdir;

e) "Hava hizmeti", "uluslararası hava hizmeti", "havayolu " ve "trafik amacı dışındaki duraklamalar" terimleri, Sözleşmenin 96. Maddesinde tanımlanan anlamlarında kullanılır;

f) "Kapasite" terimi;

- Bir hava aracı için, hatta ve hattın belirli bir kısmında taşınabilen yükü;

- mutabık kalınan bir hizmet için, bu hizmette kullanılan hava aracının kapasitesinin, bu hava aracı için bir hatta veya hattın bir kısmında belli bir dönemde işletilen frekans sayısının çarpımını ifade etmektedir.

g) "Belirlenen hat" terimi, bu Anlaşma'nın Ek'inde bulunan hat çizelgesinde belirtilen ve Taraflar tarafından tayin edilen havayolları için uluslararası hava hizmetlerinin yapılacağı hattı ifade etmektedir;

h) "Trafik" terimi yolcu, bagaj, kargo ve postayı ifade etmektedir;

i) "Ücret tarifesi" terimi acente ve diğer yardımcı hizmet ücretleri ve şartları dahil, fakat posta taşınması ödemeleri ve şartları hariç, yolcu, bagaj veya kargo taşınması için alınacak her türlü ücreti ve bu ücretlerin geçerli olduğu şartları ifade etmektedir.

MADDE 2
TRAFİK HAKLARI

1. Her bir Akit Taraf diğer Akit Tarafa, bu Anlaşmanın Ek 1'inde belirtilen hatlarda tarifeli uluslararası hava hizmetleri yürütebilmesi amacıyla, bu Anlaşmada belirtilen hakları tanır. Bu hizmetler ve hatlar bundan böyle sırası ile "mutabık kalınan hizmetler" ve "belirlenen hatlar" olarak anılacaktır.

2. Her bir Akit Taraf tarafından tayin edilen havayolları, belirlenen bir hatta mutabık kalınan bir hizmeti verirken, aşağıdaki haklara sahip olacaklardır:

a) Diğer Akit Tarafın ülkesi üzerinden iniş yapmaksızın uçma hakkı,

b) Sözü geçen ülkede trafik hizmeti dışındaki amaçlar için durabilme hakkı; ve,

c) Birlikte ya da ayrı ayrı uluslararası trafikte indirmek veya almak amacıyla Anlaşmanın Ek 1'inde belirlenen hat için belirtilen ülkedeki noktalarda durabilme hakkı.

3. Bu Anlaşmanın 3. Maddesi uyarınca tayin edilenler dışında her bir Akit Tarafın havayolları, bu Maddenin (2) (a) ve (b) paragraflarında belirlenen haklara sahiptir.

4. Stop-over haklarından hariç olarak, bu Maddenin (1) paragrafındaki hiçbir husus, bir Akit Tarafın havayollarına, diğer Akit Taraf ülkesinde bu diğer tarafın ülkesindeki başka bir noktaya ücret veya kira karşılığı taşınmak üzere yolcu, kargo ve posta alma hakkını verdiği şekilde anlaşılamaz.

MADDE 3
İŞLETME YETKİLERİ

1. Her bir Akit Taraf, diğer Akit Tarafa, belirlenen hatlarda mutabık kalınan hizmetleri işletmesi amacıyla bir veya daha fazla havayolunu yazılı olarak tayin etme hakkına sahip olacaktır.

2. Söz konusu tayin tebliğinin alınmasından sonra, diğer Akit Taraf bu Maddenin 3. ve 4. hükümlerine tabi olarak, tayin edilen havayoluna mutabık kalınan hizmetleri işletebilmesi için gereken işletme iznini gecikmeksizin tanıyacaktır.

3. Bir Akit Tarafın havacılık otoriteleri, diğer Akit Taraf tarafından tayin edilen havayolundan, Sözleşmenin hükümlerine uygun olarak, havacılık otoritelerince uluslararası havacılık hizmetlerinin işletilmesinde, normal ve makul olarak uygulanan kanun ve düzenlemelerin şartlarını sağladığını temin etmesini isteyebilir.

4. Bir Akit Tarafın, havayolunun hakiki sahipliği veya etkin kontrolünün, tayin eden Akit Tarafın kendisinde veya Akit Tarafın uyruğundakilerin yetkisinde olduğu konusunda tatmin olmaması halinde, Her bir Akit Taraf, bu Maddenin 2. Paragrafı uyarınca tayin edilen havayolunun yetkilerini tanımayı reddedebilir veya takdirde bu Anlaşmanın 2. Ek'inde belirlenen hakları kullanabilmesi için gerekli gördüğü şartları getirebilir.

5. Bir havayolu bu şekilde tayin edilip yetkilendirildiğinde, bu Anlaşmanın Ek 2 ve 13. Maddesi hükümlerine göre sırasıyla bir ücret oluşturulması ve uçuş tarifesinin onaylanması şartıyla mutabık kalınan hizmetleri vermeye istediği bir zaman başlayabilir.

6.Her bir Akit Taraf yazılı olarak diğer Akit Tarafa bildirmek yoluyla, kendi tayin ettiği havayolunu geri çekme ve yerine bir başkasını tayin etme hakkına sahiptir.

MADDE 4
İPTAL VE ASKIYA ALINMA

1. Her bir Akit Tarafın havacılık otoriteleri, aşağıdaki hallerde, diğer Akit Tarafça tayin edilen ve/veya yetkilendirilen bir havayoluna verilmiş bulunan işletme yetkisini geri almak veya bu Anlaşmanın 2. Maddesinde belirtilen hakların kullanılmasını durdurmak veya bu hakların kullanılmasını gerekli gördüğü kayıtları koymak hakkına sahip olacaktır:

a) Tayin edilen havayolunun kendisine bu hakları tanıyan Akit Taraf havacılık otoriteleri tarafından Sözleşmeye uygun olarak belirlenen ve normal olarak uygulanan kanun ve yönetmeliklere göre nitelik olarak geriye düşmesi.
b) Havayolunun kendisine bu hakları tanıyan Akit Tarafın kanun ve yönetmeliklerine uymaması,
c) Tayin edilen havayolunun hakiki sahipliğinin ve etkin kontrolünün tayin eden Akit Tarafın veya Akit Tarafın uyruğundakilerin yetkisinde olduğu konusunda tatmin olmaması halinde,
d) Havayolunun bunlardan başka bir şekilde bu Anlaşmada belirtilen şartlara göre işletilmesinde muvaffakiyetsiz olunması halinde.

2. Bu Maddenin 1. paragrafında belirtilen hükümlerin derhal uygulanması kanun ve yönetmeliklerin ihlalini önlemek açısından gerekli değilse, sözü geçen hak sadece diğer Akit Tarafla istişarelerden sonra kullanılabilecektir.

MADDE 5
KANUN VE YÖNETMELİKLERİN UYGULANMASI

1. Bir Akit Tarafın uluslararası hava hizmetleri sunan bir hava aracının ülkesine girişi ve ülkesinden çıkışına ilişkin veya hava aracının ülkesindeyken işletilmesine ve seyrüseferine ilişkin kanun ve yönetmeliklerine, diğer Akit Tarafça tayin edilen havayolunun hava aracı tarafından bu ülkeye girerken, bu ülkede iken ve bu ülkeden çıkarken uyulacaktır.

2. Bir Akit Tarafın, yolcu, mürettebat, bagaj, kargo veya postanın ülkesine girişi, kalışı veya ülkesinden ayrılışına ilişkin göç, gümrükleme, pasaport, sağlık ve karantina gibi kurallarını düzenleyen kanun ve yönetmeliklerine, bu Akit Tarafın ülkesine girişte, transit geçişte, bu ülkede iken ve bu ülkeden ayrılırken diğer Akit Tarafın tayin edilen havayolu tarafından, ve yolcu, mürettebat, kargo ve posta veya bunları temsil edenler tarafından uyulacaktır.

3. Her bir Akit Tarafın ülkesinden geçen transit yolcu, bagaj ve kargo hava aracı, bu amaçla havalimanında ayrılan alanı terk etmeden, basit bir kontrolden fazlasına tabi tutulmayacaklardır. Doğrudan transit geçen bagaj ve kargo gümrük vergisi ve diğer benzer vergilerden muaf tutulacaktır.

MADDE 6
GÜMRÜK VERGİSİ ve DİĞER HARÇLAR

1. Bir Akit Tarafın tayin edilen ve/veya yetkilendirilen havayolunun uluslararası hava hizmetlerinde işletilen hava aracı ve bununla birlikte olağan teçhizatları, yedek parçaları, yakıt ve yağ tedarikleri, hava aracı malzemeleri (yiyecek, içecek, alkol, sigara ve uçuş sırasında yolcuların kullanımı veya satış için bulunan diğer ürünler) diğer Akit Tarafın ülkesine varışta, bu teçhizatlar, yedek parçalar, tedarikler ve gereçler tekrar çıkış yapana veya yolculuk sırasında kullanılana kadar hava aracında kalmak kaydıyla her türlü gümrük harcı, denetleme ücreti ve benzer ulusal ya da yerel harç ve ücretlerden muaf olacaktır.

2. Gerçekleştirilen seferle karşılığındaki ücretler dışında aşağıda sayılan maddeler de aynı harç ve vergilerden muaf tutulacaktır:

a) Herhangi bir Akit Tarafın ülkesinde, bu Akit Tarafın otoritelerinin belirlediği sınırlar içinde diğer Akit Tarafın uluslararası seferlerde bulunmak üzere tayin edilen havayolunun hava aracına kullanım için alınan hava aracı gereçleri;

b) Diğer Akit Tarafın tayin edilen havayolu veya havayollarınca uluslararası seferlerde bulunan hava aracının bakım ve onarımı için Akit Tarafların herhangi birinin ülkesine giren yedek parçalar ve olağan havacılık teçhizatları,

c) Diğer Akit Tarafın tayin edilen havayolunca uluslararası seferlerde işletilen hava aracına tedarik için Akit Tarafın ülkesinin üzerindeki uçuşların bir kısmında dahi kullanılacak olsa alınan yakıt ve yağlar.

(a) (b) ve (c) alt paragraflarında belirtilen malzemeler, Akit Tarafın ülkesinde uygulanan gümrük mevzuatı uyarınca gümrük otoritelerinin denetimi veya kontrolü altında tutulabilir.

3. Herhangi bir Akit Tarafın hava aracındaki mutat havacılık teçhizatları, malzeme ve tedarikler diğer Akit Tarafın ülkesine sadece o ülkenin gümrük otoritelerinin onayı ile indirilebilir. Bu durumda, tekrar çıkış yapana kadar söz konusu otoritelerin gözetiminde tutulabilir, aksi takdirde gümrük düzenlemelerine göre çıkartılabilir.

4. Bu maddenin öngördüğü muafiyet, bir Akit Tarafın tayin edilen havayolunun diğer Akit Tarafın ülkesinde bu Maddenin 1. ve 2. paragraflarında belirtilen Maddelerin diğer Akit Tarafın ülkesinde bir başka havayolu ve havayolu şirketine ödünç verilmesine ve transferine imkan tanıyan anlaşmalar yaptığı durumlarda da geçerlidir.

5. Her bir Akit Tarafın ülkesinden geçen transit yolcular çok basit bir kontrolden daha fazlasına tabi tutulmayacaklardır. Doğrudan transit geçen bagaj ve kargo gümrük vergisi ve diğer benzer vergilerden muaf tutulacaktır.

MADDE 7
TEMSİLCİLİK

1. Bir Akit Tarafın tayin edilen ve/veya yetkilendirilen havayolu veya havayollarına diğer Akit Taraf ülkesinde karşılıklılık esasına göre mutabık kalınan hizmetlerin verilmesi için gerekli olan temsilci ve ticari işletme ve teknik personel bulundurmalarına izin verilecektir. Bu personel, gerektiğinde, bir Tarafın ya da her iki Tarafın uyruğundaki kişilerden seçilir.

2. Her bir Akit Taraf diğer Akit Tarafın tayin edilen ve/veya yetkilendirilen havayoluna, diğer Akit Tarafın ülkesinden, ülkeye giriş, ikamet ve istihdam kuralları ve mevzuatına göre hava hizmetleri faaliyetlerinin idaresi, teknik ve ticari operasyonları için memur ve diğer sorumlu personel getirmesine ve bulundurmasına izin verecektir.

MADDE 8
SERTİFİKA VE LİSANSLARIN TANINMASI

Bir Akit Taraf tarafından verilen veya geçerli kılınan uçuşa elverişlilik sertifikaları, yeterlilik sertifikaları, verilen lisanslar, Sözleşmede belirlenen gerekliliklere eşit veya daha üstünde olduğu gösterildiği takdirde, mutabık kalınan hizmetlerin belirlenmiş hatlarda sunulması amacıyla diğer Akit Taraf tarafından da tanınacaktır. Fakat her bir Akit Taraf, ülkesinin üzerinden olan uçuşlarda diğer Akit Tarafça veya herhangi diğer bir Tarafça kendi uyruklarına sağlanan yeterlilik sertifikalarını ve lisanslarını tanımayı reddetme hakkını saklı tutmaktadır.

MADDE 9
MALİ HÜKÜMLER

1. Her bir tayin edilen havayolu diğer Akit Tarafın ülkesinde doğrudan veya tercihine bağlı olarak satış ofisleri ve acenteleri aracılığıyla taşımacılık dokümanlarını satma ve düzenleme hakkına sahip olacaktır. Havayolu işletmeleri bu taşıma hizmetini o ülkenin yerel para cinsinden ve/veya başka ülkelerin çevrilebilir döviz cinsinden satma ve her hangi bir kişide bu taşıma hizmetini satın alma hakkına sahip olacaktır.

2. Her bir tayin edilen havayolu trafiğin taşıması bağlamında harcamaları geçen kazançları talep edilirse resmi kur oranından çevirme ve ülkesine götürme hakkına sahip olacaktır. Taraflar arasında ödemelerle ilgili uygun hükümler olmaması halinde yukarıda belirtilen transfer çevrilebilir döviz cinsinden ve ulusal kanun ve yabancı döviz değişimi düzenlemelerine uygun şekilde gerçekleşecektir.

3. Bu gelirlerin çevrilmesi ve dışarı çıkarılmasına bunların çevrime ve dışarı çıkarılmaya sunulduğu anda geçerli olan döviz değişim kurunda sınırlama getirilmeden izin verilecektir ve bankalar tarafından bu tür çevirim ve dışarı çıkarmaya uygulanan ücretler dışında başka bir ücrete tabi olmayacaktır.

MADDE 10
KULLANICI ÜCRETLERİ

Akit Taraflardan her biri, yetkili makamları vasıtasıyla, kendi kontrolü altında olan hava alanlarının ve diğer olanakların kullanılması için adil ve makul ücretler isteyebilir.

Her bir Akit Taraf, havaalanlarının ve olanakların kullanımı için istediği ücretler uluslararası seferler yapan kendi ulusal hava aracına uyguladığı ücretlerden daha yüksek olamayacağı yönünde mutabıktır.

MADDE 11
KAPASİTE HÜKÜMLERİ

1. Kapasite Akit Tarafların havacılık otoriteleri arasında mutabakat ile sağlanır.

2. Her bir Akit Tarafın tayin edilen havayoluna, bu Anlaşmanın Ek'inde belirlenen hatlarda, mutabık kalınan hizmetleri vermeleri için adil ve eşit imkan sağlanacaktır.

3. Mutabık kalınan hizmetlerin verilmesinde, her Akit Tarafın tayin edilen havayolu, diğer Akit Tarafın tayin edilen havayolunun çıkarlarını dikkate alacak, öyle ki aynı hatların tamamı veya bir kısmında diğer işletme tarafından sunulan hizmetleri aşırı derecede haksız olarak etkilemiş olmayacaktır.

4. Akit Tarafların tayin edilmiş havayolunun sağladıkları mutabık kalınan hizmetler belirlenen hatlar üzerinde kamu taşımacılığının ihtiyaçları ile yakından ilgili olacak ve havayolu tayin etmiş Akit Tarafın ülkeleri arasında trafiğin mevcut ve makul olarak beklenen taşıma ihtiyaçlarını makul bir yük faktörü ile karşılayacak bir kapasiteyi sağlamak asıl amaçları olacaktır.

5. Her Akit Tarafın tayin edilen havayolunun belirlenen hatlar üzerinden diğer Akit Taraf ülkesindeki noktalar ve üçüncü ülkelerdeki noktalar arasında trafik taşıma hakkı, kapasitenin aşağıdaki hususlarla ilgili olan genel prensiplere göre kullanacaktır:

a) havayolunu tayin etmiş olan Akit Taraf ülkesinden ve bu ülkeye yönelik trafik ihtiyacı;

b) bölgeyi kapsayan Devletlere ait havayolunun kurdukları diğer ulaştırma seferleri dikkate alındıktan sonra, havayolunun içinden geçtiği bölgenin trafik ihtiyaçları;

c) transit havayolu operasyonlarına olan ihtiyaçlar.

MADDE 12
HAVACILIK GÜVENLİĞİ

1. Akit Taraflar, uluslararası hukuka göre mevcut hak ve yükümlülüklerine uygun olarak, sivil havacılık güvenliğinin yasadışı müdahalelere karşı korunması amacıyla birbirlerine karşı üstlendikleri yükümlülüğün, bu Anlaşmanın ayrılmaz bir parçasını teşkil ettiğini teyit ederler. Akit Taraflar, uluslararası hukuka göre mevcut haklarının ve yükümlülüklerinin genel niteliklerini kısıtlamaksızın, özellikle 14 Eylül 1963 tarihli, Uçaklarda İşlenen Suçlar ve Diğer Bazı Eylemlere ilişkin Tokyo Sözleşmesi, 16 Aralık 1970 tarihli Uçakların Yasadışı Yollarla Ele Geçirilmesinin Önlenmesine İlişkin Lahey Sözleşmesi, 23 Eylül 1971 tarihli Sivil Havacılık Güvenliğine Karşı İşlenen Suçların Önlenmesine ilişkin Montreal Sözleşmesi ve 24 Şubat 1988 tarihli Uluslararası Sivil Havacılığa Hizmet Veren Hava Limanlarında Yasadışı Şiddet Eylemlerinin Önlenmesine ilişkin Montreal Protokolü ve Akit Tarafların taraf oldukları sivil havacılık

güvenliğine ilişkin diğer herhangi bir sözleşme hükümlerine uygun hareket edeceklerdir.

2. Akit Taraflar, sivil hava aracının yasadışı yollarla ele geçirilmesini önlemek, bu hava aracının, yolcularının ve mürettebatının, havaalanlarının ve hava seyrüsefer tesislerinin emniyetine karşı diğer yasadışı eylemleri ve sivil havacılığın güvenliğine ilişkin diğer herhangi bir tehdidi bertaraf etmek üzere, talep halinde birbirlerine gerekli her türlü yardımda bulunacaklardır.

3. Akit Taraflar karşılıklı ilişkilerinde, Akit Taraflara uygulanabilir olduğu ölçüde, Uluslararası Sivil Havacılık Örgütü tarafından Uluslararası Sivil Havacılık Sözleşmesine Ek olarak kabul edilen havacılık güvenliği hükümlerine uygun olarak hareket edeceklerdir. Taraflar, kendi tescilindeki hava aracı işletmecilerinin veya işyeri merkezi ülkelerinde bulunan veya ülkelerinde sürekli mukim olan hava aracı işletmecilerinin ve ülkelerindeki havaalanı işletmecilerinin söz konusu havacılık güvenliği hükümlerine uygun hareket etmelerini isteyeceklerdir.

4. Akit Taraflardan her biri, söz konusu hava aracı işletmecilerinin, diğer Akit Tarafın ülkesine giriş için, bu ülkeden çıkış veya bu ülkede kalınan süre zarfında diğer Akit Tarafça, yukarıdaki (3.) paragrafta atıf yapılan havacılık güvenliği hükümlerine uymalarının istenebileceği hususunda mutabıktır. Akit Taraflardan her biri, kendi ülkesinde hava aracının güvenliğinin sağlanması, yolcuların, mürettebatın el bagajlarının, genel bagajın, kargo ve hava aracı levazımatının yükleme ve boşaltma öncesinde ve sırasında kontrolü amacıyla yeterli tedbirlerin alınmasını ve etkin şekilde uygulanmasını sağlayacaktır. Akit Taraflardan her biri, özel bir tehdidin bertaraf edilmesi amacıyla diğer Akit Tarafın makul özel güvenlik tedbirleri alınması yolunda yapacağı herhangi bir talebi olumlu şekilde dikkate alacaktır.

5. Sivil hava aracının yasadışı yollarla ele geçirilmesi olayı veya bu doğrultuda bir tehdidin vuku bulması veya hava araçlarına, hava aracı yolcularına ve mürettebatına, havaalanlarına veya hava seyrüsefer tesislerine yönelik diğer yasadışı müdahalelerin meydana gelmesi halinde Akit Taraflar, haberleşmede ve bu tür bir olayın veya olay tehdidinin süratli ve güvenli biçimde sona erdirilmesini amaçlayan diğer uygun tedbirlerin alınmasında kolaylık sağlayarak birbirlerine yardımcı olacaklardır.

6. Bu Maddenin havacılık güvenliğine ilişkin hükümlerinin uygulanmasında Akit Taraflardan biri için sorunlar ortaya çıkması halinde, Akit Taraflardan her birinin yetkili havacılık otoriteleri diğer Akit Tarafın yetkili havacılık otoritelerinden ivedi istişare talebinde bulunabilecektir.

MADDE 13
ÜCRET TARİFELERİ

1. Bu Anlaşma ile kapsanan seferler için bir Akit Tarafın tayin edilen havayolunca uygulanacak ücret tarifeleri, kullanıcıların çıkarları, işletme maliyetleri, hizmetin nitelikleri, komisyon oranları, makul kar, diğer havayollarının tarifeleri ve pazardaki diğer ticari mülahazalar dahil, ilgili bütün faktörler dikkate alınarak makul seviyelerde belirlenecektir.

1.1 Akit Taraflar, hakim bir durum dolayısıyla mantıksız derecede ayırımcı, aşırı yüksek veya kısıtlayıcı, doğrudan veya dolaylı sübvansiyon veya destek dolayısıyla suni derecede düşük veya "yıkıcı" görünen itiraz edilebilecek tarifelere özellikle dikkat edilmesi hususunda mutabık kalmışlardır.

2. Tarifeler üzerinde, mümkün olduğunda, kendi hükümetleri ile gerekli görüşmelerde ve uygun düşerse, başka havayollarına danışıldıktan sonra, her iki Akit Tarafın tayin edilen havayolları anlaşmaya varacaklardır. Böyle bir anlaşmaya, mümkün olduğunda, uygun uluslar arası tarife koordinasyon mekanizmasından faydalanılarak varılacaktır. Herhangi bir çok taraflı veya iki taraflı anlaşmaya varılamaması halinde, tayin edilen her havayolu kendi ücret tarifesini ayrı olarak geliştirebilir.

3. Her bir Akit Taraf, kendi ülkesine veya ülkesinden ve İstisnai durumlarda ülkesinde duraklamaya izin verilmiş olması halinde kendi ülkesi yoluyla taşıma için her iki Akit Devletin tayin edilmiş havayolunca (havayollarınca) teklif olunan ücret tarifelerinin bildirilmesini veya bu konuda başvurulmasını isteyebilir.

3.1. Böyle bir bildirim veya başvuru teklif olunan yürürlük tarihinden en fazla 30 gün öncesi için istenebilir. Münferit hallerde bahse konu maksimum süre azaltılabilir.

4. Hiçbir Akit Taraf, Tarafların ülkeleri arasında her bir Tarafın tayin edilen havayolunun taşıma için teklif edilen bir ücret tarifesinin yürürlüğe konmasını veya yürürlükteki bir ücret tarifesinin sürdürülmesini önleyecek tek taraflı bir hareketle bulunamaz.

4.1. Hiçbir Akit Taraf, Tarafların ülkeleri ve üçüncü Ülke arasında her bir Tarafın tayin edilen havayolunun taşıma için teklif edilen bir ücret tarifesinin yürürlüğe konmasını veya yürürlükteki bir ücret tarifesinin sürdürülmesini önleyecek tek taraflı bir hareketle bulunamaz.

4.2. Akit Taraflardan birisi bir tarifenin yukarıdaki 1.2. paragrafta tarif edilen kategorilere girdiğine inandığında, bu Taraf di ğer Tarafa tarifenin bildirildiği veya verildiği tarihten itibaren (olabildiğince erken ve en az) 15 iş günü içinde bir memnuniyetsizlik bildirisinde bulunacak ve aşağıdaki 5. paragrafta yazılı danışma süreçlerinden yararlanabilecektir. Ancak, her iki Taraf da bu süreçlerle ilgili tarifeleri onaylamama hususunda yazılı bir anlaşmaya varmadıkça, tarifeler onaylanmış sayılacaktır.

5. Her Akit Taraf diğer Tarafın bir havayolunun bu Anlaşma ile kapsadığı seferler için uygulandığı herhangi bir ücret tarifesi hakkında, söz konusu tarifenin bir memnuniyetsizlik bildirisine konu olmuş olması hali dahil, danışma talebinde bulunabilir. Bu danışma talebin alınmasından sonra en geç 30 gün içinde yapılacaktır. Taraflar sorunlara makul bir çözüm için gerekli bilginin sağlanmasında işbirliği yapacaklardır. Eğer Taraflar, hakkında memnuniyetsizlik bildirisi verilen bir tarife konusunda anlaşmaya varırlarsa, her bir Taraf o anlaşmayı yürürlüğe koymak için elinden geleni yapacak, fakat anlaşmaya varılmazsa söz konusu tarife yürürlüğe girecek veya yürürlükte kalmaya devam edecektir.

6. Bu Maddenin hükümlerine göre belirlenmiş bir ücret tarifesi, ilgili havayolu veya havayolları tarafından geri alınmadıkça, varsa bitiş tarihine kadar veya yeni tarifelerin onaylanmasına kadar yürürlükte kalır. Her iki Akit Taraf tarifenin kaldırılması hususunda anlaşmadıkça orijinal bitiş tarihi uzatılabilir. Bir ücret tarifesinin bitiş tarihi onaylanmış ve yeni tarife verilmemiş ve onaylanmamış olması halinde, o ücret tarifesi ilgili havayolu veya havayolları tarafından geri alınıncaya veya her iki Akit Taraf tarifenin kaldırılması gerektiği hususunda anlaşınçaya kadar yürürlükte kalacaktır.

MADDE 14
HAVACILIK EMNİYETİ

1. Her bir Akit Taraf herhangi bir zaman, havacılık olanakları ve hizmetleri, hava mürettebatı, hava araçları veya bunların işletilmesine ilişkin diğer Akit Tarafça benimsenmiş emniyet standartları ile ilgili olarak istişarelerde bulunmayı her zaman talep edebilir. Bu istişareler, talepten itibaren otuz (30) gün içinde gerçekleştirilecektir.

2. Eğer bu istişareleri takiben, bir Akit Taraf diğer Akit Tarafın biri diğerinin herhangi bir alanda emniyet standartlarını o sırada Sözleşmeye göre belirlenen asgari standartlara en az eşit şekilde sağlamadığını ve uygulamadığını düşünürse, sözü geçen Akit Taraf diğer Akit Tarafı bu bulgular için atılması gereken adımlar hakkında uyaracak ve diğer Akit Taraf gereken düzeltici önlemleri alacaktır. Bu diğer Akit Taraf tarafından15 gün veya mutabık kalınan daha uzun bir sürede gereken düzeltici önlemlerin alınmaması, bu Anlaşmanın 4. Maddesinin uygulanmasına temel teşkil edecektir.

3. Sözleşmenin 33. Maddesindeki hükümlere bakılmaksızın, bir Akit Tarafın havayolu veya havayolları tarafından işletilen bir hava aracı diğer Akit Tarafın ülkesine veya ülkesinden sefer düzenlerken, ülkesinde bulunduğu Akit Tarafın yetkilileri tarafından olağandışı bir gecikmeye yol açmamak şartıyla denetime tabi tutulabilir. (Bu Maddede rampa denetimi olarak adlandırılır). Hava aracının içinde veya çevresinde, bu Akit Tarafın yetkili temsilcileri eliyle yapılacak vebu denetimin amacı, Sözleşme temelinde oluşturulan yürürlükteki kurallara uygun olarak hava aracının ve mürettebat belgelerinin geçerliliği ile hava araç ve teçhizatının görünür durumunu kontrol etmektir.

4. Eğer böyle herhangi bir rampa denetimi veya dizi rampa denetimleri:

a) bir hava aracının veya bir hava aracının işletilmesinin o sırada Sözleşmeye göre belirlenen asgari standartlara uymadığı, veya

b) sırada Sözleşmeye göre belirlenen emniyet standartlarının etkin bir şekilde sağlanamadığı ve uygulanamadığı hususunda ciddi kaygılar doğurursa,

denetimi yapan Akit Taraf Sözleşmenin 33. Maddesi amaçları için, o hava aracı veya mürettebatının geçerli kılınan sertifika ve lisanslarının veya hava aracının işletilmesine esas Sözleşmeye göre belirlenen asgari standartlara eşit veya onların üzerinde olmadığı sonucunu çıkarmakta serbest olacaktır.

5. Yukarıdaki (3). paragraf uyarınca bir Akit Tarafın tayin edilen havayolu veya havayollarınca işletilen hava aracının rampa denetlemesi amacıyla hava aracına erişim, söz konusu havayolunun temsilcisi tarafından engellenirse diğer Akit Taraf (4). paragrafta belirtilen ciddi endişelerin oluştuğu sonucuna varabilecek ve paragrafta belirtilen sonuçları çıkarabilecektir.

6. Her bir Akit Taraf, bir rampa denetlemesinin sonrasında, rampa denetlemesinin engellenmesinde, istişare sonrasında veya hava aracının işletilmesinin emniyeti açısından derhal bir eylemin gerektiren benzeri durumlarda, diğer Akit Tarafın hava aracının veya araçlarının işletme yetkilerini askıya alma veya değiştirme hakkını saklı tutmaktadır.

7. Paragraf (2) veya (6) uyarınca bir Akit Tarafça gerçekleştirilen bir eylem, bu eylemin gerçekleştirilmesine temel olan durumun ortadan kalkmasıyla sona erdirilecektir.

MADDE 15
BİLGİ VE İSTATİSTİKLER

Herhangi bir Akit Tarafın havacılık otoriteleri ve havayolları, diğer Akit Tarafın havacılık otoritelerine talebi üzerine, Akit Tarafın tayin edilmiş havayollarınca mutabık kalınan hizmetlerde sağlanan kapasitenin gözden geçirilmesi için, makul olarak gerekli görülebilecek periyodik veya diğer istatistiki raporları, talepleri üzerine temin edeceklerdir. Bu raporlar bu havayollarının mutabık kalınan hizmetlerde taşımış oldukları yolcu ve kargo miktarını belirlemek için gerekli tüm bilgileri ve bu yolcu ve kargo trafiğinin başlangıç ve varış noktalarını içerecektir.

MADDE 16
İSTİŞARE VE DEĞİŞİKLİKLER

Akit Taraflardan her birinin bu Anlaşma ve Eklerinin herhangi bir hükmünün değiştirilmesini arzu etmesi halinde, her zaman diğer Akit Taraftan istişare talep edebilir; havacılık otoriteleri arasında müzakere veya yazışma yoluyla olabilecek olan bu istişare, Tarafların bu sürenin uzatılması hususunda mutabık kalmamaları halinde, talebin diğer Akit Taraf tarafından alınmasından itibaren altmış (60) gün içinde başlayacaktır.

Bu suretle anlaşmaya varılan herhangi bir değişiklik, Taraflar kendi yasal prosedürlerinin tamamlandığını diplomatik kanallar yoluyla teyit ettiklerinde yürürlüğe girecektir.

Ek'teki hat cetvelinde yapılacak değişiklikler, Akit Tarafların havacılık otoriteleri arasında yapılacak doğrudan anlaşma yoluyla da gerçekleştirilebilir.

MADDE 17
ÇOK TARAFLI ANLAŞMALARA UYMA

Bu Anlaşma ve Ekleri Akit Taraflar için bağlayıcı olabilecek herhangi bir çok taraflı uluslararası sözleşmeye uyabilecek şekilde değiştirilebilir.

MADDE 18
SONA ERME

Akit Taraflardan her biri, bu Anlaşmaya son vermek kararında olduğunu her zaman diğer Akit Tarafa bildirebilir; bu bildiri aynı zamanda Uluslararası Sivil Havacılık Örgütüne de ulaştırılacaktır.

Bu durumda, son verme bildirileri karşılıklı mutabakatla bu süre bitiminden önce geri alınmış bulunmadıkça, Anlaşma ihbarnamenin diğer Akit Tarafça alınış tarihinden sonraki on iki (12) ay içinde sona erecektir.

Diğer Akit Tarafça ihbarnamenin alındığı teyit edilmezse, Uluslararası Sivil Havacılık Örgütünün ihbarnameyi aldığı tarihten on dört (14) gün sonra ihbar alınmış olarak kabul edilecektir.

MADDE 19
İHTİLAFLARIN ÇÖZÜMÜ

1. Akit Taraflar arasında bu Anlaşma ve Eklerinin yorumlanması veya uygulanması ile ilgili bir uyuşmazlık çıkarsa, Akit Taraflar bu uyuşmazlığı önce kendi aralarında müzakere yoluyla halletmeye çalışacaklardır.

2. Akit Taraflar, müzakere yoluyla bir anlaşmaya varamadıkları takdirde, uyuşmazlığın karara bağlanması için bir şahıs veya teşekküle havale etme konusunda anlaşabilirler veya Akit Tarafların herhangi birinin talebi ile uyuşmazlık, her bir Akit tarafın tayin edeceği birer hakem ve böylece tayin edilen iki hakemin tayin edeceği üçüncü bir hakemden oluşan üç hakemlik bir tahkim heyetinin kararına sunulabilir. Akit Taraflardan her biri, Taraflardan birinin diğerinden uyuşmazlığın tahkimini isteyen bir ihbarı diplomatik yoldan aldığı tarihten itibaren altmış (60) gün içinde bir hakem tayin edecek ve üçüncü hakem de bundan sonraki altmış (60) günlük bir süre içinde tayin edilecektir. Akit Taraflardan herhangi biri verilen süre içerisinde bir hakem tayin edemezse veya üçüncü hakem belirtilen süre içinde tayin edilmezse Uluslararası Sivil Havacılık Örgütü Konsey Başkanından durumun gereğine göre, bir veya daha fazla hakemi tayin etmesini Akit Taraflardan herhangi biri isteyebilir.

Bu durumda üçüncü hakem üçüncü bir devletin uyruğundan olacak ve tahkim heyetinin başkanlığını yapacaktır.

3. Akit Taraflar, bu Maddenin 2. paragrafına göre verilecek herhangi bir karara uymayı taahhüt ederler.

4. Akit Taraflardan biri ya da Akit Taraflardan birinin tayin etmiş olduğu havayollarından biri bu Maddenin 2. paragrafına göre alınan kararlara uygun hareket etmediği takdirde, diğer Akit Taraf bu Anlaşma şartlarına uygun olarak tanıdığı hak ve öncelikleri sınırlayabilir ya da iptal edebilir.

5. Her bir Akit Taraf kendilerince atanan hakemin masraflarını karşılayacaktır. Tahkim heyetinin diğer masrafları Akit taraflarca eşit biçimde paylaşılacaktır.

MADDE 20
BAŞLIKLAR

Madde başlıkları bu Anlaşmaya sadece müracaat ve kolaylık amacıyla konulmuştur ve hiçbir surette bu Anlaşmanın amaç ve kapsamının sınırını çizmez, kısıtlamaz veya tarif etmez.

MADDE 21
TESCİL

Bu anlaşma ve tüm değişiklikler Uluslararası Sivil Havacılık Örgütü'ne tescil olunacaktır.

MADDE 22
YÜRÜRLÜĞE GİRİŞ

Bu Anlaşma ve bu Anlaşmanın ayrılmaz bir parçası olan Ekleri, Tarafların bu Anlaşmanın yürürlüğe girmesine ilişkin ulusal kanun ve düzenlemelere uygun olarak tüm hukuki muamelelerinin tamamlandıklarını birbirlerine yazılı olarak ve diplomatik nota ile bildirdikleri tarihten 30 gün sonra yürürlüğe girer ve süresiz olarak yürürlükte kalır.

Tanık olarak aşağıda imzası bulunan, Hükümetleri tarafından tam yetkili kılınmış taraflar bu Anlaşmayı imzalamışlardır.

Her bir versiyonu birbirine eşdeğer olmak üzere Ankara 'da 2011 yılının ocak ayının yirminci gününde tarihinde İspanyolca, Türkçe ve İngilizce dillerinde düzenlenmiştir. Yorumlamada herhangi bir uyumsuzluk durumunda İngilizce metin geçerli olacaktır.

ARJANTİN CUMHURİYETİ HÜKÜMETİ ADINA	TÜRKİYE CUMHURİYETİ HÜKÜMETİ ADINA
Julio De Vido Federal Planlama, Kamu Yatırımları ve Hizmetleri Bakanı	Binali Yildirim Ulaştırma Bakanı

EK I

HATLAR

1. (a) Türkiye Cumhuriyeti Hükümeti tarafından tayin edilen havayolunun her iki yönde aşağıdaki hava hizmetlerini işletmeye hakkı olacaktır:

Hareket Noktası: Türkiye Cumhuriyeti'nde herhangi bir nokta

Ara Noktalar: Amerika, Avrupa ve Afrika'da herhangi bir nokta

Varış Noktası: Arjantin Cumhuriyeti'nde herhangi bir nokta

İleri Noktalar: Amerika ve Afrika'da herhangi bir nokta

(b) Arjantin Cumhuriyeti Hükümeti tarafından tayin edilen havayolunun her iki yönde aşağıdaki hava hizmetlerini işletmeye hakkı olacaktır:

Hareket Noktası: Arjantin Cumhuriyetinde herhangi bir nokta

Ara Noktalar: Amerika, Avrupa ve Afrika'da herhangi bir nokta

Varış Noktası: Türkiye Cumhuriyeti'nde herhangi bir nokta

İleri Noktalar: Asya'da herhangi bir nokta

2. Yukarıdaki herhangi hattan birisindeki noktalar, seferin başlangıç noktasının havayolunu tayin eden Akit Tarafın ülkesinde olması şartıyla, tayin edilen havayolunun tercihi ile herhangi bir uçuşta veya bütün uçuşlarda kullanılmayabilir.

EK II

UÇUŞ TARİFELERİNİN ONAYLANMASI

1. Her Akit Tarafın tayin edilen havayolu, her tarife döneminde (yaz ve kış) tarifenin yürürlük tarihinden otuz (30) gün önceden daha geç olmamak üzere, teçhizat tipi dahil, uçuş tarifesini diğer Akit Taraf havacılık otoritelerinin onayına sunacaktır. Özel durumlarda bu süre anılan otoritelerin rızasına tabi olarak kısaltılabilir.

2. Herhangi bir Akit Tarafın tayin edilen havayolu tarafından uçuş tarifelerinin diğer Akit Taraf havacılık otoritelerine sunulmadan önce, her iki Akit Tarafın havayolu tarifeler konusunda, onların onaylanmasını kolaylaştırmak amacıyla, birbirleriyle istişarede bulunacaklardır.

3. Bu uçuş tarifelerini alan havacılık otoriteleri bunları onaylayacak veya üzerlerinde değişiklik yapılmasını önereceklerdir. Her halükarda tayin edilen havayolları, tarifeler ile ilgili havacılık otoritelerince onaylanmadan önce seferlerine başlamayacaklardır. Bu hüküm daha sonra yapılacak değişiklikler için de geçerlidir.

EK III

KOD PAYLAŞIMI

1. Her bir Akit Tarafın tayin edilen havayolu (havayolları),

- Herhangi bir Akit Tarafın havayolu ile,

- üçüncü bir ülkenin havayolu ile; bu üçüncü ülkenin Akit Taraf havayolları ile üçüncü ülkeden ve ona yönelik ve bu ülke yoluyla seferler yapan diğer havayolları arasında kıyaslanabilir anlaşmalara izin vermesi durumunda;

- yukarıdaki anlaşmalarda yer alan tüm havayollarının uygun hat ve trafik haklarını ellerinde tutması kaydıyla,

diğer Akit Taraf tayin edilmiş havayolları ile kod paylaşım anlaşmaları yapabilir.

2. Bir Akit Tarafın tayin edilen havayolu, pazarlamacı taşıyıcı olarak pazarlama anlaşması ile hava hizmeti sunar ise, o havayolu tarafından kullanılan toplam kapasite o Akit Tarafın havayolu tayininde kapasite haklarından sayılmayacaktır.

3. Diğer Akit Tarafın tayin edilen havayolları ile yapılan işbirlikçi pazarlama anlaşmaları onaylanmak üzere Akit Tarafların havacılık otoritelerine sunulur.

EK IV

HAVA ARACI DEĞİŞİKLİĞİ

1. Her bir tayin edilen havayolu aşağıdaki durumlarda belirtilen hatlarda bir noktada veya diğer Akit Tarafın ülkesinde mutabık kalınan hizmetlerdeki tüm uçuşlarda veya herhangi bir uçuşta kendi isteğine göre hava aracı değişikliği yapabilir.

a) hava aracı değişikliğinin yapıldığı noktadan öte noktada kullanılan hava aracı, duruma göre, iç hat veya dış hat hava aracı olarak kullanılmak üzere tarifeye konulmuşsa;

b) diğer Akit Tarafın ülkesinde hava aracı değişikliği yapılıyor ise ve değişiklik noktasından öteye birden fazla hava aracı işletiliyor ve bu tür hava aracı eşit ebatta değil ise ve üçüncü ve dördüncü trafik haklı olarak kullanılan hava aracından büyük ise.

2. Hava aracı operasyonlarında değişiklik amacıyla, tayin edilen bir havayolu kendi teçhizatını kullanabilir ve kendi milli mevzuatına tabi olarak, kiralanan teçhizatı kullanabilir ve başka bir havayolu ile ticari anlaşmalara göre operasyon yapabilir.

3. Tayin edilen havayolu hava aracı operasyonlarının sektör değişikliği için farklı veya aynı uçuş numaralarını kullanabilir.

[TRANSLATION IN FRENCH – TRADUCTION EN FRANÇAIS]

ACCORD DE TRANSPORT AÉRIEN ENTRE LE GOUVERNEMENT DE LA RÉPUBLIQUE ARGENTINE ET LE GOUVERNEMENT DE LA RÉPUBLIQUE TURQUE RELATIF AUX SERVICES AÉRIENS ENTRE LEURS TERRITOIRES RESPECTIFS

Le Gouvernement de la République argentine et le Gouvernement de la République turque,

Étant parties à la Convention relative à l'aviation civile internationale et à l'Accord relatif au transit des services aériens internationaux, ouverts à la signature à Chicago le 7 décembre 1944,

Désireux de conclure un Accord en vue d'établir des services aériens entre leurs territoires respectifs,

Soucieux de garantir le meilleur niveau de sécurité et de sûreté dans le transport aérien international,

Sont convenus de ce qui suit :

Article premier. Définitions

Aux fins du présent Accord, à moins que le contexte n'exige une interprétation différente :

a) Le terme « Convention » s'entend de la Convention relative à l'aviation civile internationale ouverte à la signature à Chicago le 7 décembre 1944, y compris les annexes adoptées conformément à l'article 90 de ladite Convention et tout amendement desdites annexes ou de la Convention adopté conformément aux articles 90 et 94 de celle-ci, dans la mesure où ces annexes et amendements ont pris effet ou ont été ratifiés par les deux Parties contractantes ;

b) L'expression « autorités aéronautiques » désigne, dans le cas de la République argentine, le Ministère de la planification fédérale, de l'investissement public et des services, Secrétariat des transports, Administration nationale de l'aviation civile, ou toute autre personne ou organisme habilité à assumer les fonctions exercées par ledit Ministère, et dans le cas de la République turque, le Ministère des transports et des communications ou toute autre personne ou tout autre organisme habilité à assumer les fonctions exercées par ledit Ministère ;

c) L'expression « compagnie aérienne désignée » s'entend de toute compagnie aérienne désignée et autorisée à exploiter lesdits services conformément à l'article 3 du présent Accord ;

d) Le terme « territoire » a le sens que lui donne l'article 2 de la Convention ;

e) Les expressions « services aériens », « service aérien international » et « escale non commerciale » ont le sens que leur donne l'article 96 de la Convention ;

f) Le terme « capacité » désigne :

- En ce qui concerne un aéronef, la charge utile de cet aéronef disponible pour la route ou une portion de celle-ci ;
- En ce qui concerne un service aérien indiqué, la capacité de l'aéronef utilisé pour ce service, multipliée par la fréquence d'exploitation de cet aéronef pendant une période donnée et sur une route ou une portion de route ;

g) Le terme « route indiquée » s'entend de la route indiquée dans la liste des routes aériennes figurant en annexe au présent Accord, sur laquelle les services aériens internationaux sont exploités par les compagnies aériennes désignées des Parties ;

h) Le terme « trafic » s'entend des passagers, des bagages, des marchandises et du courrier ;

i) Le terme « tarif » signifie les prix qui doivent être payés pour le transport des passagers, des bagages et des marchandises, et les conditions dans lesquelles ils s'appliquent, y compris les commissions et autres rémunérations supplémentaires pour les agences ou la vente de titres de transport, excepté les rémunérations et conditions relatives au transport de courrier.

Article 2. Droits de trafic

1. Chaque Partie contractante accorde à l'autre Partie contractante les droits ci-après énumérés dans le présent Accord, aux fins d'établir et d'exploiter des services aériens internationaux sur les routes indiquées à l'annexe I au présent Accord. Ces services et routes sont respectivement dénommés ci-après les « services convenus » et les « routes indiquées ».

2. Lors de l'exploitation d'un service convenu sur une route indiquée, les compagnies aériennes désignées par chaque Partie contractante ont le droit de :

a) Survoler sans y atterrir le territoire de l'autre Partie contractante ;

b) Faire des escales non commerciales sur ce territoire ; et

c) Faire des escales sur ce territoire aux points spécifiés pour cette route à l'annexe I au présent Accord, dans le but de débarquer ou d'embarquer, en trafic international, de manière séparée ou distincte.

3. Les compagnies aériennes de chaque Partie contractante, autres que celles visées à l'article 3 du présent Accord, bénéficient également des droits visés aux alinéas a) et b) du paragraphe 2 du présent article.

4. Aucune disposition du paragraphe 1 du présent article ne peut être interprétée comme conférant aux compagnies aériennes d'une Partie contractante le droit d'embarquer sur le territoire de l'autre Partie contractante du trafic pour le transporter, contre rémunération ou en vertu d'un contrat de location, à destination d'un autre point situé sur le territoire de cette autre Partie contractante, les droits d'escale n'étant toutefois pas exclus.

Article 3. Autorisations d'exploitation

1. Chaque Partie contractante a le droit de désigner par écrit à l'autre Partie contractante une ou plusieurs compagnies aériennes pour exploiter les services agréés sur les routes indiquées.

2. À la réception de cette désignation, l'autre Partie accorde sans délai, sous réserve des dispositions des paragraphes 3 et 4 du présent article, à une compagnie aérienne désignée les autorisations nécessaires à l'exploitation des services convenus pour lesquels cette compagnie aérienne a été désignée.

3. Les autorités aéronautiques compétentes de l'une des Parties contractantes peuvent demander à une compagnie aérienne désignée par l'autre Partie contractante de démontrer qu'elle est à même de respecter les conditions prescrites par les lois et règlements normalement et raisonnablement appliqués à l'exploitation des services aériens internationaux, et en conformité avec les dispositions de la Convention.

4. Chaque Partie contractante a le droit de refuser d'accorder les autorisations d'exploitation visées au paragraphe 2 du présent article ou de soumettre aux conditions qu'elle juge nécessaires l'exercice, par la compagnie aérienne désignée, des droits énumérés à l'annexe 2 au présent Accord, dans tous les cas où elle n'a pas la certitude que la propriété substantielle de ladite compagnie aérienne et son contrôle effectif sont détenus par la Partie contractante qui l'a désignée ou des ressortissants de cette Partie, sous réserve des dispositions de la législation de l'État qui désigne la compagnie aérienne.

5. Lorsqu'une compagnie aérienne a dûment été désignée et a reçu l'autorisation d'exploitation, elle peut commencer, à tout moment, à assurer les services convenus, à condition qu'un tableau des vols ait été approuvé et que des tarifs aient été établis, selon les dispositions respectivement de l'annexe II et de l'article 13 du présent Accord, et soient en vigueur pour lesdits services.

6. Chaque Partie Contractante a le droit de retirer, moyennant une notification écrite adressée à l'autre Partie contractante, la désignation d'une compagnie aérienne et de la remplacer par la désignation d'une autre compagnie aérienne.

Article 4. Révocation et suspension

1. Les autorités aéronautiques de chaque Partie contractante ont le droit de retirer une autorisation d'exploitation, de suspendre l'exercice des droits énumérés à l'article 2 du présent Accord par la compagnie aérienne désignée et/ou autorisée par l'autre Partie ou de révoquer ou suspendre une telle autorisation ou de soumettre l'exercice de ces droits aux conditions qu'elles jugent nécessaires :

a) Si la compagnie aérienne en question omet de remplir, de l'avis de ces autorités aéronautiques, les conditions voulues par la législation et la réglementation normalement appliquées par elles conformément à la Convention ;

b) Si la compagnie aérienne ne se conforme pas aux lois et règlements de la Partie en question ;

c) Si la preuve n'a pas été faite que la propriété substantielle et le contrôle effectif de cette compagnie aérienne sont détenus par la Partie contractante responsable de la désignation de la compagnie aérienne ou par des ressortissants de cette Partie, sous réserve des dispositions de la législation de l'État qui désigne la compagnie aérienne ;

d) Dans le cas où la compagnie aérienne omet, de toute autre manière de respecter les conditions prescrites par le présent Accord.

2. À moins que des mesures immédiates ne soient indispensables pour empêcher d'autres infractions aux lois et règlements susmentionnés, les droits énoncés au paragraphe 1 du présent article ne peuvent s'exercer qu'après consultation des autorités aéronautiques de l'autre Partie contractante.

Article 5. Application des lois et règlements

1. Les lois, règlements et procédures d'une Partie contractante régissant l'entrée et le séjour sur son territoire, ou la sortie de celui-ci des aéronefs affectés à la navigation aérienne internationale ainsi que l'exploitation et le pilotage de ces aéronefs, s'appliquent aux compagnies aériennes

désignées de l'autre Partie contractante lors de leur entrée, de leur sortie et durant leur séjour à l'intérieur du territoire de l'autre Partie.

2. Les lois et règlements de l'une des Parties contractantes régissant l'entrée, le contrôle, le séjour ou le transit, l'émigration ou l'immigration, les passeports, la douane et la quarantaine, sont respectés par la compagnie aérienne désignée par l'autre Partie contractante et par ses équipages et ses passagers ou en leur nom et pour les marchandises et le courrier en transit, à l'entrée, à la sortie et durant leur séjour à l'intérieur du territoire de cette Partie.

3. Les passagers, les bagages et les marchandises en transit direct sur le territoire de l'une des Parties contractantes et qui ne quittent pas la zone de l'aéroport prévue à cet effet ne font l'objet que d'un contrôle simplifié. Les bagages et les marchandises en transit direct sont exonérés de droits de douane et d'autres taxes similaires.

Article 6. Droits de douane et autres taxes

1. Les aéronefs utilisés par les compagnies aériennes désignées ou autorisées par une Partie contractante pour des services aériens internationaux, ainsi que l'équipement ordinaire, les pièces de rechange, le carburant, les lubrifiants, les provisions de bord (y compris les provisions de bouche, le tabac et les boissons) à bord de ces aéronefs sont exonérés, à l'arrivée sur le territoire de l'autre Partie contractante, de tous droits de douane, droits d'inspection et autres droits, sous réserve qu'ils demeurent à bord de l'aéronef jusqu'à leur réexportation.

2. Sont également exonérés des mêmes droits et taxes, à l'exception des redevances correspondant à des prestations de services :

a) Les provisions de bord embarquées sur le territoire d'une Partie contractante dans les limites fixées par les autorités de ladite Partie contractante et destinées à la consommation à bord des aéronefs exploités en service international par les compagnies aériennes désignées de l'autre Partie contractante ;

b) Les pièces de rechange et l'équipement ordinaire introduits sur le territoire de l'une des Parties contractantes pour l'entretien ou la réparation des aéronefs exploités sur des services internationaux par les compagnies aériennes désignées de l'autre Partie ;

c) Le carburant et les lubrifiants destinés au ravitaillement des aéronefs exploités en service international par les compagnies aériennes désignées de l'autre Partie contractante, même lorsqu'ils doivent être utilisés pendant la partie du voyage qui survole le territoire de la Partie contractante où ils ont été embarqués.

Les matériels visés aux alinéas a), b) et c) ci-avant peuvent devoir être placés sous le contrôle et la surveillance des autorités douanières, conformément à la législation douanière en vigueur sur le territoire de la Partie contractante.

3. L'équipement de bord ordinaire des aéronefs de l'une des Parties contractantes et les articles et provisions conservés à bord ne peuvent être débarqués sur le territoire de l'autre Partie qu'avec l'autorisation des autorités douanières de ce territoire. En pareil cas, ils peuvent être placés sous la surveillance desdites autorités jusqu'au moment où ils sont réexportés ou jusqu'à ce qu'il en soit autrement disposé conformément à la réglementation douanière.

4. Les exemptions prévues au présent article s'appliquent également lorsque les compagnies aériennes désignées de l'une ou l'autre Partie contractante ont conclu avec une ou plusieurs compagnies aériennes des arrangements en vue du prêt ou du transfert sur le territoire de l'autre Partie contractante des articles énumérés aux paragraphes 1 et 2 du présent article, à condition que

lesdites compagnies aériennes bénéficient des mêmes exemptions de la part de cette autre Partie contractante.

5. Les passagers en transit sur le territoire de l'une ou l'autre des Parties Contractantes ne sont soumis qu'à un contrôle très simplifié. Les bagages et les marchandises en transit direct sont exonérés de droits de douane et d'autres taxes similaires.

Article 7. Représentation

1. Les compagnies aériennes désignées et/ou autorisées par une Partie contractante sont autorisées, sur la base de la réciprocité, à faire venir et à installer sur le territoire de l'autre Partie ses représentants et son personnel commercial, opérationnel et technique nécessaires à l'exploitation des services convenus. Ce personnel est choisi parmi les ressortissants de l'une des Parties contractantes ou des deux, selon les besoins.

2. Chaque Partie contractante permet à la compagnie aérienne désignée et/ou autorisée de l'autre Partie contractante, de faire entrer et de maintenir sur le territoire de l'autre Partie contractante des employés et autres agents responsables de l'administration et de l'exploitation technique et commerciale de ses services aériens, conformément aux règles et règlements en matière d'entrée sur le territoire, de résidence et d'emploi de l'autre Partie contractante.

Article 8. Reconnaissance des certificats, brevets et licences

Les certificats de navigabilité, les brevets d'aptitude et les licences délivrés ou validés par l'une des Parties contractantes et toujours en vigueur sont reconnus valables par l'autre Partie contractante, aux fins d'exploitation des routes indiquées et des services spécifiés au présent Accord, si les conditions qui ont régi la délivrance ou la validation de ces certificats, brevets ou licences soient équivalentes ou supérieures aux normes minimales qui sont ou pourraient être établies en vertu de la Convention. Chaque Partie contractante se réserve toutefois le droit de ne pas reconnaître, pour le survol de son propre territoire, les brevets d'aptitude et les licences accordés à ses propres ressortissants ou validés pour eux par l'autre Partie contractante ou par toute autre Partie.

Article 9. Dispositions financières

1. Chaque compagnie aérienne désignée a le droit de vendre et de délivrer ses propres documents de transport sur le territoire de l'autre Partie contractante, directement et, à son gré, par l'intermédiaire de ses agents. Ces compagnies aériennes ont le droit de vendre de tels services de transport et services auxiliaires et toute personne est libre d'acheter ces services dans toute monnaie convertible et/ou en monnaie locale.

2. Chaque compagnie aérienne désignée a le droit de convertir et de transférer dans son pays, sur demande, au taux de change officiel, les recettes nettes réalisées grâce au transport de trafic. En l'absence de dispositions appropriées contenues dans un accord de paiement entre les Parties contractantes, le transfert susmentionné est effectué en devises convertibles et conformément au droit national et aux règlements applicables en matière de change.

3. Les opérations de conversion et de transfert de ces recettes sont autorisées sans aucune restriction, au taux de change applicable aux transactions au comptant en vigueur au moment où ces recettes sont présentées pour conversion et transfert, et ne sont soumises à aucune commission autre que celle normalement prélevée par les banques pour exécuter ces opérations.

Article 10. Redevances d'usage

Chaque Partie contractante établit, au moyen de ses autorités compétentes, des redevances équitables et raisonnables pour l'usage des aéroports et autres installations sous son contrôle.

Toutefois, chacune des Parties contractantes convient que ces redevances ne sont pas plus élevées que celles qui seraient acquittées pour l'utilisation desdits aéroports et installations par ses aéronefs nationaux affectés à des services internationaux similaires.

Article 11. Dispositions relatives à la capacité

1. Les autorités compétentes des Parties contractantes conviennent ensemble de la capacité.

2. Il sera accordé aux compagnies aériennes désignées des deux Parties contractantes des possibilités équitables et égales d'exploiter les services convenus sur les routes spécifiées dans l'annexe au présent Accord.

3. Les compagnies aériennes désignées de chacune des Parties contractantes doivent, lorsqu'elles exploitent les services convenus, prendre en considération les intérêts des compagnies aériennes désignées par l'autre Partie contractante afin de ne pas porter indûment préjudice aux services que ces dernières assurent sur tout ou partie des mêmes routes.

4. Les services convenus exploités par les compagnies aériennes désignées des Parties contractantes sont étroitement liés aux besoins du public en matière de transport sur les routes indiquées et ont pour but principal de fournir, à un taux de charge normal, une capacité correspondant à la demande courante et normalement prévisible de transport de trafic à destination ou en provenance du territoire de la Partie contractante qui a désigné les compagnies aériennes.

5. Le droit des compagnies aériennes désignées par l'une ou l'autre des Parties contractantes de transporter du trafic entre des points situés sur le territoire de l'autre Partie contractante et des points situés sur le territoire de pays tiers sur les routes indiquées est exercé conformément aux principes généraux selon lesquels la capacité est liée :

a) Aux besoins de trafic en provenance et à destination du territoire de la Partie contractante qui a désigné la compagnie aérienne ;

b) Aux besoins de trafic de la région que traversent les compagnies aériennes, compte tenu des autres services de transport assurés par les compagnies aériennes des États de la région ; et

c) Aux besoins de l'exploitation de services qui se poursuivent au-delà de points situés sur le territoire des Parties.

Article 12. Sûreté de l'aviation

1. Conformément à leurs droits et obligations en vertu du droit international, les Parties contractantes réaffirment que leur obligation mutuelle de protéger l'aviation civile contre les actes d'intervention illicite, pour en assurer la sûreté, fait partie intégrante du présent Accord. Sans limiter la généralité de leurs droits et obligations en vertu du droit international, les Parties agissent en particulier conformément aux dispositions de la Convention relative aux infractions et à certains autres actes survenant à bord des aéronefs, signée à Tokyo le 14 septembre 1963, de la Convention pour la répression de la capture illicite d'aéronefs, signée à La Haye le 16 décembre 1970, de la Convention pour la répression des actes illicites dirigés contre la sécurité de l'aviation civile, signée

à Montréal le 23 septembre 1971, et du Protocole pour la répression des actes illicites de violence dans les aéroports servant à l'aviation civile internationale, signé à Montréal le 24 février 1988, ou de toute autre convention relative à la sûreté de l'aviation les liant.

2. Les Parties s'accordent mutuellement, sur demande, toute l'assistance nécessaire pour prévenir les actes de capture illicite d'aéronefs civils et autres actes illicites dirigés contre la sécurité de ces aéronefs, de leurs passagers et de leurs équipages, des aéroports et des installations de navigation aérienne ainsi que toute autre menace pour la sûreté de l'aviation civile.

3. Les Parties agissent, dans leurs relations mutuelles, conformément aux normes de sûreté de l'aviation et, dans la mesure où elles les appliquent, aux pratiques recommandées qui ont été établies par l'Organisation de l'aviation civile internationale et désignées comme annexes à la Convention ; elles exigent des exploitants d'aéronefs immatriculés sur leur territoire, des exploitants d'aéronefs ayant le siège principal de leur activité ou leur résidence permanente sur leur territoire et des exploitants d'aéroports situés sur leur territoire qu'ils agissent conformément à ces dispositions relatives à la sûreté de l'aviation.

4. Chaque Partie contractante convient que les exploitants d'aéronefs peuvent être tenus d'observer les dispositions relatives à la sûreté aérienne mentionnées au paragraphe 3 ci-dessus et que l'autre Partie contractante prescrit pour l'entrée et le séjour sur son territoire ainsi que pour le départ de son territoire. Chaque Partie contractante veille à ce que des mesures adéquates soient effectivement appliquées sur son territoire pour protéger les aéronefs et pour procéder à l'inspection des passagers, de l'équipage, des bagages à main, des bagages, des marchandises et des provisions de bord de l'aéronef, avant et pendant l'embarquement ou le chargement. Chaque Partie examine aussi avec bienveillance toute demande que lui adresse l'autre Partie en vue d'obtenir que des mesures spéciales de sûreté raisonnables soient prises pour faire face à une menace particulière.

5. En cas d'incident ou de menace d'incident de capture illicite d'aéronefs ou d'autres actes illicites dirigés contre la sécurité de ces aéronefs, de leurs passagers, de leurs équipages, des aéroports ou des installations de navigation aérienne, les Parties contractantes se prêtent mutuellement assistance en facilitant les communications et autres mesures appropriées destinées à mettre fin rapidement et en toute sécurité à cet incident ou à cette menace d'incident.

6. Dans le cas où l'une des Parties contractantes rencontrerait des difficultés concernant les dispositions du présent article relatives à la sûreté de l'aviation, les autorités aéronautiques de l'une ou l'autre des Parties peuvent demander à consulter d'urgence les autorités aéronautiques de l'autre Partie.

Article 13. Tarifs

1. Les tarifs à appliquer par les compagnies aériennes désignées d'une Partie contractante pour les services couverts par le présent Accord sont établis à des taux raisonnables, compte dûment tenu de tous les éléments d'appréciation pertinents, notamment des intérêts des usagers, des coûts d'exploitation, des caractéristiques du service, des frais de commission, de la réalisation d'un bénéfice raisonnable, des tarifs pratiqués par d'autres compagnies aériennes et d'autres considérations commerciales relatives au marché.

1.1. Les Parties contractantes conviennent de porter une attention particulière aux tarifs pouvant être considérés comme inadmissibles parce qu'ils apparaissent comme excessivement discriminatoires, indûment élevés ou restrictifs en raison de l'abus d'une position dominante, ou artificiellement bas en raison de subventions ou de soutiens directs ou indirects, ou encore « prédateurs ».

2. Les tarifs sont, dans la mesure du possible, convenus par les compagnies aériennes désignées concernées des deux Parties contractantes, après discussion, si nécessaire, avec leurs Gouvernements respectifs et, le cas échéant, après consultation des autres compagnies aériennes. Un tel accord est, dans la mesure du possible, obtenu en faisant appel à un mécanisme international de coordination tarifaire approprié. En l'absence d'accord multilatéral ou bilatéral, chaque compagnie aérienne désignée peut déterminer ses tarifs individuellement.

3. Chaque Partie contractante peut exiger la notification ou le dépôt des tarifs proposés par les compagnies aériennes désignées des deux Parties contractantes pour le transport à destination ou en provenance de son territoire et, dans des cas exceptionnels, pour le transport via son territoire, lorsqu'il est permis de réaliser une escale sur celui-ci.

3.1 La notification ou le dépôt peuvent être exigés au maximum 30 jours avant la date prévue d'entrée en vigueur. Dans des cas particuliers, ce délai maximal peut être réduit.

4. Aucune Partie contractante ne prend de mesures unilatérales pour empêcher la mise en application d'un tarif proposé ou le maintien de tarifs déjà en vigueur d'une compagnie aérienne désignée de l'une ou l'autre des Parties aux fins de transport entre les territoires des Parties.

4.1 Aucune Partie ne prend de mesures unilatérales pour empêcher la mise en application d'un tarif proposé ou le maintien de tarifs déjà en vigueur d'une compagnie aérienne désignée de l'une ou l'autre des Parties aux fins de transport entre le territoire de l'autre Partie et tout autre pays tiers.

4.2 Si l'une ou l'autre des Parties contractantes estime qu'un tarif relève des catégories décrites au paragraphe 1.1 ci-dessus, cette Partie donne un avis d'insatisfaction à l'autre Partie (dès que possible et au plus tard) dans un délai de 15 jours à compter de la date de notification ou de dépôt du tarif et elle peut se prévaloir des procédures de consultation établies au paragraphe 5 ci-dessous. Toutefois, à moins que les deux Parties ne soient convenues par écrit de désapprouver les tarifs concernés dans le cadre de ces procédures, les tarifs sont considérés comme approuvés.

5. Chaque Partie contractante peut demander une consultation concernant tout tarif d'une compagnie aérienne de l'une ou l'autre Partie pour les services couverts par le présent Accord, y compris lorsque le tarif concerné a fait l'objet d'un avis d'insatisfaction. Ces consultations débutent au plus tard 30 jours après la réception de la demande. Les Parties coopèrent en vue de recueillir les renseignements nécessaires pour parvenir au règlement raisonnable des questions en cause. Si les Parties parviennent à un accord sur un tarif ayant donné lieu à un avis d'insatisfaction, chaque Partie fait de son mieux pour le mettre en application, mais si aucun accord n'est conclu, le tarif en question est mis en application ou demeure en vigueur.

6. Un tarif établi conformément aux dispositions du présent article reste en vigueur, sauf s'il est retiré par les compagnies aériennes concernées, jusqu'à la date d'expiration du tarif, le cas échéant, ou jusqu'à ce que de nouveaux tarifs aient été approuvés. La date d'expiration initiale peut être prolongée, sauf si les deux Parties contractantes conviennent que le tarif doit être supprimé. Lorsqu'un tarif a été approuvé sans date d'expiration et qu'aucun nouveau tarif n'a été déposé et approuvé, ce tarif reste en vigueur jusqu'à ce qu'il soit retiré par les compagnies aériennes concernées ou que les deux Parties contractantes conviennent que le tarif doit être supprimé.

Article 14. Sécurité de l'aviation

1. Chaque Partie contractante peut en tout temps demander des consultations au sujet des normes de sécurité adoptées par l'autre Partie contractante dans des domaines qui se rapportent aux équipages de conduite, aux aéronefs ou à l'exploitation de ces derniers. Ces consultations se tiennent dans un délai de 30 jours à compter de la date de la demande.

2. Si, à la suite de ces consultations, une Partie contractante estime que l'autre Partie contractante n'adopte ni n'assure effectivement le suivi de normes de sécurité dans ces domaines égales ou supérieures aux normes minimales établies conformément à la Convention de Chicago, la première Partie contractante informe l'autre Partie contractante de ces conclusions et des démarches jugées nécessaires pour se conformer à ces normes minimales, et l'autre Partie contractante adopte des mesures correctives en conséquence. Si l'autre Partie contractante omet de prendre les mesures appropriées dans un délai de 15 jours, ou dans un délai plus long dont il peut être convenu, l'article 4 du présent Accord peut être appliqué.

3. Nonobstant les obligations visées à l'article 33 de la Convention de Chicago, il est convenu que tout aéronef exploité par une ou des compagnies aériennes de l'une des Parties contractantes en service en provenance ou à destination du territoire d'une autre Partie contractante peut, lorsqu'il est sur le territoire de l'autre Partie contractante, faire l'objet d'une inspection par les représentants autorisés de l'autre Partie contractante, à bord et à l'extérieur de l'aéronef, afin de vérifier la validité des documents de l'aéronef et ceux de son équipage et l'état apparent de l'aéronef et de son équipement (dénommé au présent article « inspection sur l'aire de trafic »), sous réserve qu'elle n'entraîne pas un délai déraisonnable.

4. Si une inspection ou une série d'inspections sur l'aire de trafic donne des raisons sérieuses de penser :

a) Qu'un aéronef ou l'exploitation d'un aéronef n'est pas conforme aux normes minimales en vigueur à cette date, conformément à la Convention de Chicago ; ou

b) Que les normes de sécurité en vigueur à cette date, conformément à la Convention de Chicago, ne sont pas adoptées ou dont le suivi n'est pas assuré effectivement ;

la Partie contractante qui procède à l'inspection est, aux fins de l'application des dispositions de l'article 33 de la Convention de Chicago, libre de conclure que les conditions qui ont régi la délivrance ou la validation des certificats, brevets ou licences concernant cet aéronef, ou l'équipage de cet aéronef, ou bien que les conditions d'exploitation de cet aéronef ne sont pas d'un niveau égal ou supérieur aux normes minimales définies en application de la Convention de Chicago.

5. Si l'accès, aux fins d'une inspection sur l'aire de trafic d'un aéronef exploité par une ou des compagnies aériennes d'une Partie contractante conformément aux dispositions du paragraphe 3 du présent article, est refusé par le représentant de ces compagnies aériennes, l'autre Partie contractante est libre d'en déduire qu'il existe des raisons sérieuses du type visé au paragraphe 4 du présent article et d'en tirer les conclusions énoncées dans ce paragraphe.

6. Chaque Partie contractante se réserve le droit de suspendre ou de modifier l'autorisation d'exploitation d'une ou de plusieurs compagnies aériennes de l'autre Partie contractante immédiatement, dans le cas où l'une des Parties contractantes parvient à la conclusion, à la suite d'une inspection sur l'aire de trafic, d'un refus d'accès pour inspection sur l'aire de trafic, d'une consultation ou autrement, qu'une action immédiate est indispensable pour la sécurité de l'exploitation des compagnies aériennes.

7. Les mesures prises par l'une des Parties contractantes conformément aux dispositions énoncées au paragraphe 2 ou au paragraphe 6 du présent article sont levées dès que les motifs pour lesquels elles ont été prises ont cessé d'exister.

Article 15. Informations et statistiques

Les autorités aéronautiques et les compagnies aériennes de chaque Partie contractante fournissent aux autorités aéronautiques de l'autre Partie contractante, sur leur demande, les relevés statistiques, périodiques ou autres, qui peuvent être raisonnablement requis afin d'examiner la capacité offerte sur les services convenus par les compagnies aériennes désignées de la première Partie contractante. Ces relevés contiennent tous les renseignements nécessaires pour déterminer le volume du trafic acheminé par ces compagnies aériennes désignées sur les services convenus, ainsi que les provenances et les destinations de ce trafic.

Article 16. Consultations et modifications

Si l'une ou l'autre Partie contractante estime souhaitable d'amender une disposition quelconque du présent Accord ou de son annexe, elle peut à tout moment solliciter une consultation à l'autre Partie contractante et cette consultation, qui peut prendre la forme de discussions ou d'une correspondance, commence dans un délai de 60 jours à compter de la date de réception de la demande par l'autre Partie contractante, à moins que les deux Parties ne conviennent d'une prolongation de ce délai.

Tout amendement du présent Accord prend effet lorsque les Parties ont notifié, par voie diplomatique, l'accomplissement des formalités juridiques prévues par leurs législations respectives.

Les amendements liés uniquement à la liste des routes aériennes contenue en annexe peuvent toutefois être apportés par accord direct entre les autorités aéronautiques des Parties contractantes.

Article 17. Conformité avec les conventions multilatérales

Le présent Accord et ses annexes seront amendés de manière à être conformes à toute convention multilatérale susceptible d'être contraignante pour les deux Parties contractantes.

Article 18. Dénonciation

L'une ou l'autre des Parties peut à tout moment notifier par écrit à l'autre Partie contractante sa décision de dénoncer le présent Accord. Cette notification est adressée simultanément à l'Organisation de l'aviation civile internationale.

Dans ce cas, le présent Accord prend fin 12 mois après la date de réception de la notification par l'autre Partie contractante, à moins que, d'un commun accord, l'avis de dénonciation ne soit retiré avant l'expiration de ce délai.

Si la Partie contractante destinataire n'accuse pas réception de la notification, celle-ci est réputée avoir été reçue 14 jours après qu'elle a été reçue par l'Organisation de l'aviation civile internationale.

Article 19. Règlement des différends

1. Si un différend survient entre les Parties contractantes au sujet de l'interprétation ou de l'application du présent Accord et de ses annexes, les Parties contractantes s'efforcent d'abord de le régler par voie de négociations.

2. Si les Parties contractantes ne parviennent pas à un règlement du différend de cette manière, elles peuvent convenir de soumettre le différend à la décision d'une personne ou d'un organisme ; le différend peut aussi, à la demande de l'une ou l'autre Partie, être soumis pour décision à un tribunal composé de trois arbitres, dont l'un sera désigné par chaque Partie contractante et le troisième par les deux arbitres ainsi désignés. Chacune des Parties contractantes nomme son arbitre dans les 60 jours qui suivent la date de la réception par l'autre Partie contractante d'une notification transmise par la voie diplomatique demandant un arbitrage du différend par le tribunal en question et le troisième arbitre est désigné dans un délai supplémentaire de 60 jours. Si l'une ou l'autre Partie contractante omet de désigner un arbitre dans le délai spécifié, ou si le troisième arbitre n'est pas désigné dans le délai spécifié, le Président du Conseil de l'Organisation de l'aviation civile internationale peut être invité par l'une ou l'autre des Parties à nommer un arbitre ou des arbitres selon le cas.

Dans ce cas, le troisième arbitre est un ressortissant d'un État tiers et il agit en qualité de Président du tribunal d'arbitrage.

3. Les Parties contractantes s'engagent à se conformer à toute décision prise en application du paragraphe 2 du présent article.

4. Si et aussi longtemps que l'une ou l'autre Partie contractante ou les compagnies aériennes désignées de l'une ou l'autre Partie contractante omettent de se conformer à une décision rendue conformément au paragraphe 2 du présent article, l'autre Partie contractante peut limiter, suspendre ou révoquer tous droits ou privilèges qu'elle a accordés en vertu du présent Accord à la Partie contractante en défaut.

5. Chaque Partie contractante prend en charge les frais de l'arbitre qu'elle a désigné. Les autres frais du tribunal d'arbitrage sont pris en charge à parts égales par les Parties contractantes.

Article 20. Titres

Les titres figurant au début de chaque article du présent Accord sont insérés à titre de référence et par souci de commodité et ne définissent, ne limitent ou ne décrivent en aucun cas la portée ou les intentions du présent Accord.

Article 21 Enregistrement

Le présent Accord et ses annexes sont enregistrés auprès de l'Organisation de l'aviation civile internationale.

Article 22. Entrée en vigueur

Le présent Accord et ses annexes, qui en font partie intégrante, entrent en vigueur 30 jours après la date à laquelle les Parties se sont notifié par écrit et par la voie diplomatique, l'accomplissement de leurs formalités nationales respectives en matière d'approbation et il reste en vigueur pour une durée indéterminée.

EN FOI DE QUOI, les soussignés, dûment habilités par leurs Gouvernements respectifs, ont signé le présent Accord.

FAIT à Ankara, le 20 janvier 2011, en double exemplaire en langues espagnole, turque et anglaise, tous les textes faisant également foi. En cas de divergence d'interprétation, le texte anglais prévaut.

Pour le Gouvernement de la République argentine :

JULIO DE VIDO

Ministre de la planification fédérale, de l'investissement public et des services

Pour le Gouvernement de la République turque :

BINALI YILDIRIM

Ministre des transports et des communications

ANNEXE I

ROUTES

1. a) Les compagnies aériennes désignées par le Gouvernement de la République argentine ont le droit d'exploiter dans les deux sens les services aériens suivants :

   De : Tout point situé sur le territoire de la République argentine ;

   Points intermédiaires : Tout point situé en Amérique, en Europe et en Afrique ;

   Vers : Tout point situé sur le territoire de la République turque ;

   Points au-delà : Tout point situé en Asie ;

   b) Les compagnies aériennes désignées par le Gouvernement de la République turque ont le droit d'exploiter dans les deux sens les services aériens suivants :

   Depuis : Tout point situé sur le territoire de la République turque ;

   Points intermédiaires : Tout point situé en Amérique, en Europe et en Afrique ;

   Vers : Tout point situé sur le territoire de la République argentine ;

   Points au-delà : Tout point situé en Amérique et en Afrique.

2. Les points sur les routes susmentionnées peuvent, à la discrétion des compagnies aériennes désignées, être omis sur tout vol, à condition que ces services aient leur point d'origine sur le territoire de la Partie contractante qui a désigné la compagnie aérienne.

ANNEXE II

APPROBATION DE LA LISTE DES ROUTES AÉRIENNES

1. La compagnie aérienne désignée de l'une ou l'autre Partie contractante soumet une liste de ses routes aériennes, indiquant notamment le type d'équipement, pour approbation, aux autorités aéronautiques de l'autre Partie contractante pour chaque période indiquée dans la liste (été et hiver), au plus tard 30 jours avant la date d'entrée en vigueur de la liste des routes aériennes. Dans des cas particuliers, ce délai peut être réduit sous réserve du consentement desdites autorités.

2. Avant que la compagnie aérienne désignée de l'une des Parties contractantes ne soumette une liste de ses routes aériennes aux autorités aéronautiques de l'autre Partie contractante, les compagnies aériennes des deux Parties contractantes se concertent au sujet de ces listes en vue d'en faciliter l'approbation.

3. Les autorités aéronautiques qui reçoivent ces listes de routes aériennes les approuvent ou proposent des modifications à y apporter. En tout état de cause, les compagnies aériennes désignées ne commencent pas leurs services avant que les listes de routes aériennes aient été approuvées par les autorités aéronautiques concernées. Cette disposition s'applique également aux modifications ultérieures.

ANNEXE III

PARTAGE DE CODES

1. Les compagnies aériennes désignées de l'une ou l'autre Partie contractante peuvent conclure des accords de partage de codes avec :

- Une compagnie aérienne de l'une ou l'autre Partie contractante ;
- Une compagnie aérienne d'un pays tiers, sous réserve que ledit pays tiers autorise ou permette des accords comparables entre les compagnies aériennes de la Partie contractante et d'autres compagnies aériennes sur des services à destination dudit pays tiers, au départ de celui-ci, ou via celui-ci ;
- À condition que toutes les compagnies aériennes participant aux arrangements susmentionnés disposent des droits de route et de trafic appropriés.

2. Lorsqu'une compagnie aérienne désignée d'une Partie contractante assure, en qualité de transporteur commercial, des services aériens dans le cadre d'accords de coopération commerciale, la capacité totale exploitée par cette compagnie aérienne n'est pas comptabilisée pour le calcul des droits de capacité de la Partie contractante qui désigne la compagnie aérienne.

3. Les accords de coopération commerciale conclus par les compagnies aériennes désignées de l'une ou l'autre Partie contractante sont déposés auprès des autorités aéronautiques des Parties contractantes pour approbation.

ANNEXE IV

CHANGEMENT D'AÉRONEF

1. Chaque compagnie aérienne désignée peut, sur tout vol ou sur tous les vols des services convenus, si elle le souhaite, changer d'aéronef sur le territoire de l'autre Partie contractante ou en tout point le long des routes spécifiées, à condition :

a) Que l'aéronef utilisé au-delà du point où s'effectue le changement soit prévu en tenant compte de l'heure d'arrivée ou de départ, selon le cas, de l'autre aéronef ;

b) Si le changement d'aéronef a lieu sur le territoire de l'autre Partie contractante et si plus d'un aéronef est exploité au-delà du point de changement, qu'un seul aéronef tout au plus soit de taille égale et qu'aucun ne soit plus grand que l'aéronef utilisé sur le secteur des troisième et quatrième libertés.

2. Pour le changement d'aéronef, les compagnies aériennes désignées peuvent employer leur propre matériel et, sous réserve de ce que disposent les règlements nationaux, du matériel loué et elles peuvent exercer leurs opérations dans le cadre d'arrangements commerciaux avec une autre compagnie aérienne.

3. Une compagnie aérienne désignée peut utiliser des numéros de vol différents ou identiques pour les secteurs de changement de ses aéronefs.

No. 54401

Argentina
and
United Arab Emirates

Agreement between the Government of the Argentine Republic and the Government of the United Arab Emirates for air services between their respective territories (with annex). Abu Dhabi, 14 January 2013

Entry into force: *20 October 2015 by notification, in accordance with article 22*

Authentic texts: *Arabic, English and Spanish*

Registration with the Secretariat of the United Nations: *Argentina, 9 March 2017*

Argentine
et
Émirats arabes unis

Accord entre le Gouvernement de la République argentine et le Gouvernement des Émirats arabes unis relatif aux services aériens entre leurs territoires respectifs (avec annexe). Abou Dhabi, 14 janvier 2013

Entrée en vigueur : *20 octobre 2015 par notification, conformément à l'article 22*

Textes authentiques : *arabe, anglais et espagnol*

Enregistrement auprès du Secrétariat de l'Organisation des Nations Unies : *Argentine, 9 mars 2017*

الجوي وفق الحرية الخامسة بين النقاط قبل و المتوسطة و النقـاط فيمـا وراء فـي الشرق الأوسط و آسيا و أفريقيا و شمال ووسط أمريكا و أمريكا الجنوبية. ممارسـة حقوق النقل بين نقاط في أوروبا يكون خاضعاً لترتيبات المشاركة بالرمز مع مؤسسة نقل جوى تابعة للطرف الآخر و بشرط أن تشتمل على نقطة توقف في إقليم الطرف الذي عين تلك المؤسسة.

3- يجوز لمؤسسات النقل الجوي المعينة عند تشغيلها لرحلات شحن ممارسة حقوق النقل بموجب الحرية الخامسة بين النقاط قبل و المتوسطة و فيمـا وراء علـى شـرط أن تتوقف الخدمة في نقطة في إقليم الطرف الذي عين تلك المؤسسة.

الملحق

جدول الطرق

القسم 1:

الطرق المستخدمة من قبل مؤسسة/مؤسسات النقل الجوي المعينة التابعة لجمهورية الأرجنتين تشغيلها:

نقاط قبل	من	نقاط متوسطة	إلى	نقاط فيما وراء
أي نقاط	أي نقاط في جمهورية الأرجنتين	أي نقاط	أي نقاط في دولة الإمارات العربية المتحدة	أي نقاط

القسم 2:

الطرق المستخدمة من قبل مؤسسة/مؤسسات النقل الجوي المعينة التابعة لحكومة دولة الإمارات

نقاط قبل	من	نقاط متوسطة	إلى	نقاط فيما وراء
أي نقاط	أي نقاط في دولة الإمارات العربية المتحدة	أي نقاط	أي نقاط في جمهورية الأرجنتين	أي نقاط

العربية المتحدة تشغيلها:

ملاحظات على القسمين 1 و 2 أعلاه

1- يجوز لمؤسسة/مؤسسات النقل الجوي المعينة التابعة لكلا الطرفين أن تشغل أي رحلات تختارها في اتجاه واحد أو اتجاهين؛ وأن تلغي المرور على أي نقاط قبل، متوسطة أو ما وراء؛ وأن تنقل حركتها المرورية من أي طائرة تستخدمها إلى أي طائرة أخرى تابعة لها أو لأي ناقلة أخرى في أي نقطة أو نقاط على الطريق؛ وأن تجمع أرقاماً مختلفة للرحلات ضمن تشغيل طائرة واحدة؛ وأن تخدم نقاط داخل إقليم الطرف الآخر بأي تشكيلة كانت بشرط عدم ممارسة حق النقل الداخلي (Cabotage).

2- تمارس الناقلات الجوية المعينة من قبل الطرفين عند تشغيلها للخطوط المتفق عليها و لأي نوع من تلك الخدمات (ركاب أو شحن كل على حده أو مجتمعين) حقوق النقل

المادة 22 – دخول الإتفاقية حيز التنفيذ

تصبح هذه الاتفاقية سارية المفعول من تاريخ آخر إخطار مكتوب يتم استلامه عبر القنـوات الدبلوماسية بان الطرفين قد اكملا كل الإجراءات الداخلية المعنية المطلوبة لدخول هذه الاتفاقية حيز التنفيذ.

وإثباتاً لذلك فإن المفوضين بالتوقيع أدناه، بناء على التفويض المعطى لكل منهما من قبل بلده قد وقعا على هذه الاتفاقية المحررة على نسختين أصليتين باللغة العربية و الإسبانية و الإنجليزية لكل منها قوة السند الأصلي ويحتفظ كل طرف متعاقد بنسخة أصلية لأغراض التنفيذ. في حالة الاختلاف في التفسير يعتمد النص الإنجليزي.

تم تحريرها في مدينة ابوظبي في هذا اليوم الرابع عشر من شهر يناير عام 2013م

عن حكومة جمهورية الارجنتين

هيكتور ماركوس تيمرمان
وزير الخارجية والعبادة

عن حكومة دولة الإمارات العربية المتحدة

معالي المهندس / سلطان بن سعيد المنصوري
وزير الاقتصاد

المادة.

10- في حال عدم التزام أي من الطرفين بالقرار الصادر وفقاً للفقرة (8) من هـذه المـادة، يجوز للطرف الآخر الحد من أو تعليق أو إلغاء أي حقوق أو امتيازات كان قد منحهـا بموجب هذه الاتفاقية للطرف غير الملتزم.

المادة 19 – تعديل الاتفاقية

1- مع مراعاة أحكام الفقرة (2) من هذه الاتفاقية، إذا رغب أي من الطرفين بتعـديل أي نص من نصوص هذه الاتفاقية، فإن هذا التعديل يجب الاتفاق عليه طبقا لأحكام المادة 17ويتم تحقيقه بتبادل وثائق التصديق بالطرق الدبلوماسية ويدخل حيز التنفيذ في تاريخ يحدده الطرفان ، ويتوقف هذا التاريخ على اكتمال إجراءات المصادقة الداخلية الخاصة بكل طرف.

2- يجوز الاتفاق على أي تعديلات لملحق هذه الاتفاقية بشكل مباشر بين سلطات الطيران لدى كل من الطرفين.

3- تعتبر هذه الاتفاقية، مع مراعاة التغييرات اللازمة، معدلة بموجب أحكـام أي معاهـدة دولية أو اتفاقية متعددة الأطراف تصبح ملزمة لكلا الطرفين.

المادة 20 –تسجيل الاتفاقية

يقدم الطرفان هذه الاتفاقية وأي تعديلات لاحقة، باستثناء تعديلات الملاحق للمنظمـة الدوليـة للطيران المدني لتسجيلها لديها.

المادة 21 – إنهاء الاتفاقية

1- يجوز لأي من الطرفين في أي وقت أن يخطر الطرف الآخر خطيـاً عبـر القنـوات الدبلوماسية بقرار إنهاء هذه الاتفاقية ، ويرسل هذا الإخطار في نفـس الوقـت إلـى المنظمة الدولية للطيران المدني. وفي هذه الحالة تنهي الاتفاقية خلال اثني عشر (12) شهرا بعد تاريخ استلام الطرف الآخر للإخطار، إلا إذا تم سـحب إخطـار الإنهـاء بالاتفاق قبل انتهاء هذه المدة.

2- وإذا لم يقر الطرف الآخر بتسلمه للإخطار فيعتبر أنه قد تم استلامه بعد أربعة عشـر (14) يوما من استلام المنظمة الدولية للطيران المدني للإخطار.

تعيين المحكم الثاني بتعيين أحد رعايا دولة ثالثة محكماً ثالثاً يكون رئيساً لهيئة المحكمين؛

ب- إذا تعذر على أي من الطرفين تعين محكم خلال الفترة المحددة ، أو إذا تعذر تعيين المحكم الثالث في الفترة المحددة ، يجوز لأي من الطرفين المتعاقدين أن يتقدم إلى رئيس مجلس منظمة الطيران المدني الدولية، ليقوم بإجراء التعيين المطلوب خلال فترة (30) يوماً. إذا كان هذا الرئيس من نفس جنسية أحد الطرفين المتعاقدين، يتولى نائب الرئيس الأقدم الذي لم يستبعد لهذا السبب بإجراء هذا التعيين. وفي هذه الحالة يجب ألا يكون المحكم أو المحكمون المعينون من قبل رئيس المجلس أو أرفالطرفين،سب الحال من رعايا أي من الطرفين المتعاقدين أو المقيمين الدائمين لديه و أن يكون من دولة لديها علاقات دبلوماسية مع دولتي الطرفين.

4- باستثناء ما هو منصوص عليه في ما يلي في هذه المادة أو حسب ما يتم الاتفاق عليه بين الطرفين ، يتعين على هيئة التحكيم أن تحدد حدود اختصاصها أو اختصاص أي من الطرفين، وفقاً لهذه الاتفاقية. وتضع الهيئة إجراءات التحكيم بنفسها. ويعقد مؤتمر لتحديد المسائل الخاضعة للتحكيم والإجراءات المحددة الواجب إتباعها خلال فتره أقصاها 30 يوماً بعد اكتمال تشكيل هيئة التحكيم.

5- باستثناء ما يتم الاتفاق عليه بين الطرفين خلاف ذلك أو ما تحدده هيئة التحكيم، يقوم كل طرف متعاقد بتقديم مذكرة خلال 45 يوماً بعد اكتمال تشكيل هيئة التحكيم، ويجب الرد على هذه المذكرات خلال 60 يوما بعد ذلك. وتعقد هيئة التحكيم جلسة بطلب من أي من الطرفين ، أو حسب تقديرها وحدها، خلال 30 يوماً من تاريخ تسليم الرد على مذكرات الطرفين.

6- يتعين على هيئة التحكيم أن تصدر قرارا خطيا خلال 30 يوماً من انتهاء جلسات الاستماع، وإذا لم تعقد جلسة استماع، يكون خلال 30 يوماً من تسليم الرد على المذكرات. ويتخذ القرار بغالبية الأصوات.

7- يجوز للطرفين تقديم طلبات للاستيضاح حول القرار خلال 15 يوماً من استلامه على أن يتم إصدار هذا الإيضاحات خلال 15 يوماً من تاريخ ذلك الطلب.

8- يلتزم الطرفان بأي شرط أو حكم مؤقت أو قرار نهائي تصدره الهيئة.

9- مع مراعاة القرار النهائي لهيئة التحكيم يتحمل كل طرف نفقات المحكم وحصة متساوية من التكاليف الأخرى للهيئة، بما في ذلك أي نفقات لرئيس مجلس المنظمة الدولية للطيران المدني أو لأرفع نوابه لدى تنفيذه للإجراءات الواردة في الفقرة 3(ب) من هذه

المادة 16 – تبادل المعلومات

1- على سلطات الطيران المدني التابعة لكلا الطرفين أن تقوم بتبادل المعلومات بأسرع ما يمكن والتي تتعلق بالتصاريح الحالية الممنوحة لمؤسسات النقل المعينة التابعة لهما لتقديم الخدمات إلى إقليم الطرف الآخر
2- على سلطات الطيران المدني و الناقلات الجوية التابعة لكل طرف أن تزود سلطات الطيران التابعة للطرف الآخر، بناء على طلبها، بالبيانات الإحصائية الدورية ، قد تكون مطلوبة بصورة معقولة.

المادة 17 – المشاورات

1- تقوم سلطات الطيران المدني التابعة للطرفين بالتشاور فيما بينهما من وقت لآخر وبروح من التعاون الوثيق لضمان تنفيذ أحكام هذه الاتفاقية بالشكل المناسب، كما تقوم تلك السلطات بالتشاور فيما بينها بشأن تنفيذ أو تفسير أو تطبيق أو تعديل هذه الاتفاقية إذا اقتضى الأمر ذلك.
2- مع مراعاة المواد 4 و 9 و 11، يجوز لأي من الطرفين أن يطلب من الطرف الآخر الدخول في مشاورات ، شفاهة أو كتابة، في غضون (60) يوماً من تاريخ استلام الطلب، وذلك ما لم يتفق الطرفان على خلاف ذلك.

المادة 18 – تسوية النزاعات

1- إذا نشأ أي خلاف بين الطرفين يتعلق بتفسير أو تطبيق هذه الاتفاقية ، وجب عليهما أولا محاولة تسويته بالتفاوض.
2- إذا لم يصل الطرفان إلى تسوية للخلاف عن طريق المفاوضات جاز لهما الاتفاق على إحالته إلى شخص أو هيئة تتوسط للفصل فيه.
3- إذا لم يتفق الطرفان على الوساطة، أو لم يتم التوصل إلى تسوية بالتفاوض، يحال النزاع بناء على طلب أي من الطرفين إلى هيئة مؤلفة من ثلاثة (3) محكمين، يتم تشكيلها على النحو التالي:
أ- يعين كل طرف محكما واحدا له خلال فترة ستين (60) يوما من تاريخ تسلم طلب الإحالة إلى التحكيم. ويقوم المحكمان خلال ستين (60) يوما من تاريخ

المادة 15- التعرفات

1- يسمح كل طرف لمؤسسات النقل الجوي المعينة بتحديد التعرفات التي يتقاضها بناء على الاعتبارات التجارية للسوق المحلية. ولا يطالب أي من الطرفين مؤسسات النقل الجوي المعينة باستشارة مؤسسات النقل الجوي الأخرى حول التعرفات التي يتقاضونها أو يعتزمون تقاضيها.

2- يجوز لسلطات الطيران المدني التابعة لكلا الطرفين أن تطلب في أي وقت تسجيل التعرفة التي تريد تقاضيها لدى مؤسسات النقل الجوي المعينة من وإلى إقليمه أو المغادرة منه. ويجوز طلب تقديم التعرفة المقترحة بواسطة مؤسسة النقل الجوي المعينة أو بالنيابة عنها إلى سلطات الطيران المدني وذلك قبل الموعد المقترح لبدء العمل بثلاثين (30) يوماً على الأقل.

3- لا يحق لأي من الطرفين، باستثناء ما تنص عليه خلافا لذلك في هذه المادة، اتخاذ إجراء أحادي الجانب لمنع البدء أو استمرارية التعرفات المقترح تقاضيها أو التي تتقاضها مؤسسة النقل الجوي المعينة لأي من الطرفين للنقل الجوي الدولي.

4- يجوز للطرفين التدخل في أي وقت ويكون ذلك مقتصرا على:

أ. منع التعرفة التي تعتبر تطبيقها سلوكاً غير قابل للمنافسة والتي تكون لها ويحتمل أو يقصد منها أن تسبب ضررا للطرف المتنافس الآخر أو استبعاد هذا الطرف المنافس من الخط الجوي؛

ب. حماية المستهلكين من الأسعار المرتفعة غير المعقولة أو المقيدة بسبب سوء استغلال الوضع المسيطر و؛

ج. حماية مؤسسات النقل الجوي المعينة من الأسعار المنخفضة المصطنعة.

5- يحق لكل طرف الموافقة أو عدم الموافقة على تعرفه النقل لاتجاه واحد أو اتجاهين بين اقليمي الطرفين و التي يبدأ في إقليمه. التعرفة التي تتقاضاها مؤسسة النقل الجوي التابعة لأحد الطرفين للنقل بين إقليمه و طرف ثالث على خدمات تشملها هذه الاتفاقية تكون خاضعة لموافقة الطرف الآخر.

لا يتخذ أي من الطرفين إجراء أحادي لمنع تدشين تعرفه مقترحة أو استمرار تعرفه سارية المفعول للنقل لاتجاه واحد أو اتجاهين بين اقليمي الطرفين لنقل يبدأ في إقليم الطرف الآخر.

7- يحق لمؤسسات النقل الجوي المعينة القيام بإجراءاتها الخاصة بالمناولة الأرضية من حيث عمليات التدقيق للركاب في إقليم الطرف الآخر. وهذا الحق لا يشمل خدمات المناولة الأرضية في منطقة هبوط أو إقلاع الطائرة كما أنه يخضع للقيود التي تفرضها متطلبات السلامة في المطار والأمن والبنية التحتية للمطار.

8- يحق لأي مؤسسة نقل جوي معينة تابعة لأحد الطرفين أن تختار في إقليم الطرف الآخر، أي وكيل من وكلاء المناولة المتنافسين والمعتمدين لدى السلطات المختصة التابعة للطرف الآخر لتقديم مثل هذه الخدمات لطرف آخر، من أجل توفير خدمات المناولة جزئياً أو كلياً.

المادة 13 – تحويل الإيرادات

1- يسمح كل طرف لمؤسسات النقل الجوي المعينة التابعة للطرف الآخر حق التحويل الحر لفائض الإيرادات عن المصروفات الذي تحققه في إقليم الطرف المتعاقد الآخر من خلال بيع منتجات وخدمات النقل الجوي و الخدمات الأخرى التي تتصل بها إضافة إلى الفوائد التجارية المحصلة على هذه الإيرادات. وتتم هذه التحويلات بأي عملة قابلة للتداول طبقا للوائح الصرف الأجنبي لكل طرف.

2- إذا فرض احد الطرفين قيوداً على تحويل الإيرادات الفائضة عن المصروف لمؤسسة نقل جوي تابعة لطرف جاز لذلك الطرف فرض قيود مماثلة على ناقلة جوية تابعة لذلك الطرف الأول.

3- في حال ان الدفعيات بين الطرفين المتعاقدين تحكمه اتفاقية خاصة يتم تطبيق هذه الاتفاقية.

المادة 14 – الموافقة على جداول الرحلات

1- يجب على مؤسسات النقل الجوي المعينة لدى كل طرف أن تقدم إلى سلطات الطيران لدى الطرف الآخر جدول رحلات للخطوط المتوقعة للموافقة عليها قبل افتتاح الخط الجوي، والذي يحدد عدد الرحلات ونوع الطائرة ومواعيد الهبوط والإقلاع. وتطبق هذه الإجراءات بالمثل على أية تعديلات تطرأ عليها.

المادة 12 – النشاطات التجارية

1- وفقاً للقوانين و اللوائح المطبقة لدى الطرف الآخر, يسمح لمؤسسات النقل الجوي المعينة التابعة لأي من الطرفين المتعاقدين أن تؤسس مكاتب لها في إقليم الطرف الآخر لتنشيط حركة النقل الجوي وبيع التذاكر بالإضافة إلى التسهيلات الأخرى المرتبطة بتقديم خدمات النقل الجوي.

2- وفقاً للقوانين و اللوائح المطبقة لدى الطرف الآخر, يسمح لمؤسسات النقل الجوي المعينة التابعة لأي من الطرفين أن تحضر وتستبقي في إقليم الطرف المتعاقد الآخر، موظفي ومندوبي جهازها الإداري والتجاري والتشغيلي والفني وجهاز المبيعات وغيرها اللازمين لتقديم خدمات النقل الجوي.

3- يمكن لمؤسسة النقل الجوي المعينة وبحسب اختيارها توفير احتياجات الجهاز الوظيفي من المندوبين والموظفين المذكورة في الفقرة 2 من هذه المادة، إما عن طريق موظفيها الخاصين من أي جنسية كانت شريطة الحصول على إذن العمل المناسب وفقاً للقوانين والأنظمة القائمة لدى الطرف الآخر، أو عن طريق استخدام خدمات مؤسسة نقل جوي أخرى أو منشأة أو شركة تعمل في إقليم الطرف الآخر، ومصرح لها بتقديم مثل هذه الخدمات لطرف ثالث في ذلك الطرف.

4- وفقاً للقوانين و اللوائح المطبقة لدى الطرف الآخر, يحق لمؤسسات النقل الجوي المعينة التابعة لأي من الطرفين أن تقوم مباشرة أو عن طريق وكلاء، بحسب ما تراه مناسبا، في بيع خدمات النقل الجوي في إقليم الطرف الآخر. ولتحقيق هذا الغرض، تتمتع مؤسسات النقل الجوي المعينة بحق استخدام وثائق النقل الخاصة بها. ويحق لمؤسسة النقل الجوي المعينة التابعة لأحد الطرفين أن تبيع، ويحق لأي شخص أن يشتري هذه الخدمات بالعملة المحلية أو بعملات قابلة للتحويل الحر وفقاً للقوانين المطبقة لدى ذلك الطرف.

5- يحق لمؤسسات النقل الجوي المعينة التابعة لأحد الطرفين وبحسب ما تراه مناسباً أن تكون مصروفاتها المحلية في إقليم الطرف الآخر بالعملة المحلية أو بعملة قابلة للتحويل الحر وذلك وفقاً للوائح النقد المحلي.

6- يجب على كل من الطرفين تطبيق مبادئ السلوك المحددة من قبل المنظمة الدولية للطيران المدني لتنظيم وتشغيل أنظمة الحجز الآلي داخل إقليمه، أو أي مبادئ أخرى بما يتفق مع اللوائح والالتزامات ذات الصلة فيما يتعلق بأنظمة الحجز الآلي مطبقة في إقليمه.

من قبل المنظمة الدولية للطيران المدني والمعينة كملاحق للمعاهدة إلى الحد الذي تنطبق به هذه الأحكام الأمنية على الطرفين.

5- يجب على الطرفين أن يطلبا من مشغلي الطائرات المسجلة لديهم أو مشغلي الطائرات الكائنة مقار أعمالهم الرئيسية أو إقامتهم الدائمة في إقليميهما وكذلك مشغلي المطارات في إقليميهما العمل طبقا لأحكام أمن الطيران المذكورة، فيما تنطبق به على المتعاقدين.

6- يوافق كل طرف على أنه يمكن أن يطلب من مشغلي الطائرات مراعاة أحكام أمن الطيران المشار إليها في الفقرة 4 أعلاه والتي يطبقها الطرف الآخر، للدخول إلى أو مغادرة إقليمه أو أثناء التواجد فيه.

7- على كل طرف التأكد من تطبيق الإجراءات المناسبة في إقليمه بشكل فعال لحماية الطائرات وتفتيش الركاب وطاقم القيادة والمواد المحمولة باليد والأمتعة والبضائع وخزين الطائرة قبل وأثناء الصعود أو التحميل. كذلك على كل طرف التعامل بإيجابية والاهتمام بأي طلب يتلقاه من الطرف الآخر لاتخاذ أية إجراءات أمنية خاصة ومعقولة لمواجهة تهديد معين.

8- في حالة حدوث حادث أو تهديد بحدوث استيلاء غير المشروع على طائرات مدنية أو أية أفعال أخرى غير مشروعة ضد سلامة تلك الطائرات وركابها وطاقمها وضد المطارات وتسهيلات الملاحة الجوية، يتوجب على الطرفين أن يساعد كل منهما الآخر بتسهيل الاتصالات والإجراءات المناسبة الأخرى لإنهاء مثل تلك الحادثة أو التهديد بأسرع ما يمكن وبأقل مجازفة في الأرواح.

9- يتخذ أي من الطرفين ما يراه مناسباً من الإجراءات لضمان بقاء أي طائرة تابعة للطرف الآخر تعرضت لعملية استيلاء غير مشروع أو لأي عمل تدخلي غير مشروع وهي على أرضه بقائها على أرضه ما لم تكن مغادرتها لازمة تحت وطأة واجب حماية أرواح ركابها وطواقمها.

10- عندما تكون لدى طرف أسس معقولة للاعتقاد بأن الطرف الآخر قد أخل بأحكام هذه المادة، فإنه يجوز لسلطات الطيران في الطرف الأول أن تطلب إجراء مشاورات فورية مع سلطات الطيران في الطرف الآخر. وفي حالة عدم التوصل إلى اتفاق مرض خلال خمسة عشر (15) يوماً من تاريخ هذا الطلب فإن ذلك سوف يشكل أساسا لتطبيق الفقرة (1) من المادة 5 من هذه الاتفاقية. ويجوز لأي طرف، في الحالات الطارئة، أن يتخذ إجراء مؤقت طبقا للفقرة (1) من المادة 4 قبل انقضاء فترة الخمسة عشر (15) يوماً. ويجب وقف أي إجراء طبقا لهذه الفقرة حال قيام الطرف الآخر بالتقيد بالأحكام الأمنية لهذه المادة.

على مؤسسات النقل الجوي التابعة له والتي تستخدم نفس الخدمات الجوية الدولية وتستخدم نفس الطائرات والتسهيلات والخدمات.

3- على كل طرف أن يشجع على إجراء المشاورات بين الجهات المسئولة عن الرسوم في إقليمه وبين مؤسسات النقل الجوي المعينة التي تستخدم التسهيلات والخدمات. ويجب إشعار مؤسسات النقل الجوي المعينة مسبقاً وبوقت معقول، إن أمكن، بأية مقترحات لتغيير الرسوم المشار إليها في هذه المادة مع المعلومات والبيانات المساعدة الأخرى لتمكينها من التعبير عن وجهة نظرها وأخذ آرائها بعين الاعتبار قبل إجراء أية تغييرات على هذه الرسوم.

المادة 11 – أمن الطيران

1- انسجاماً مع حقوقهما والتزاماتهما بموجب القانون الدولي، ويؤكد الطرفان التزامهما اتجاه بعضهما لتوفير أمن الطيران المدني ضد أفعال التدخل الغير المشروع يشكل جزءاً لا يتجزأ من هذه الاتفاقية.

2- ودون تقييد لعمومية حقوقهما والتزاماتهما بموجب القانون الدولي، يقوم الطرفان على وجه التحديد بالعمل وفقاً لأحكام المعاهدة الخاصة بالجرائم وبعض الأفعال الأخرى التي ترتكب على متن الطائرات، الموقعة في طوكيو في 14 سبتمبر عام 1963، والمعاهدة الخاصة بقمع الاستيلاء غير المشروع على الطائرات، الموقعة في لاهاي بتاريخ 16 ديسمبر عام 1970، ومعاهدة قمع الأفعال غير المشروعة ضد سلامة الطيران المدني، الموقعة في مونتريال بتاريخ 23 سبتمبر عام 1971 وبروتوكول مكافحة أعمال العنف الغير المشروع في المطارات الموفرة لخدمات الطيران المدني الدولي، المتمم لمعاهدة مكافحة الأعمال غير المشروعة ضد سلامة الطيران المدني المبرمة في مونتريال بتاريخ 23 سبتمبر عام 1971، والموقعة في مونتريال بتاريخ 24 فبراير عام 1988، وأي اتفاقية أخرى تنظم أمن الطيران المدني تصبح ملزمة لكلا الطرفين.

3- يقوم الطرفان عند الطلب بتقديم كافة المساعدات اللازمة لبعضهما الآخر لمنع الاستيلاء غير المشروع على الطائرات المدنية والأفعال الأخرى الغير المشروعة ضد سلامة تلك الطائرات وركابها وملاحيها وضد سلامة المطارات وتسهيلات الملاحة الجوية وأي تهديد آخر ذي صلة لأمن الطيران المدني.

4- يجب على الطرفين ، في علاقتهما المتبادلة، مراعاة أحكام أمن الطيران الموضوعة

عليها.

3- وفقاً للمادة 16 من الاتفاقية, تم الاتفاق أيضا على أن أي طائرة تشغلها إحدى مؤسسات النقل الجوي التابعة لأحد الطرفين أو بالنيابة عنها لأداء خدمات من أو إلى إقليم الطرف الآخر يمكن، أثناء وجودها داخل إقليم الطرف المتعاقد الآخر، أن تخضع للفحص من قبل مندوبين مخولين من الطرف الآخر، شريطة ألا يؤدي هذا الأمر إلى تأخير غير معقول. و دون المساس بالالتزامات التي تفرضها المادة 33 من الاتفاقية يكون الغرض من هذا التفتيش التحقق من صحة وثائق الطائرة ووثائق طواقمها ومعداتها وان حالة الطائرة تنسجم مع المعايير الموضوعة بواسطة المعاهدة.

4- إذا كانت هناك ضرورة لإجراء عاجل لتأمين سلامة عمليات ناقل جوى يحتفظ كل طرف بحق التوقيف الفوري أو تعديل تخويل التشغيل لمؤسسة/مؤسسات النقل الجوي التابعة للطرف الآخر.

5- يجب وقف أي إجراء يتخذه أحد الطرفين المتعاقدين وفقاً للفقرة (4) من هذه المادة في حال الأسس التي قام عليها هذا الإجراء لم تعد توجد.

6- فيما يختص بالفقرة (2) أعلاه إذا خلص أن احد الطرفين ظل غير ملتزم بالمعايير الموضوعة في ذلك الوقت وفقاً للمعاهدة بعد انقضاء الفترة المتفق عليها, يخطر السكرتير العام للمنظمة الدولية للطيران المدني بذلك كما يخطر حال توصل الطرفين لحل مرض للإشكال.

المادة 10 – رسوم الاستخدام

1- يجب على كل طرف بذل قصارى جهده للتأكد بأن الرسوم التي تفرضها الجهات المسئولة أو يسمح بفرضها الطرف الآخر على مؤسسات النقل الجوي المعينة التابعة لأحد الطرفين المتعاقدين مقابل استخدام المطارات وتسهيلات الطيران الأخرى، هي عادلة ومعقولة. ويجب أن تستند هذه الرسوم على مبادئ اقتصادية سليمة ويجب أن لا تكون أعلى من الرسوم المفروضة على مؤسسات النقل الجوي لاستخدامها نفس التسهيلات والخدمات.

2- لا يحق لأي من الطرفين أن تمنح أفضلية فيما يتعلق برسوم الإستخدام لمؤسسات النقل الجوي التابعة له أو أي مؤسسات نقل جوي أخرى وتستخدم نفس الخدمات الجوية الدولية و ان لا تفرض أو تسمح بفرض رسوم أعلى بذلك من الرسوم التي يفرضها

والقرصنة الجوية والمخدرات. وتعفى من الرسوم الجمركية والضرائب الأخرى المماثلة الأمتعة والبضائع والرسوم الوطنية والمحلية الأخرى.

المادة 8 – شهادات الكفاءة الجوية وصلاحية الطيران

1- تعتبر شهادات الجدارة الجوية وشهادات الصلاحية والرخص الصادرة، أو المعتمدة من أي من الطرفين سارية المفعول من قبل الطرف الآخر، وذلك لغرض تشغيل الخدمات المتفق عليها، بشرط أن تكون تلك الشهادات أو الرخص قد تم إصدارها، أو اعتمادها وفقاً للحد الأدنى للمعايير التي تنص عليها المعاهدة.

2- يحق لكل طرف رفض الاعتراف بشهادات الصلاحية والتراخيص الممنوحة لرعاياه من قبل الطرف الأخر بالنسبة للرحلات التي تتم ضمن إقليمه.

3- إذا كانت الامتيازات أو شروط التراخيص أو الشهادات الصادرة أو المعتمدة من قبل أحد الطرفين تجيز اختلافا عن المعايير المحددة بموجب المعاهدة، سواء كان هذا الاختلاف قد قيد لدى المنظمة الدولية للطيران المدني أم لا، فإن لسلطة الطيران التابعة للطرف الآخر أن تطلب، دون الإضرار بحقوق الطرف الأول وفقاً للمادة 9(2)، إجراء مشاورات مع سلطة الطيران التابعة للطرف الآخر وفقاً للمادة 17، وذلك لغرض الاقتناع بكون الممارسة المعنية مقبولة لديه. وإذا لم يتم التوصل إلى اتفاق مرض يكون ذلك مبرراً لتطبيق المادة 4(1) من هذه الاتفاقية.

المادة 9 – سلامة الطيران

1- يجوز لأي من الطرفين أن يطلب إجراء مشاورات في أي وقت بشأن معايير السلامة التي يوفرها الطرف الآخر في أي منطقة تخص التسهيلات الملاحية و طاقم الطائرة والطائرة نفسها أو تشغيلها. ويجب أن تعقد هذه المشاورات في غضون 30 يوماً من تاريخ ذلك الطلب.

2- إذا تبين لأحد الطرفين بعد هذه المشاورات أن الطرف الآخر لا يقوم بالمحافظة على معايير ومتطلبات السلامة في الفقرة 1 بحيث تعادل على الأقل الحد الأدنى للمعايير التي قد يتم تحديدها بمقتضى المعاهدة، يجب أن يخطر الطرف الأخر بهذه النتائج وبالخطوات الضرورية الواجب إتباعها للتقيد بذلك الحد الأدنى للمعايير، وعلى الطرف المتعاقد الآخر أن يقوم باتخاذ الإجراء التصحيحي المناسب خلال فترة يتم الاتفاق

ذلك الطرف الآخر. وفي هذه الحالة، تتمتع هذه التجهيزات والأشياء بالإعفاءات المنصوص عليها في الفقرة (1) من هذه المادة على أنه قد يطلب وضعها تحت إشراف السلطات المذكورة إلى حين إعادة تصديرها أو التصرف بها بطريقة أخرى وفقاً للإجراءات الجمركية.

4- تطبق الإعفاءات التي تنص عليها هذه المادة في الحالات التي تدخل فيها مؤسسة النقل الجوي المعينة التابعة لأي من الطرفين في ترتيبات مع مؤسسة أو (مؤسسات) نقل جوي أخرى لاقتراض أو تحويل ملكية التجهيزات المعتادة أو البضائع الأخرى المشار إليها في الفقرة (1) من هذه المادة في إقليم الطرف الآخر، بشرط أن تتمتع مؤسسة النقل الجوي الأخرى بنفس الإعفاء أو (الإعفاءات) من الطرف الآخر.

المادة 7 – تطبيق القوانين واللوائح والإجراءات الوطنية

1- تسري قوانين ولوائح وإجراءات أحد الطرفين المتعلقة بدخول وبقاء ومغادرة الطائرات المستخدمة في ملاحة جوية دولية من إقليمه، أو المتعلقة بملاحة وتشغيل هذه الطائرات أثناء تواجدها داخل إقليمه، تطبق على الطائرات المشغلة من قبل مؤسسة أو (مؤسسات) النقل الجوي التابعة للطرف الآخر دون تمييز لجنسيتها، وتلتزم بها هذه الطائرات عند دخولها إلى إقليم الطرف الآخر وعند مغادرته وأثناء تواجدها فيه.

2- تسري قوانين ولوائح وإجراءات أحد الطرفين المتعلقة بدخول وبقاء أو مغادرة من إقليمه للركاب والأمتعة والطواقم والبضائع المنقولة على متن الطائرات، بما في ذلك القوانين واللوائح المتعلقة بالدخول والتخليص وأمن الطيران والهجرة والجوازات والجمارك والعملات والصحة والحجر الصحي وإجراءات النظافة الصحية أو قوانين وأنظمة البريد والمراسلات يجب الالتزام بها من قبل أو بالنيابة عن هؤلاء الركاب والأمتعة والطواقم والبضائع بواسطة مؤسسات النقل الجوى التابعة للطرف الآخر عند الدخول إلى إقليم الطرف الأول وعند مغادرته وأثناء التواجد فيه.

3- لا يجوز لأي من الطرفين منح أي أفضلية لطائرات مؤسسة النقل الجوي التابعة له أو أي مؤسسات نقل جوي أخرى على طائرات مؤسسات النقل الجوي المعينة التابعة للطرف الآخر في ما يتعلق بتطبيق القوانين واللوائح المنصوص عليها في هذه المادة.

4- يخضع الركاب والأمتعة وبضائع الشحن، العابرون مباشرة لإقليم أي من الطرفين والذين لا يغادرون مناطق المطار المخصصة لهذا الغرض, و في بعض الظروف الخاصة, لرقابة مبسطة إلا فيما يتعلق بالإجراءات الأمنية الموجهة ضد العنف

المادة 6 – الرسوم الجمركية والرسوم الأخرى

1- يعفي كل من الطرفين مؤسسات النقل الجوي المعينة من قبل الطرف الآخر من قيود الاستيراد والرسوم الجمركية والضرائب المباشرة وغير المباشرة ورسوم التفتيش وكافة الرسوم والضرائب المحلية الأخرى غير المبنية على تكلفة الخدمة المقدمة عند الوصول بالنسبة للطائرات وتجهيزاتها المعتادة ووقودها وزيوتها وما فيها من لوازم فنية قابلة للاستهلاك وقطع غيار بما في ذلك المحركات ومخازن الطائرة وهذا يشمل دون أن يقتصر على أشياء مثل المواد الغذائية والمشروبات والتبغ والمنتجات الأخرى المعدة للبيع أو الاستخدام من قبل الركاب خلال الرحلة والأشياء الأخرى المعدة والمستخدمة حصرياً في إطار تشغيل أو صيانة الطائرات التي تستخدمها مؤسسات النقل الجوي المشغلة للخطوط المتفق عليها، إضافة إلى مخزون التذاكر المطبوعة وبوالص الشحن الجوي والزي الرسمي لطواقم الطائرة وأي مواد مطبوعة تحمل شعار مؤسسة النقل الجوي المعينة ومواد الدعاية والإعلان المعتادة التي توزعها مؤسسة النقل الجوي المعينة دون مقابل بالإضافة الى أجهزة الكمبيوتر و طابعات التذاكر المستخدمة بواسطة مؤسسات النقل المعينة للحجز و طباعة التذاكر.

2- تطبق الإعفاءات الممنوحة بموجب هذه المادة على البضائع المذكورة في الفقرة (1) من هذه المادة بشرط:

أ. إدخالها إلى إقليم أحد الطرفين من قبل أو باسم مؤسسة النقل الجوي المعينة التابعة للطرف المتعاقد الآخر؛

ب. بقائها على متن طائرة مؤسسة النقل الجوي المعينة التابعة للطرف عند وصولها وحتى مغادرتها لإقليم الطرف الآخر أو استهلاكها خلال الطيران فوق ذلك الإقليم.

ج. تحميلها على متن طائرة مؤسسة النقل الجوي المعينة التابعة لأحد الطرفين في إقليم الطرف المتعاقد الآخر مع كونها معدة للاستخدام في تشغيل الخدمات المتفق عليها؛ سواء استخدمت أو استهلكت هذه البضائع كلياً أو جزئياً ضمن إقليم الطرف المانح للإعفاء أم لا، شريطة ألا يتم تحويل ملكية هذه البضائع في إقليم هذا الطرف.

3- لا يجوز تفريغ المعدات المعتادة المحمولة جواً والمواد واللوازم والمخازن التي يحتفظ بها عادة على متن الطائرة المستخدمة من قبل مؤسسات النقل الجوي المعينة من أحد الطرفين في إقليم الطرف الآخر إلا بعد الحصول على موافقة السلطات الجمركية لدى

من هذه الاتفاقية؛

2- ما لم يكن العمل الفوري من إلغاء أو تعليق أو فرض الشروط ضرورياً لمنع وقوع مخالفات جديدة للقوانين واللوائح المشار إليها أعلاه، فلا يجوز ممارسة الحقوق الواردة في الفقرة (1) إلا بعد التشاور مع سلطات الطيران التابعة للطرف الآخر وفقاً لما تنص عليه المادة 17.

المادة 5 – السعة

1- السعة الكلية التي يتم عرضها على الخطوط المتفق عليها بواسطة الناقلات المعينة للطرفين يتم الاتفاق عليها بواسطة سلطات الطيران للطرفين قبل بدء الخدمات و فيما بعد وفقاً لاحتياجات الحركة المتوقعة.

2- الخدمات المتفق عليها التي يتم تشغيلها بواسطة الناقلات المعينة بواسطة الطرفين يكون هدفها الرئيس تحقيق معدلات حمولة معقولة لسعة كافية لمقابلة احتياجات الحركة بين اقليمي الطرفين.

3- يتعهد كل طرف بمنح فرص عادلة و متساوية لمؤسسات النقل الجوي المعينة للطرفين لتشغيل الخدمات المتفق عليها بين إقليميهما لتحقيق المساواة و المنفعة المشتركة من حيث المبدأ عن طريق تقاسم السعة الكلية بين اقليمي الطرفين.

4- في حالة فشل الطرفين، بعد المراجعة، في الاتفاق على السعة التي تعرضها مؤسسات النقل الجوي على الخطوط المتفق عليها لا يجب أن تزيد السعة المعروضة (بما في ذلك السعة الموسمية) عن السعة التي تم الاتفاق حولها من قبل.

5- يجب على كل طرف أن يضع في الاعتبار مصالح مؤسسات النقل الجوي التابعة للطرف الآخر بحيث لا يؤثر سلباً على مقدرتها لتقديم الخدمات التي تغطيها هذه الاتفاقية.

6- حق تحميل و إنزال حركة جوية عالمية على هذه الخدمات يكون منبعها و مقصدها النهائي دول ثالثة من و إلى نقطة/نقاط محددة في هذه الاتفاقية تتم ممارسته وفقاً لجدول الطرق الملحق بهذه الاتفاقية والمبادئ العامة التي تحكم تنظيم الحركة الجوية العالمية و التي يلتزم بها الطرفان وهي:

أ. احتياجات الحركة الجوية بين البلد المنبع للحركة و المقصد النهائي لها.

ب. احتياجات شركات الطيران العابرة؛ و

ج. احتياجات الحركة للمناطق التي تعبرها الناقلات الجوية بعد الأخذ في الاعتبار الخدمات الجوية المحلية و الإقليمية

المعاهدة.

4- يحق لكل طرف أن يرفض منح تصريح التشغيل المشار إليه في الفقرة (2) من هذه المادة ، أو فرض الشروط التي يراها ضرورية أثناء ممارسة مؤسسة النقل الجوي المعينة للحقوق المنصوص إليها في المادة 2 في هذه الاتفاقية، في حال لم يقتنع الطرف من أن الملكية الجوهرية لمؤسسة النقل الجوي وإدارتها الفعلية في يد الطرف المتعاقد الذي عينها أو في يد أحد رعاياه وفقاً الأحكام القانونية لدى الطرف الذي عين مؤسسة النقل الجوى.

5- يجوز لمؤسسة النقل الجوي التي يتم تعيينها وإصدار ترخيص تشغيل لها أن تبدأ في أي وقت من تشغيل الخطوط المتفق عليها كلياً أو جزئياً، بشرط أن تكون هناك تعرفه سارية المفعول وفقاً للمادة 15 من هذه الاتفاقية و أن يوضع جدول رحلات وفقا لأحكام المادة 14 من هذه الاتفاقية فيما يتعلق بتلك الخدمة.

المادة 4 – إلغاء و تعليق وتحديد تراخيص التشغيل

1- يحق لسلطات الطيران لدى كل طرف أن تلغي تراخيص التشغيل الخاصة بمؤسسة النقل الجوي المعينة من قبل الطرف الآخر، أو تعليق ممارستها للحقوق المحددة في المادة 3 من هذه الاتفاقية أو أن تفرض ما تراه ملائما من الشروط، بصورة دائمة أو مؤقتة، على ممارسة هذه الحقوق، وذلك في الحالات التالية:

أ. في حال فشل تلك المؤسسة في الالتزام بالقوانين واللوائح المطبقة بصورة معتادة ومنطقية من قبل سلطات الطيران التابعة للطرف الذي منح تلك الحقوق ووفقاً للمعاهدة؛ أو

ب. في حال فشل تلك المؤسسة في العمل طبقا للشروط الموضوعة بموجب هذه الاتفاقية؛ أو

ج. في حال لم تقتنع سلطات الطيران لذلك الطرف من أن الملكية الجوهرية لهذه المؤسسة وإدارتها الفعلية في يد الطرف المتعاقد الذي عينها في يد أحد رعاياه؛ وفقاً للأحكام القانونية للطرف الذي عين مؤسسة النقل الجوي؛ أو

د. وفقاً للفقرة (6) من المادة 9 من هذه الاتفاقية؛ أو

ه. في حال فشل الطرف المتعاقد الآخر في اتخاذ الإجراءات اللازمة لرفع مستوى السلامة وفقاً للفقرة (2) من المادة 9 من هذه الاتفاقية؛ أو

و. في حال فشل الطرف الآخر في الالتزام بأي قرار أو حكم ينشأ عن تطبيق المادة 18

المادة 2 – منح الحقوق

1- يمنح كل طرف الطرف الآخر الحقوق المحددة في هذه الاتفاقية لتمكين مؤسسات النقل الجوي المعينة من قبله من تشغيل الخدمات المتفق عليها.

2- تتمتع مؤسسات النقل الجوي المعينة من جانب كل طرف بالحقوق التالية :-

أ. حق الطيران عبر إقليم الطرف الآخر دون الهبوط فيه على الخطوط الجوية المحددة بواسطة سلطات الطيران للطرف الأخير.

ب. الحق في الهبوط في إقليم الطرف المتعاقد الآخر لأغراض غير تجارية في نقاط يحددها الطرف الأخير.

ج. حق الهبوط في نقاط محددة في جدول الطرق الملحق بهذه الاتفاقية، وذلك بغرض تحميل على الطائرة و/أو إنزال حركة دولية الطائرة، لأمتعة والبضائع، بشكل منفصل أو مجتمع، أثناء تشغيل الخطوط المتفق عليها.

3- ليس في نص هذه المادة ما يخول أي مؤسسة من مؤسسات النقل الجوي المعينة التابعة لطرف حق نقل ركاب وأمتعة وبضائع على الطائرة، نظير أجر أو تعويض من نقطة ضمن إقليم الطرف الآخر إلى نقطة أخرى داخل إقليم ذلك الطرف.

المادة 3 – التعيين والترخيص

1- يحق لسلطة الطيران المدني لدى كل طرف أن تعين مؤسسة أو مؤسسات نقل جوي واحدة أو أكثر لغرض تشغيل الخطوط المتفق عليها كما يحق لها أن تسحب أو تغير تعيين أي من هذه المؤسسات أو تستبدل مؤسسة نقل جوي بمؤسسة نقل جوي أخرى معينة مسبقاً. ويجب أن يتضمن هذا التعيين تحديد نطاق التخويل الممنوح لكل مؤسسة نقل جوي فيما يتعلق بتشغيل الخط الجوي المتفق عليه. ويجب أن تتم التعيينات وأي تغييرات تطرأ عليها عن طريق القنوات الدبلوماسية.

2- يقوم الطرف الآخر عند استلام كتاب التعيين أو التبديل أو التعديل فيه، وبناء على طلب يقدمه إلى مؤسسة النقل الجوي المعينة بالشكل والصيغة المطلوبة، بمنح هذه المؤسسة أو (المؤسسات) المعينة تصاريح التشغيل اللازمة بدون تأخير مع مراعاة شروط الفقرتين (3) و (4) من هذه المادة.

3- يجوز لسلطات الطيران لدى أحد الطرفين أن تطلب من مؤسسة النقل الجوي المعينة من قبل الطرف الآخر إثبات أنه تتوفر فيها الشروط التي تتطلبها القوانين واللوائح التي تطبقها هذه السلطات بصورة مألوفة على تشغيل الخطوط الجوية الدولية طبقا لأحكام

د. "**الشحن**" يعني البضائع ويشمل البريد؛

ه. "**المعاهدة**" تعني معاهدة الطيران الدولي التي وقعت في مدينة شيكاغو في السابع من ديسمبر عام 1944، والتعريف يشمل: (1) أي تعديل على هذه المعاهدة دخل حيز التنفيذ بموجب المادة 94 (أ) من المعاهدة وتمت المصادقة عليه من كلا الطرفين ؛ (2) أي ملحق أو تعديل للاتفاقية اعتمد بموجب المادة 90 من المعاهدة طالما إن هذا الملحق أو التعديل قد أصبح ساري المفعول بالنسبة لكلا الطرفين ؛

و. "**خط جوي**" و "**خط جوي دولي**" و"**مؤسسة نقل جوي**" و "**الهبوط لأغراض غير تجارية**" تكون لها نفس المعاني المحددة في المادة (96) من المعاهدة.

ز. "**مؤسسات النقل الجوي المعينة**" تعني مؤسسة أو مؤسسات النقل الجوي التي يتم تعيينها وتخويلها وفقاً للمادة 3 من هذه الاتفاقية؛ ويعود القسم الأكبر من ملكيتها وتنظيمها للطرف المتعاقد الذي يعين هذه المؤسسة أو لمواطنيه؛

ح. "**التعرفات**" تعني الأسعار التي يتم تقاضيها لقاء نقل الركاب أو الأمتعة أو الشحن والشروط التي تطبق هذه التعرفات بموجبها باستثناء التعويضات وشروط نقل البريد؛

ط. "**الإقليم**" بالنسبة إلى دولة ما، يحمل المعنى المحدد له في المادة 2 من المعاهدة؛

ي. "**رسوم الاستخدام**" تعني الرسوم التي تفرضها الجهات المخولة على مؤسسات النقل الجوي أو يسمح بفرضها مقابل استخدام خدمات المطار والملاحة الجوية ويشمل ذلك الخدمات المتعلقة بخدمات ومرافق الطائرات وطواقمها والركاب والأمتعة وبضائع الشحن؛

ك. "السعة" هي حجم الرحلات المقدمة بموجب هذه الاتفاقية و تقاس عادة بعدد الرحلات أو المقاعد أو أطنان الشحن المعروضة في السوق (بين مدينتين أو بلدين) أو في خط جوى خلال فترة زمنية محددة مثل اليوم أو الأسبوع أو الشهر أو الموسم)

2- يعتبر الملحق لهذه الاتفاقية جزءاً لا يتجزأ منها.

3- لتطبيق هذه الاتفاقية، يجب على الإطراف العمل بما يتوافق مع أحكام المعاهدة، حيث تطبق هذه الأحكام على الخدمات الجوية الدولية.

تمهيد

إن حكومة جمهورية الارجنتين وحكومة دولة الإمارات العربية المتحدة والمشار إليهما فيما بعـد "بالطرفين")؛

وباعتبارهما طرفين في معاهدة الطيران المدني الدولي والموقعة في شيكاغو في السابع من ديسمبر عام 1944؛

رغبة منهما بعقد اتفاقية النقل الجوي بغية إقامة وتشغيل خدمات جوية بين إقليمي بلديهما؛

وإدراكاً منهما لأهمية النقل الجوي كوسيلة لإنشاء وتعزيز أواصر الصداقة والتفاهم والتعاون بين شعبي البلدين؛

ورغبة منهما في توفير أعلى درجات الأمن و السلامة للنقل الجوي العالمي و تأكيداً لقلقهما الشديد بشأن الأعمال والتهديدات ضد أمن الطائرات الذي يهدد سلامة الأفراد أو الممتلكات و يؤثر سلباً على تشغيل خدمات النقل الجوي ويقوض ثقة الجمهور في سلامة الطيران المدني.

فقد اتفقتا على ما يلي:

المادة 1 – التعاريف

1- لأغراض تطبيق أحكام هذه الاتفاقية، يقصد بالكلمات والعبارات التالية المعاني ألمقابلـه لكل منها ما لم يقتض سياق النص خلاف ذلك:

أ. "**سلطات الطيران**" فيما يخص حكومة جمهورية الأرجنتـين، فهـي تعنـي وزارة الداخلية و النقل، سكرتارية النقل، سكرتارية النقل الجوي التجـاري، الوكالة العامة للطيران المدني في اطار اختصاصـاتهم المحـددة بموجـب التشريعات الأرجنتينية، وفيما يخص دولة الإمارات العربية المتحدة، فهـي تعني الهيئة العامة للطيران المدني، ولأي منهما تعني أي شخص أو هيئـة مخولة بأداء أي وظيفة تتعلق بها هذه الاتفاقية؛

ب. "**الخطوط المتفق عليها**" تعني الخطوط الجوية الدولية المنتظمة بين إقليمي كل من دولة الإمارات العربية المتحدة وجمهورية الأرجنتين من أجل نقل الركاب والأمتعة والشحن على نحو منفصل، أو على أي نحو آخر؛

ج. "**الاتفاقية**" تعني هذه الاتفاقية، والملحق المرفق بها وأي تعديل على الاتفاقية أو الملحق؛

[TEXT IN ARABIC – TEXTE EN ARABE]

اتفاقية

بين

حكومة جمهورية الأرجنتين

و

حكومة دولة الإمارات العربية المتحدة

في شأن الخدمات الجوية بين إقليميهما

[TEXT IN ENGLISH – TEXTE EN ANGLAIS]

AGREEMENT
BETWEEN
THE GOVERNMENT OF THE ARGENTINE REPUBLIC
AND
THE GOVERNMENT OF THE UNITED ARAB EMIRATES
FOR AIR SERVICES BETWEEN
THEIR RESPECTIVE TERRITORIES

PREAMBLE

The Government of the Argentine Republic and the Government of the United Arab Emirates (hereinafter referred to as the "Parties");

Being parties to the Convention on International Civil Aviation opened for signature at Chicago on the 7th. day of December 1944;

Desiring to conclude an Agreement in conformity with and supplementary to the said Convention, for the purpose of establishing and operating Air Services between their respective territories;

Acknowledging the importance of air transportation as a means of creating and fostering friendship, understanding and co-operation between the people of the two countries;

Desiring to ensure the highest degree of safety and security in international air services and reaffirming their grave concern about acts or threats against the security of aircraft, which jeopardize the safety of persons or property, adversely affect the operation of air services, and undermine public confidence in the safety of civil aviation;

HAVE AGREED AS FOLLOWS:

ARTICLE 1
DEFINITIONS

1. For the purpose of this Agreement, unless the context otherwise requires, the term:

   a) "Aeronautical Authority" means in the case of the Government of the Argentine Republic, the Ministry of Interior and Transportation, Secretariat of Transport, Undersecretariat of Commercial Air Transport, Civil Aviation National Administration (A.N.A.C.), in the framework of their specific competencies according to the Argentine legislation ,and in the case of the Government of the United Arab Emirates, the General Civil Aviation Authority; or in either case any person or body authorized to perform any function to which this Agreement relates;

b) "Agreed Services" means scheduled International Air Services between the respective territories of the Argentine Republic and the United Arab Emirates for the transport of passengers, baggage and Cargo, separately or in any combination;

c) "Agreement" means this Agreement, its Annex attached thereof, and any amendment to the Agreement or to the Annex;

d) "Air Service", "Airline", "International Air Service" and "stop for non-traffic purposes" have the meanings respectively assigned to them in Article 96 of the Convention;

e) "Cargo" includes mail;

f) "Convention" means the Convention on International Civil Aviation, opened for signature at Chicago on the 7th day of December 1944, and includes: (i) any amendment thereto which has entered into force under Article 94(a) of the Convention and has been ratified by both Parties; and (ii) any annex or amendment adopted thereto under Article 90 of that Convention, insofar as such annex or amendment is at any given time effective for both Parties;

g) "Designated Airlines" means an airline or airlines that have been designated and authorized in accordance with Article 3 of this Agreement;

h) "Tariffs" means the prices to be charged for the carriage of passengers, baggage and Cargo and the conditions under which those prices apply, but excluding remuneration and conditions for carriage of mail;

i) "Territory" in relation to a State has the meaning assigned to it in Article 2 of the Convention;

j) "User Charges" means charges made to airlines by the competent authorities or permitted by them to be made for the provision of airport facilities, property and/or of air navigation facilities, including related services and facilities for aircraft, their crews, passengers, baggage and cargo;

k) "Capacity" is the amount of services provided under the Agreement, usually measured in the number of flights (frequencies) or seats or tons of cargo offered in a market (city pair, or country-to-country) or on a route during a specific period, such as daily, weekly, seasonally or annually;

2. The Annex to this Agreement is considered an integral part thereof.

3. In implementing this Agreement, the Parties shall act in conformity with the provisions of the Convention insofar as those provisions are applicable to International Air Services.

ARTICLE 2

GRANT OF RIGHTS

1. Each Party grants to the other Party the rights specified in this Agreement to enable its Designated Airlines to establish and operate Agreed Services.

2. The Designated Airlines of each Party shall enjoy the following rights:

   a) to fly across the Territory of the other Party without landing along the air routes prescribed by the aeronautical authorities of the latter;

   b) to make stops in the Territory of the other Party for non-traffic purposes at points prescribed by the aeronautical authorities of the latter; and

   c) to make stops at the points specified in the Route Schedule Annexed to this Agreement, for the purpose of taking on board and/or discharging international traffic in passengers, baggage and Cargo, separately or in any combination, while operating the Agreed Services.

3. Nothing in this Article shall be deemed to confer on any Designated Airlines of either Party the privilege of taking on board, in the Territory of the other Party, passengers, baggage and Cargo carried for remuneration or hire and destined for another point within the Territory of that other Party.

ARTICLE 3

DESIGNATION AND AUTHORIZATION

1. The Aeronautical Authority of each Party shall have the right to designate one or more airlines for the purpose of operating the Agreed Services and to withdraw or alter the designation of any such airline or to substitute another airline for one previously designated. Such designation shall specify the scope of the authorization granted to each airline in relation to the operation of the Agreed Services. Designations and any changes thereto shall be made through diplomatic channels.

2. On receipt of a notice of designation, substitution or alteration thereto, and on application from the Designated Airline in the form and manner prescribed, the other Party shall, subject to the provisions of paragraphs (3) and (4) of this Article, without delay grant to the airline(s) designated the appropriate operating authorizations.

3. The Aeronautical Authority of one Party may require an airline designated by the other Party to satisfy them that it is qualified to fulfill the conditions prescribed under the laws and regulations normally and reasonably applied to the operation of International Air Services by such authority in conformity with the provisions of the Convention.

4. Each Party shall have the right to refuse to grant the operating authorizations referred to in paragraph (2) of this Article, or to impose such conditions as it may deem necessary on the exercise by a Designated Airline of the rights specified in Article 2 of this Agreement, in any case where, subject to any special agreement between the Parties, it is not satisfied that substantial ownership and effective control of that airline

are vested in the Party designating the airline or its nationals, according to the legal provisions of the Party designating the airline.

5. When an airline has been so designated and authorized, it may begin at any time to operate the Agreed Services in whole or in part, provided that a tariff is in effect in accordance with Article 15 of this Agreement and a timetable is established in accordance with Article 14 of this Agreement in respect of such services.

ARTICLE 4

REVOCATION AND LIMITATION OF OPERATING AUTHORIZATION

1. The Aeronautical Authority of each Party shall, with respect to an airline designated by the other Party, have the right to revoke an operating authorization or to suspend the exercise of the rights specified in Article 2 of this Agreement, or to impose conditions, temporarily or permanently, as it may deem necessary on the exercise of those rights:

    a) in the case of failure by that airline to comply with the laws and regulations normally and reasonably applied by the Aeronautical Authority of the Party granting those rights in conformity with the Convention; or

    b) in case the airline otherwise fails to operate in accordance with the conditions prescribed under this Agreement; or

    c) in any case where, subject to any special agreement between the Parties, it is not satisfied that the substantial ownership and effective control of that airline are vested in the Party designating the airline or its nationals according to the legal provisions of the Party designating the airline; or

    d) in accordance with paragraph (6) of Article 9 of this Agreement; or

    e) in the case of failure by the other Party to take appropriate action to improve safety in accordance with paragraph (2) of Article 9 of this Agreement; or

    f) in any case where the other Party fails to comply with any decision or stipulation arising from the application of Article 18 of this Agreement.

2. Unless immediate revocation, suspension,. or imposition of the conditions mentioned in paragraph (1) of this Article is essential to prevent further infringements of laws or regulations, such right shall be exercised only after consultation with the Aeronautical Authority of the other Party, as provided for in Article 17.

ARTICLE 5

CAPACITY

1. The total capacity to be provided on the Agreed Services by the Designated Airlines of the Parties shall be agreed between the aeronautical authorities of the Parties before the commencement of the operations, and thereafter according to anticipated traffic requirements.

2. The Agreed Services to be operated by the Designated Airlines of the Parties shall have as their primary objective the provision at reasonable load factors of capacity adequate to meet the traffic requirements between the territories of the two Parties.

3. Each Party shall allow fair and equal opportunity for the Designated Airlines of both Parties to operate the Agreed Services between their respective territories so as to achieve equality and mutual benefit, in principle by equal sharing of the total capacity between the Parties.

4. If, on review, the Parties fail to agree on the capacity to be provided on the Agreed Services, the capacity that may be provided by the Designated Airlines of the Parties shall not exceed the total capacity (including seasonal variations) previously agreed to be provided.

5. Each Party shall take into consideration the interests of the airlines of the other Party so as not to affect unduly their opportunity to offer the services covered by this Agreement.

6. The right to embark or disembark on such services international traffic destined for and coming from third countries at a point or points on the routes specified in this Agreement shall be exercised in accordance with the Route Schedule Annex of this Agreement and the general principles of orderly development of international air transport to which both Parties subscribe and shall be:

a) the traffic requirements between the country of origin and the countries of ultimate destination of the traffic;

b) the requirements of through airline operations; and

c) the traffic requirements of the area through which the airline passes, after taking account of local and regional services.

ARTICLE 6

CUSTOMS DUTIES AND OTHER CHARGES

1. Each Party exempts the Designated Airlines of the other Party from import restrictions, custom duties or taxes, direct or indirect taxes, inspection fees and all other national and/or local duties and charges not based on the cost of services provided on arrival, on aircraft as well as their regular equipment, fuel, lubricants, consumable technical supplies, spare parts including engines, aircraft stores including but not limited to such items as food, beverages, liquor, tobacco and other products for sale to or use by passengers during flight and other items intended for or used solely in connection with

the operation or servicing of aircraft used by such Designated Airline operating the Agreed Services, as well as printed ticket stock, airway bills, staff uniforms, any printed material which bears the insignia of the Designated Airline printed thereon and usual publicity and promotional materials distributed free of charge by such Designated Airline, as well as computers and tickets printers used by the Designated Airlines for reservations and ticketing.

2. The exemptions granted by this Article shall apply to the goods referred to in paragraph (1) of this Article which are:

   a) introduced into the Territory of one Party by or on behalf of a Designated Airline of the other Party;

   b) retained on board the aircraft of a Designated Airline of one Party upon arriving in and until leaving the Territory of the other Party or consumed during flight over that Territory;

   c) taken on board the aircraft of a Designated Airline of one Party in the Territory of the other Party and intended for use in operating the Agreed Services; whether or not such goods are used or consumed wholly or partly within the Territory of the Party granting the exemption, provided such goods are not alienated in the Territory of the said Party.

3. The regular airborne equipment, as well as the materials, supplies and stores normally retained on board the aircraft used by the Designated Airlines of either Party may be unloaded in the Territory of the other Party only with the approval of the customs authorities of that other Party. In such case, such equipment and items shall enjoy the exemptions provided for by paragraph (1) of this Article provided that they may be required to be placed under the supervision of the said authorities up to such time as they are re-exported or otherwise disposed of in accordance with customs regulations.

4. The exemptions provided for by this Article shall also be available in situations where the Designated Airlines of either Party have entered into arrangements with another airline(s), for the loan or transfer in the Territory of the other Party, of the regular equipment and the other goods referred to in paragraph (1) of this Article, provided that other airline enjoys the same exemption(s) from that other Party.

ARTICLE 7

APPLICATION OF NATIONAL LAWS AND REGULATIONS

1. The laws, regulations and procedures of one Party relating to the admission to, sojourn in, or departure from its Territory of aircraft engaged in international air navigation, or to the operation and navigation of such aircraft while within its Territory, shall be applied to aircraft operated by the airline(s) of the other Party without distinction as to nationality and shall be complied with by such aircraft upon entry into, departure from and while within the Territory of that Party.

2. The laws, regulations and procedures of one Party as to the admission to, sojourn in, or departure from its Territory of passengers, baggage, crew and Cargo, transported on

board the aircraft, such as regulations relating to entry, clearance, aviation security, immigration, passports, customs, currency, health, quarantine and sanitary measures or in the case of mail, postal laws and regulations shall be complied with by or on behalf of such passengers, baggage, crew and Cargo by the Designated Airlines of the other Party, upon entry into and departure from and while within the Territory of the first -Party.

3. Neither Party may grant any preference to its own or any other airline(s) over the Designated Airline(s) of the other Party in the application of the laws and regulations provided for in this Article.

4. Passengers, baggage and Cargo in direct transit across the Territory of either Party and not leaving areas of the airport reserved for such purpose shall, except in respect of security measures against violence, air piracy, narcotics control and in special circumstances be subject to no more than a simplified control. Such baggage and Cargo shall be exempt from customs duties, excise taxes and other similar national and/or local fees and charges.

ARTICLE 8

CERTIFICATES OF AIRWORTHINESS AND COMPETENCY

1. Certificates of airworthiness, certificates of competency and licenses issued, or rendered valid by one Party and still in force, shall be recognized as valid by the other Party for the purpose of operating the Agreed Services provided always that such certificates or licenses were issued, or rendered valid, pursuant to and in conformity with the minimum standards established under the Convention.

2. Each Party, reserves the right, however, to refuse to recognize, for flights above its own Territory, certificates of competency and licenses granted to its own nationals by the other Party.

3. If the privileges or conditions of the licenses or certificates issued or rendered valid by one Party permit a difference from the standards established under the Convention, whether or not such difference has been filed with the International Civil Aviation Organization, the Aeronautical Authority of the other Party may, without prejudice to the rights of the first Party under Article 9(2), request consultations with the Aeronautical Authority of the other Party in accordance with Article 17, with a view to satisfying themselves that the practice in question is acceptable to them. Failure to reach satisfactory agreement shall constitute grounds for the application of Article 4(1) of this Agreement.

ARTICLE 9

SAFETY

1. Each Party may request consultations at any time concerning safety standards maintained by the other Party in areas relating to aeronautical facilities, flight crew, aircraft and the operation of aircraft. Such consultations shall take place within thirty (30) days of that request.

2. If, following such consultations, one Party finds that the other Party does not effectively maintain and administer safety standards in the areas mentioned in paragraph (1) that meet the standards established at that time pursuant to the Convention, the other Party shall be informed of such findings and of the steps considered necessary to conform with those standards. The other Party shall then take appropriate corrective action within an agreed time period.

3. Pursuant to Article 16 of the Convention, it is further agreed that, any aircraft operated by, or on behalf of an airline of one Party, on services to or from the Territory of the other Party, may, while within the Territory of the other Party be the subject of a search by the authorized representatives of the other Party, provided that this does not cause unreasonable delay in the operation of the aircraft. Notwithstanding the obligations mentioned in Article 33 of the Convention, the purpose of this search is to verify the validity of the relevant aircraft documentation, the licensing of its crew, and that the aircraft equipment and the condition of the aircraft conform to the standards established at that time pursuant to the Convention.

4. When urgent action is essential to ensure the safety of an airline operation, each Party reserves the right to immediately suspend or vary the operating authorization of an airline or airlines of the other Party.

5. Any action by one Party in accordance with paragraph (4) of this Article shall be discontinued once the basis for the taking of that action ceases to exist.

6. With reference to paragraph (2) above, if it is determined that a Party remains in non-compliance with the standards established at that time pursuant to the Convention when the agreed time period has lapsed, the Secretary General of the International Civil Aviation Organization should be advised thereof. The latter should also be advised of the subsequent satisfactory resolution of the situation.

ARTICLE 10

USER CHARGES

1. Each Party shall use its best efforts to ensure that the User Charges imposed or permitted to be imposed by its competent charging bodies on the Designated Airlines of the other Party for the use of airports and other aviation facilities are just and reasonable. These charges shall be based on sound economic principles and shall not be higher than those paid by other airlines for such services.

2. Neither Party shall give preference, with respect to User Charges, to its own or to any other airline(s) engaged in similar International Air Services and shall not impose or permit to be imposed, on the Designated Airline(s) of the other Party User Charges higher than those imposed on its own Designated Airline(s) operating similar International Air Services using similar aircraft and associated facilities and services.

3. Each Party shall encourage consultations between its competent charging bodies and the Designated Airlines using the services and facilities. Reasonable notice shall be given whenever possible to such users of any proposal for changes in User Charges together with relevant supporting information and data, to enable them to express their views before the charges are revised.

ARTICLE 11

AVIATION SECURITY

1. Consistent with their rights and obligations under international law, the Parties reaffirm that their obligation to each other to protect the security of civil aviation against acts of unlawful interference forms an integral part of this Agreement.

2. Without limiting the generality of their rights and obligations under international law, the Parties shall in particular act in conformity with the provisions of the *Convention on Offences and Certain Other Acts Committed on Board Aircraft, signed at Tokyo on 14th. September, 1963*, the *Convention for the Suppression of Unlawful Seizure of Aircraft, signed at the Hague on 16th. December, 1970*, the *Convention for the Suppression of Unlawful Acts against the Safety of Civil Aviation, signed at Montreal on 23rd. September, 1971* and the *Protocol for the Suppression of Unlawful Acts of Violence at Airports Serving International Civil Aviation Supplementary to the Convention for the Suppression of Unlawful Acts against the Safety of Civil Aviation done at Montreal on 23 September 1971, signed at Montreal on 24th. February, 1988*, and any other agreement governing civil aviation security binding upon both Parties.

3. The Parties shall provide upon request all necessary assistance to each other to prevent acts of unlawful seizure of civil aircraft and other unlawful acts against the safety of such aircraft, their passengers and crew, airports and air navigation facilities and any other relevant threat to the security of civil aviation.

4. The Parties shall, in their mutual relations, act in conformity with the aviation security provisions established by the International Civil Aviation Organization and designated as annexes to the Convention to the extent that such security provisions are applicable to the Parties.

5. In addition, the Parties shall require that operators of aircraft of their registry or operators of aircraft who have their principal place of business or permanent residence in their Territory and the operators of airports in their Territory act in conformity with such aviation security provisions as are applicable to the Parties.

6. Each Party agrees that its operators of aircraft may be required to observe the aviation security provisions referred to in paragraph (4) above applied by the other Party for entry into, departure from, or while within the Territory of that other Party.

7. Each Party shall ensure that measures are effectively applied within its Territory to protect the aircraft and to security screen their passengers, crew and carry on items and to carry out appropriate security checks on baggage, Cargo and aircraft stores prior to boarding or loading. Each Party also agrees to give positive consideration to any request from the other Party for reasonable special security measures to meet a particular threat.

8. When an incident or threat of an incident of unlawful seizure of civil aircraft or other unlawful acts against the safety of such aircraft, their passengers and crew, airports and air navigation facilities occurs, the Parties shall assist each other by facilitating communications and other appropriate measures intended to terminate such

incident or threat as rapidly as possible commensurate with minimum risk to life from such incident or threat.

9. Each Party shall take such measures as it may find practicable to ensure that an aircraft of the other Party subjected to an act of unlawful seizure or other acts of unlawful interference which is on the ground in its Territory is detained thereon unless its departure is necessitated by the overriding duty to protect the lives of its passengers and crew.

10. When a Party has reasonable grounds to believe that the other Party has departed from the provisions of this Article, the Aeronautical Authority of the first Party may request immediate consultations with the Aeronautical Authority of the other Party. Failure to reach a satisfactory agreement within fifteen (15) days from the date of such request shall constitute grounds for the application of paragraph (1) of Article 4 of this Agreement. When required by an emergency, a Party may take interim action under paragraph (1) of Article 4 prior to the expiry of fifteen (15) days. Any action taken in accordance with this paragraph shall be discontinued upon compliance by the other Party with the security provisions of this Article.

ARTICLE 12

COMMERCIAL ACTIVITIES

1. In accordance with the applicable laws and regulations of the other Party, the Designated Airlines of each Party shall have the right to establish in the Territory of the other Party offices for the purpose of promotion of air transportation and sale of transport documents and other ancillary products associated with the sale of air transportation.

2. Subject to the laws and regulations of the other Party, the Designated Airlines of each Party shall be entitled, to bring into and maintain in the Territory of the other Party those of their own managerial, commercial, operational, sales, technical and other personnel and representatives as it may require in connection with the provision of air transportation.

3. Such representatives and staff requirements mentioned in Paragraph 2 of this Article may, at the option of the Designated Airline, be satisfied by its own personnel of any nationality or by using the services of any other airline, organization or company operating in the Territory of the other Party and authorized to perform such services to third parties in the Territory of such other Party.

4. In accordance with the applicable laws and regulations, the Designated Airlines of each Party shall, either directly and at their discretion, through agents, have the right to engage in the sale of air transportation in the Territory of the other Party. For this purpose, the Designated Airlines shall have the right to use its own transportation documents. The Designated Airline of each Party shall have the right to sell, and any person shall be free to purchase, such transportation in local currency or in any other freely convertible currency subject to the legal provisions of the other Party.

5. The Designated Airlines of one Party shall have the right to pay for local expenses in the Territory of the other Party in local currency or provided that this is in accordance with local currency regulations, in freely convertible currencies.

6. Each Party shall apply the Code of Conduct formulated by the International Civil Aviation Organization for the regulation and operation of Computer Reservation Systems within its Territory, or any other similar regulations concerning Computer Reservation Systems in force in their respective countries.

7. The Designated Airlines shall have the right to perform its own ground handling with respect to passenger check-in operations in the Territory of the other Party. This right does not include airside ground handling services and will only be subject to constraints resulting from requirements of airport safety, security and airport infrastructure.

8. Each Designated Airline of one Party shall have the right to select in the Territory of the other Party, any agent from competing handling agents authorized to perform such services to third parties by the competent authorities of that other Party, for the provision, in whole or in part, of handling services.

ARTICLE 13

TRANSFER OF FUNDS

1. Each Party shall permit the Designated Airlines of the other Party the right to transfer freely the excess of receipts over expenditure earned by such airlines in its Territory in connection with the sale of air transportation and other ancillary products associated to the sale of air transportation, as well as commercial interest earned on such revenues (including interest earned on deposits awaiting transfer). Such transfers shall be effected in any freely convertible currency, subject to the legal provisions of each Party.

2. If a Party imposes restrictions on the transfer of excess of receipts over expenditure by the Designated Airlines of the other Party, the latter shall have a right to impose reciprocal restrictions on the Designated Airlines of the first Party.

3. In the event that payments between the Parties are governed by a special agreement, such agreement shall apply.

ARTICLE 14

APPROVAL OF TIMETABLES

The Designated Airlines of each Party shall submit for approval to the Aeronautical Authority of the other Party prior to the inauguration of its services, the timetable of intended services, specifying the frequency, the type of aircraft, and period of validity. This requirement shall likewise apply to any modification thereof.

ARTICLE 15

TARIFFS

1. Each Party shall allow Tariffs to be established by each Designated Airline based upon commercial considerations in the market place. Neither Party shall require the Designated Airlines to consult other airlines about the Tariffs they charge or propose to charge.

2. Each Party may require prior filing with its Aeronautical Authorities, of prices to be charged to or from its Territory by Designated Airlines of both Parties. Such filing by or on behalf of the Designated Airlines may be required by no more than thirty (30) days before the proposed date of effectiveness.

3. Except as otherwise provided in this Article, neither Party shall take unilateral action to prevent the inauguration or continuation of a price proposed to be charged or charged by a Designated Airline of either Party for international air transportation.

4. Intervention by the Parties shall be limited to:

   (a) Prevention of Tariffs whose application constitutes anti-competitive behavior which has or is likely to or intended to have the effect of crippling a competitor or excluding a competitor from a route;

   (b) Protection of consumers from prices that are unreasonably high or restrictive due to the abuse of a dominant position; and

   (c) Protection of Designated Airlines from prices that are artificially low.

5. Each Party shall have the right to approve or disapprove tariffs for one-way or round-trip carriage between the territories of the two Parties which commences in its own Territory. The tariffs to be charged by a designated airline of one Party for carriage between the Territory of the other Party and that of a third State on services covered by this Agreement shall be subject to the approval requirements of the other Party. Neither Party shall take unilateral action to prevent the inauguration of proposed tariffs or the continuation of effective tariffs for one-way or round-trip carriage between the territories of the two Parties commencing in the Territory of the other Party.

ARTICLE 16

EXCHANGE OF INFORMATION

1. The Aeronautical Authorities of both Parties shall exchange information, as promptly as possible, concerning the current authorizations extended to their respective Designated Airlines to render service to the Territory of the other Party.

2. The Aeronautical Authorities and the airlines of either Party shall supply to the Aeronautical Authorities of the other Party, at their request, such periodic or other statements of statistics as may be reasonably required.

ARTICLE 17

CONSULTATION

1. In a spirit of close cooperation, the Aeronautical Authorities of the Parties shall consult each other from time to time with a view to ensuring the implementation of and satisfactory compliance with, the provisions of this Agreement and either Party may at any time request consultations on the implementation, interpretation, application or amendment of this Agreement.

2. Subject to Articles 4, 9 and 11, such consultations, which may be through discussion or correspondence, shall begin within a period of sixty (60) days of the date of receipt of such a request, unless otherwise agreed by both Parties.

ARTICLE 18

SETTLEMENT OF DISPUTES

1. If any dispute arises between the Parties relating to the interpretation or application of this Agreement the Parties shall in the first place endeavor to settle it by negotiation.

2. If the Parties fail to reach a settlement by negotiation, they may agree to refer the dispute for decision to some person or body for mediation.

3. If the Parties do not agree to mediation, or if a settlement is not reached by negotiation, the dispute shall, at the request of either Party, be submitted for decision to a tribunal of three (3) arbitrators which shall be constituted in the following manner:

   a) Within sixty (60) days of receipt of a request for arbitration, each Party shall appoint one arbitrator. A national of a third State, who shall act as the President of the tribunal, shall be nominated as the third arbitrator by the two appointed arbitrators within sixty (60) days of the appointment of the second;

   b) If within the time limits specified above any appointment has not been made, either Party may request the President of the Council of the International Civil Aviation Organization to make the necessary appointment within thirty (30) days. If the President is of the same nationality as one of the Parties, the most senior Vice President who is not disqualified on that same ground shall make the appointment. In such case the arbitrator or arbitrators appointed by the said President or the Vice President as the case may be, shall not be nationals or permanent residents of the States parties to this Agreement and should be a national of a State which has diplomatic relations with both Parties.

4. Except as hereinafter provided in this Article or otherwise agreed by the Parties, the tribunal shall determine the place where the proceedings will be held and the limits of its jurisdiction in accordance with this Agreement. The tribunal shall establish its own procedure. A conference to determine the precise issues to be arbitrated shall be held not later than thirty (30) days after the tribunal is fully constituted.

5. Except as otherwise agreed by the Parties or prescribed by the tribunal, each Party shall submit a memorandum within forty five (45) days after the tribunal is fully constituted. Replies shall be due sixty (60) days later. The tribunal shall hold a hearing at the request of either Party, or at its discretion, within thirty (30) days after replies are due.

6. The tribunal shall attempt to give a written decision within thirty (30) days after completion of the hearing or, if no hearing is held, thirty (30) days after both replies are submitted. The decision shall be taken by a majority vote.

7. The Parties may submit requests for clarification of the decision within fifteen (15) days after they receive the decision of the tribunal, and such clarification shall be issued within fifteen (15) days of such request.

8. The Parties shall comply with any stipulation, provisional ruling or final decision of the tribunal.

9. Subject to the final decision of the tribunal, the Parties shall bear the costs of its arbitrator and an equal share of the other costs of the tribunal, including any expenses incurred by the President or Vice President of the Council of the International Civil Aviation Organization in implementing the procedures in paragraph (3.b) of this Article.

10. If, and as long as, either Party fails to comply with a decision contemplated in paragraph (8) of this Article, the other Party may limit, suspend or revoke any rights or privileges which it has granted under this Agreement to the Party in default.

ARTICLE 19

AMENDMENT OF AGREEMENT

1. Subject to the provisions of paragraph (2) of this Article, if either Party considers it desirable to amend any provision of this Agreement, such amendment shall be agreed upon in accordance with the provisions of Article 17 and shall be effected by an Exchange of Diplomatic Notes and will come into effect on a date to be determined by the Parties, which date shall be dependent upon the completion of the relevant internal ratification process of each Party.

2. Any amendments to the Annex to this Agreement may be agreed directly between the Aeronautical Authorities of the Parties.

3. This Agreement shall, subject to the necessary changes, be deemed to have been amended by those provisions of any international convention or multilateral agreement which becomes binding on both Parties.

ARTICLE 20

REGISTRATION

This Agreement and any amendments thereto, other than amendments to the Annex, shall be submitted by the Parties to the International Civil Aviation Organization for registration.

ARTICLE 21

TERMINATION

1. Either Party may at any time give notice in writing through diplomatic channels to the other Party of its decision to terminate this Agreement. Such notice shall be simultaneously communicated to the International Civil Aviation Organization. In such case the Agreement shall terminate twelve (12) months after the date of receipt of notice by the other Party, unless the notice to terminate is withdrawn by agreement before the expiry of this period.

2. In the absence of acknowledgment of receipt of a notice of termination by the other Party, notice shall be deemed to have been received by it fourteen (14) days after the receipt of the notice by the International Civil Aviation Organization.

ARTICLE 22

ENTRY INTO FORCE

This Agreement shall enter into force on the day the last written notification is received by diplomatic note confirming that the Parties have fulfilled all respective internal procedures required for the entry into force of this Agreement.

IN WITNESS WHEREOF the undersigned being duly authorized thereto by their respective Governments, have signed this Agreement in duplicate in the Spanish, Arabic and English languages, all texts being equally authentic and each Party retains one original in each language for implementation. In the event of any divergence of interpretation, the English text shall prevail.

Done at Abu Dhabi, on January 14th, 2013.

FOR THE GOVERNMENT OF THE ARGENTINE REPUBLIC

HÉCTOR MARCOS TIMERMAN
MINISTER OF FOREING AFFAIRS AND WORSHIP

FOR THE GOVERNMENT OF THE UNITED ARAB EMIRATES

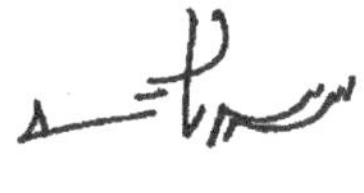

ENG. SULTAN BEN SAEED AL MANSOORI
MINISTER OF ECONOMY

ANNEX
ROUTE SCHEDULE

Section 1:

Routes to be operated by the Designated Airline(s) of the United Arab Emirates (UAE)

Behind Point(s)	Points in the UAE	Intermediate Point(s)	Points in the Argentine Republic	Beyond Point(s)
Any Point(s)	Any Point(s)	Any Point(s)	Any Point(s)	Any Point(s)

Section 2:

Routes to be operated by the Designated Airline(s) of the Argentine Republic

Behind Point(s)	Points in the Argentine Republic	Intermediate Point(s)	Points in the UAE	Beyond Point(s)
Any Point(s)	Any Point(s)	Any Point(s)	Any Point(s)	Any Point(s)

Notes on Sections 1 and 2 above:

1. The Designated Airline(s) of both Parties may, on any and all of the flights, operate flights in either or both directions; omit calling at any or all behind, intermediate or beyond point(s); transfer traffic from any aircraft used by them to any other aircraft of the same airline at any point(s) in the route; combine different flight numbers within one aircraft operation or serve points within the Territory of the other Party in any combination, provided that no cabotage rights are exercised.

2. In passenger and combination services, the Designated Airlines of each Party shall be allowed to exercise full 5th freedom traffic rights on any behind, intermediate and beyond point(s) in the Middle East, Asia, Africa, North, Central and South America. The exercise of 5th freedom traffic rights on point(s) in Europe shall only be permitted subject to a code share agreement with an airline of the other Party, provided that there is a stop at a point(s) in the Territory of the Party designating the airline.

3. In all cargo services, the Designated Airline(s) of each Party shall be allowed to exercise full 5th freedom traffic rights on any behind, intermediate and beyond point(s), provided that there is a stop at a point(s) in the Territory of the Party designating the airline.

[TEXT IN SPANISH – TEXTE EN ESPAGNOL]

ACUERDO

ENTRE

EL GOBIERNO DE LOS EMIRATOS ÁRABES UNIDOS

Y

EL GOBIERNO DE LA REPÚBLICA ARGENTINA

SOBRE SERVICIOS AÉREOS ENTRE SUS RESPECTIVOS TERRITORIOS

PREÁMBULO

El Gobierno de los Emiratos Árabes Unidos y el Gobierno de la República Argentina (en adelante denominados las "Partes");

Como Partes de la Convención sobre Aviación Civil Internacional abierta a la firma en Chicago el 7 de diciembre de 1944;

Con el deseo de celebrar un Acuerdo de conformidad con dicha Convención y suplementario a ella, con el objeto de establecer y operar Servicios Aéreos entre sus respectivos territorios;

Reconociendo la importancia del transporte aéreo como medio para crear y fomentar la amistad, el entendimiento y la cooperación entre los pueblos de los dos países;

Con el deseo de asegurar el máximo nivel de seguridad en la aviación y seguridad operacional en los servicios aéreos internacionales y reafirmando su grave preocupación por actos o amenazas contra la seguridad de las aeronaves que pongan en peligro la seguridad de las personas y de la propiedad, que adversamente afecten la operación de los servicios aéreos y debiliten la confianza pública en la seguridad de la aviación civil;

HAN ACORDADO LO SIGUIENTE:

ARTÍCULO 1

DEFINICIONES

1. A los fines del presente Acuerdo, salvo que el contexto determine lo contrario:

a) "Autoridad Aeronáutica" se refiere, en el caso del Gobierno de la República Argentina, al Ministerio del Interior y Transporte, Secretaría de Transporte, Subsecretaría de Transporte Aerocomercial, Administración Nacional de Aviación Civil (A.N.A.C.), en el marco de sus competencias específicas conforme a la legislación argentina, y en el caso del Gobierno de los Emiratos Árabes Unidos, a la Autoridad General de Aviación Civil, o en ambos casos, a toda persona u organismo autorizado para realizar las funciones relacionadas con el presente Acuerdo;

b) El término "Servicios Acordados" se refiere a los Servicios Aéreos Internacionales programados entre los respectivos territorios de la República Argentina y de Emiratos Árabes Unidos para el transporte de pasajeros, equipaje y Carga, separadamente o en cualquier combinación;

c) El término "Acuerdo" se refiere al presente Acuerdo, a su Anexo adjunto y a cualquier modificación al Acuerdo o al Anexo;

d) Los términos "Servicio Aéreo", "Línea Aérea", "Servicio Aéreo Internacional" y "escalas para fines no comerciales" tienen el significado que se les asigna respectivamente en el Artículo 96 de la Convención;

e) El término "Carga" incluye la correspondencia;

f) El término "Convención" se refiere a la Convención sobre Aviación Civil Internacional abierta a la firma en Chicago el 7 de diciembre de 1944, e incluye: (i) toda modificación a la misma que haya entrado en vigencia de conformidad con el Artículo 94(a) de la Convención y que haya sido ratificada por ambas Partes; y (ii) todo Anexo o enmienda adoptada de conformidad con el Artículo 90 de dicha Convención siempre que tal anexo o modificación en cualquier momento tuviera vigencia para ambas Partes.

g) El término "Líneas Aéreas Designadas" significa una Línea Aérea o Líneas Aéreas designadas y autorizadas de conformidad con el Artículo 3 del presente Acuerdo;

h) El término "Tarifa" se refiere a los precios a ser cobrados por el transporte de pasajeros, equipaje y Carga y a las condiciones en virtud de las cuales se aplican dichos precios, excepto remuneraciones y condiciones para el transporte de correspondencia;

i) El término "Territorio" en relación con un Estado tiene el significado asignado en el Artículo 2 de la Convención;

j) El término "Cargos a los Usuarios" se refiere a los cargos impuestos a las Líneas Aéreas por las autoridades competentes o permitidos por éstas por la provisión de las instalaciones y bienes aeroportuarios, y/o facilidades de la navegación aérea, incluyendo servicios e instalaciones para aeronaves, sus tripulaciones, pasajeros, equipaje y carga;

k) El término "Capacidad" se refiere al total de servicios proporcionados de conformidad con el presente Acuerdo, normalmente medida por el número de vuelos (frecuencias) o asientos o toneladas de carga ofrecidas en el mercado (par de ciudades o país a país) o en una ruta durante un determinado período, ya sea diario, semanal, estacional o anual.

2. El Anexo forma parte integral del presente Acuerdo.

3. Al implementar el presente Acuerdo, las Partes actuarán de conformidad con las disposiciones de la Convención siempre y cuando esas disposiciones sean aplicables a los Servicios Aéreos Internacionales.

ARTÍCULO 2

OTORGAMIENTO DE DERECHOS

1. Cada Parte otorga a la otra Parte los derechos especificados en el presente Acuerdo con el objeto de establecer y operar los Servicios Acordados.

2. Las Líneas Aéreas Designadas por cada Parte gozarán de los siguientes derechos:

a) volar a través del Territorio de la otra Parte sin aterrizar en las rutas aéreas prescritas por las autoridades aeronáuticas de esta última;

b) efectuar escalas en el Territorio de la otra Parte para fines no comerciales en los puntos prescritos por las autoridades aeronáuticas de esta última, y

c) realizar escalas en los puntos especificados en el Cuadro de Rutas adjunto en Anexo al presente Acuerdo, con el objeto de embarcar y/o desembarcar tráfico internacional de pasajeros, equipaje y carga, separadamente o en cualquier combinación, mientras operen los Servicios Acordados.

3. Ninguna disposición contemplada en el presente Artículo otorgará a las Líneas Aéreas Designadas de cualquier Parte el privilegio de embarcar, en el Territorio de la

otra Parte, pasajeros, equipaje y carga, transportados por remuneración o contrato y con destino a otro punto del Territorio de esa otra Parte.

ARTÍCULO 3

DESIGNACIÓN Y AUTORIZACIÓN

1. Las Autoridades Aeronáuticas de cada Parte tendrán derecho a designar a una o más líneas aéreas a los efectos de operar los Servicios Acordados y a retirar o modificar la designación de una línea aérea o a sustituir una Línea Aérea Designada anteriormente por otra. Dicha designación deberá especificar el alcance de la autorización otorgada a cada línea aérea con relación a la operación de los Servicios Acordados. Las designaciones y modificaciones deberán realizarse por la vía diplomática.

2. Al recibir una notificación de designación, sustitución o modificación y a pedido de la Línea Aérea Designada conforme a las formalidades prescritas, y según las disposiciones de los párrafos (3) y (4) del presente Artículo, la otra Parte otorgará sin demora a la Línea Aérea Designada la autorización necesaria para operar.

3. Las Autoridades Aeronáuticas de una de las Partes podrán solicitar a la Línea Aérea Designada por la otra Parte que demuestre que está calificada para cumplir con las condiciones prescritas en virtud de las leyes y reglamentaciones que razonable y normalmente apliquen dichas autoridades a la operación de Servicios Aéreos Internacionales, de conformidad con las disposiciones de la Convención.

4. Cada Parte tendrá el derecho de denegar el otorgamiento de las autorizaciones mencionadas en el párrafo (2) del presente Artículo, o a imponer las condiciones que estime necesarias para el ejercicio de los derechos especificados en el Artículo 2 del presente, toda vez que, sujeto a cualquier acuerdo especial entre las Partes, no pueda demostrarse que la Parte que designa a la línea aérea o sus nacionales posean la propiedad sustancial y el control efectivo de esa línea aérea

de conformidad con las disposiciones legales de la Parte que designa dicha línea aérea.

5. Cuando una línea aérea haya sido designada y autorizada podrá, en cualquier momento, comenzar a operar los Servicios Acordados de forma total o parcial, siempre que estén vigentes las tarifas conforme al Artículo 15 del presente Acuerdo y los horarios establecidos de conformidad con el Artículo 14 del presente Acuerdo con respecto a tales servicios.

ARTÍCULO 4

REVOCACIÓN Y LIMITACION DE LA AUTORIZACIÓN DE OPERACIÓN

1. Las Autoridades Aeronáuticas de cada una de las Partes tendrán el derecho a revocar la autorización para operar o suspender el ejercicio de los derechos establecidos en el Artículo 2 del presente Acuerdo de la Línea Aérea Designada de la otra Parte, o a imponer las condiciones, temporarias o permanentes, que consideren necesarias con relación al ejercicio de dichos derechos:

   a) en caso de incumplimiento por parte de la línea aérea de las leyes y disposiciones que normal y razonablemente apliquen las Autoridades Aeronáuticas de la Parte que otorga tales derechos de conformidad con la Convención; o

   b) en caso de que la línea aérea no operara de conformidad con las condiciones establecidas en el presente Acuerdo; o

   c) en caso de que, sujeto a cualquier acuerdo especial entre las Partes, no pueda demostrarse que la propiedad sustancial y el control efectivo de esa línea aérea pertenecen a la Parte que designa la línea aérea o a sus nacionales, de conformidad con las disposiciones legales de la Parte que designa a dicha línea aérea; o

d) de conformidad con el párrafo (6) del Artículo 9 del presente Acuerdo; o

e) en caso de incumplimiento por la otra Parte de tomar las medidas necesarias a fin de optimizar la seguridad operacional de conformidad con el párrafo (2) del Artículo 9 del presente Acuerdo; o

f) toda vez que la otra Parte no cumpla con alguna de las decisiones o estipulaciones que surgen de la aplicación del Artículo 18 del presente Acuerdo.

2. Salvo que la revocación, suspensión, o imposición inmediata de las condiciones mencionadas en el párrafo (1) del presente Artículo sea indispensable para impedir mayores violaciones a las leyes o disposiciones, dichos derechos serán ejercidos sólo después de haberse efectuado las consultas pertinentes con las Autoridades Aeronáuticas de la otra Parte, según se establece en el Artículo 17.

ARTÍCULO 5

CAPACIDAD

1. La capacidad total que las Líneas Aéreas Designadas deberán proporcionar para los Servicios Acordados entre las Partes será acordada por las autoridades aeronáuticas de las Partes antes del inicio de las operaciones y en adelante de acuerdo con los requerimientos previstos de tráfico aéreo.

2. Los Servicios Acordados que operen las Líneas Aéreas Designadas de las Partes tendrán como objetivo principal proveer, a factores de carga razonables, la capacidad adecuada a los requerimientos de tráfico entre los territorios de las dos Partes.

3. Cada Parte brindará oportunidades justas y equitativas a las Líneas Aéreas Designadas de ambas para operar los Servicios Acordados entre sus respectivos territorios a fin de obtener beneficios recíprocos y equitativos, en principio compartiendo de manera equitativa la capacidad total entre las Partes.

4. Si, en consultas, las Partes no pudieran acordar la capacidad a ser provista en los Servicios Acordados, la capacidad que provean las Líneas Aéreas Designadas de las Partes no deberá exceder la capacidad total (incluyendo variaciones estacionales) previamente acordada.

5. Cada Parte tendrá en consideración los intereses de las líneas aéreas de la otra Parte para no afectar indebidamente sus posibilidades de ofrecer los servicios contemplados en el presente Acuerdo.

6. El derecho de embarcar o desembarcar en los vuelos internacionales con destino a y provenientes de terceros países en un punto o puntos en las rutas especificadas en el presente Acuerdo será ejercido de conformidad con el Anexo sobre Plan de Rutas del presente Acuerdo y con los principios generales del desarrollo ordenado del transporte aéreo internacional al que ambas partes suscriben y que se refieren a:
   a) la demanda de tráfico entre el país de origen y los países de destino final del tráfico;
   b) la demanda de vuelos directos de la línea aérea; y
   c) la demanda de tráfico del área a través de la cual pasa la línea aérea luego de tomar en cuenta los servicios locales y regionales.

ARTÍCULO 6

DISPOSICIONES ADUANERAS Y OTRAS CARGAS

1. Cada Parte eximirá a la Línea Aérea Designada de la otra Parte de las restricciones de importación, derechos o tributos aduaneros, impuestos directos o indirectos, tasas de inspección y otros derechos locales y nacionales y cargas que no se

basen en el costo de servicios suministrados en las llegadas, sobre aeronaves y su equipamiento regular, combustible, lubricantes, suministros técnicos fungibles, repuestos, incluyendo motores, equipo habitual para aeronaves, provisiones para las aeronaves incluyendo, sin carácter taxativo, alimentos, refrescos, bebidas alcohólicas, tabaco, y otros productos para venta a los pasajeros o uso durante el vuelo y otros productos para uso únicamente relacionado con la operación o servicio de la aeronave de la Línea Aérea Designada de esa Parte que opere los Servicios Acordados como así también el stock de pasajes impresos, facturas, uniformes del personal, cualquier material impreso con el logo de la Línea Aérea Designada y material publicitario y promocional habitual y de promoción que esa Línea Aérea Designada distribuye en forma gratuita, como así también las computadoras e impresoras de billetes utilizadas por las Líneas Aéreas Designadas para las reservas y emisión de billetes de pasaje.

2. Las exenciones otorgadas por el presente Artículo se aplicarán a las mercaderías mencionadas en el párrafo (1) del mismo:

   a) ingresadas al Territorio de alguna de las Partes, por o en nombre de una Línea Aérea Designada de la otra Parte;

   b) retenidas a bordo de la aeronave de la Línea Aérea Designada de una Parte al arribar y hasta el momento de partir del territorio de la otra Parte o consumidas durante el vuelo sobre dicho Territorio;

   c) llevadas a bordo de una aeronave de la Línea Aérea Designada de una Parte en el Territorio de la otra Parte y destinadas a ser utilizadas para operar los Servicios Acordados; ya sea que dichas mercaderías sean o no utilizadas o consumidas total o parcialmente dentro del Territorio de la Parte que concede la exención, siempre que dichas mercaderías no sean enajenadas en el Territorio de dicha Parte.

3. El equipamiento habitual aerotransportado, como así también los materiales, suministros y provisiones normalmente mantenidos a bordo de la aeronave de una Línea Aérea Designada de alguna de las Partes podrán desembarcarse en el

territorio de la otra Parte sólo con la aprobación de las autoridades aduaneras de esa otra Parte. En ese caso, tanto el equipo como los materiales antes mencionados gozarán de las exenciones dispuestas en el párrafo (1) del presente Artículo, sin perjuicio de que podrá exigirse que sean colocados bajo la supervisión de dichas autoridades hasta que sean reexportados o se disponga de ellos, conforme a la legislación aduanera.

4. Las exenciones dispuestas en el presente Artículo también podrán aplicarse cuando la Línea Aérea Designada de cualquiera de las Partes haya acordado con otras líneas aéreas el préstamo o traslado en el territorio de la otra Parte, del equipo habitual y de las otras mercaderías mencionadas en el párrafo (1) del presente Artículo, siempre que dichas líneas aéreas gocen de exenciones similares en esa otra Parte.

ARTÍCULO 7

APLICACIÓN DE LEYES Y REGLAMENTACIONES NACIONALES

1. Las leyes, reglamentaciones y procedimientos de una Parte relativos al ingreso, permanencia o salida de su Territorio de aeronaves que operen vuelos internacionales o a la operación y navegación de dichas aeronaves dentro del Territorio de una de las Partes se aplicarán a las aeronaves operadas por las líneas aéreas de la otra Parte sin distinción en cuanto a nacionalidad y se cumplirán al ingresar o salir del territorio de la otra Parte y durante su permanencia en el Territorio de la otra Parte.

2. Las leyes, reglamentaciones y procedimientos de una Parte relativos al ingreso, permanencia o salida de su Territorio de pasajeros, tripulación, equipaje y Carga transportados en la aeronave, tales como reglamentaciones relativas al ingreso, seguridad en la aviación, pasaportes, aduanas, moneda, cuarentena, salud y medidas sanitarias, o en el caso de la correspondencia, leyes postales y reglamentaciones, deberán ser cumplidas por dichos pasajeros, tripulación, equipaje y carga o en su representación por la aeronave de la Línea Aérea

Designada de la otra Parte al ingresar o salir del territorio de la otra Parte o mientras se hallen dentro del territorio de la primera Parte.

3. Al aplicar las leyes y reglamentaciones establecidas en el presente Artículo, ninguna de las Partes podrá otorgar privilegio alguno a sus propias líneas aéreas ni a ninguna otra línea aérea por encima de una línea aérea de la otra Parte.

4. Los pasajeros, equipaje y carga que se encuentren en tránsito directo dentro del Territorio de cualquiera de las Partes y que permanezcan en las áreas del aeropuerto reservadas a tal fin quedarán sujetos, salvo respecto de las medidas de seguridad contra la violencia, piratería aérea, control de estupefacientes y aquellas que se determinen para circunstancias especiales, a un control simplificado. Tanto la Carga como el equipaje en tránsito quedarán libres de derechos aduaneros, impuestos indirectos y otros aranceles y cargos similares nacionales y/o locales.

ARTÍCULO 8

CERTIFICADOS DE AERONAVEGABILIDAD Y COMPETENCIA

1. Los certificados de aeronavegabilidad, de competencia y las licencias emitidas o convalidadas por una Parte y que aún estén en vigencia, serán considerados válidos por la otra Parte a los efectos de la operación de los Servicios Acordados, siempre que dichos certificados o licencias hayan sido emitidos o convalidados de conformidad con las normas mínimas establecidas en el Convenio.

2. Cada Parte, no obstante, se reserva el derecho de denegar el reconocimiento de los certificados y licencias habilitantes otorgados a sus propios nacionales por la otra Parte para vuelos sobre su territorio.

3. En caso de que los privilegios o condiciones de las licencias o certificados emitidos o convalidados por una Parte permitan diferencias respecto de las normas mínimas establecidas en la Convención, independientemente de que dichas diferencias hayan sido presentadas o no ante la Organización de Aviación Civil Internacional, la

Autoridad Aeronáutica de la otra Parte podrá, sin perjuicio de los derechos de la primera Parte en virtud del Artículo 9 (2), requerir consultas a la Autoridad Aeronáutica de la otra Parte de conformidad con el Artículo 17 a los efectos de asegurarse de que los requisitos en cuestión resulten aceptables. En caso de no llegar a un acuerdo satisfactorio, se podrá aplicar el Artículo 4 (1) del presente Acuerdo.

ARTICULO 9

SEGURIDAD OPERACIONAL

1. Cada una de las Partes podrá solicitar mantener consultas en cualquier momento sobre las normas de seguridad operacional adoptadas por la otra Parte en las áreas relacionadas con las instalaciones para la aeronavegación, la tripulación, las aeronaves o su operación. Dichas consultas se llevarán a cabo dentro de los treinta (30) días de solicitadas.

2. Si, luego de dichas consultas, una Parte comprueba que la otra Parte no mantiene ni administra efectivamente normas de seguridad en cualquiera de las áreas mencionadas en el párrafo (1) que cumplan con las normas mínimas establecidas en ese momento de acuerdo con la Convención, la otra Parte será notificada de dicha comprobación y de los pasos necesarios para cumplir con esas normas mínimas. La otra Parte tomará las medidas correctivas convenientes dentro del tiempo que se acuerde.

3. De conformidad con el Artículo 16 de la Convención, se acuerda que cualquier aeronave operada por o en representación de líneas aéreas de una Parte en servicios hacia o desde el Territorio de otra Parte, mientras se encuentre dentro del Territorio de la otra Parte, podrá ser objeto de una inspección por parte de los representantes autorizados de la otra Parte siempre que esto no cause un excesivo retraso en la operación de la aeronave. Más allá de las obligaciones mencionadas en el Artículo 33 de la Convención, el propósito de esta inspección es verificar la validez de los documentos de la aeronave y las licencias de su tripulación y que el

equipamiento y las condiciones de la aeronave se adecuen a las normas mínimas establecidas con arreglo a la Convención en ese momento.

4. Cada Parte se reserva el derecho de suspender o modificar de inmediato la autorización para operar de la línea o líneas aéreas de la otra Parte en el caso de que sea esencial que se tomen medidas urgentes para la seguridad operacional de la línea aérea.

5. Cualquier medida adoptada por una Parte de conformidad con el párrafo (4) del presente Artículo quedará sin efecto cuando desaparezcan los fundamentos que determinaron que se adoptara dicha medida.

6. Con relación al párrafo (2), en caso de que se determine que una Parte persiste en el incumplimiento de los requisitos de seguridad operacional establecidos de conformidad con la Convención y vencido el plazo acordado, se notificará al Secretario General de la Organización de Aviación Civil Internacional al respecto. También se notificará a éste último sobre la posterior resolución satisfactoria de la situación.

ARTÍCULO 10

CARGOS A LOS USUARIOS

1. Cada una de las Partes hará lo posible para garantizar que los Cargos a los Usuarios que la autoridad competente imponga o permita que sus organismos competentes impongan a las Líneas Aéreas Designadas de la otra Parte por el uso de aeropuertos y otras instalaciones de la aviación sean justos y razonables. Los mismos se basarán en principios económicos fundados y no deberán ser más altos que los que paguen otras líneas aéreas por dichos servicios.

2. Ninguna de las Partes dará preferencia, con respecto a los Cargos a los Usuarios, a su propia o a cualquier otra línea(s) aérea(s) comprometida en servicios internacionales similares y no impondrá o permitirá la imposición de Cargos a los Usuarios sobre la línea(s) aérea(s) designada(s) de la otra Parte más altos que los

impuestos a su propia línea aérea que opere similares Servicios Aéreos Internacionales y que utilice aeronaves e instalaciones y servicios similares relacionados.

3. Cada una de las Partes promoverá las consultas entre sus organismos que impongan los Cargos a los Usuarios y las Líneas Aéreas Designadas que utilicen los servicios y las instalaciones. Se enviará notificación razonable dentro de lo posible a los usuarios sobre cualquier propuesta de cambios de los Cargos a los Usuarios junto con la información y los datos pertinentes que los sustenten, para que éstos puedan expresar su punto de vista antes de que se revisen dichos cargos.

ARTÍCULO 11

SEGURIDAD EN LA AVIACIÓN

1. De conformidad con sus derechos y obligaciones en virtud del derecho internacional, las Partes reafirman que su obligación mutua de proteger la seguridad de la aviación civil contra actos de interferencia ilícita forma parte integral del presente Acuerdo.

2. Sin limitar la generalidad de sus derechos y obligaciones en virtud del derecho internacional, las Partes, en particular, actuarán de conformidad con las disposiciones de la *Convención sobre Delitos y Otros Actos Cometidos a Bordo de una Aeronave, firmada en Tokio el 14 de septiembre de 1963*, la *Convención para la Supresión del Secuestro Ilícito de Aeronaves, firmada en La Haya el 16 de diciembre de 1970*, la *Convención para la Supresión de Actos ilícitos contra la Seguridad de la Aviación Civil, firmada en Montreal el 23 de septiembre de 1971* y el *Protocolo para la Supresión de Actos ilícitos de Violencia en los Aeropuertos al Servicio de la Aviación Civil Internacional, Complementario a la Convención para la Supresión de Actos ilícitos contra la Seguridad de la Aviación Civil, hecho en Montreal el 23 de septiembre de 1971 y firmado en Montreal el 24 de febrero de*

1988 y de cualquier acuerdo relativo a la seguridad de la aviación civil que sea vinculante para ambas Partes.

3. Las Partes se proporcionarán mutuamente, a su solicitud, toda la asistencia necesaria para evitar actos de secuestro ilícito de una aeronave civil y otros actos ilícitos contra la seguridad de dicha aeronave, sus pasajeros y tripulación, aeropuertos e instalaciones para aeronavegación, y cualquier otra amenaza pertinente para la seguridad de la aviación civil.

4. Las Partes, en sus relaciones mutuas, actuarán de conformidad con las normas de seguridad en la aviación establecidas por la Organización de Aviación Civil Internacional y designadas como anexos de la Convención en la medida en que tales normas de seguridad sean aplicables a las Partes.

5. Asimismo, las Partes requerirán que los operadores de aeronaves de su registro o los operadores de aeronaves con sede principal o residencia permanente en su Territorio y los operadores de aeropuertos en su Territorio, actúen de conformidad con las disposiciones sobre seguridad en la aviación que sean aplicables a las Partes.

6. Cada Parte acuerda que se podrá requerir que dichos operadores de aeronaves observen las normas de seguridad de la aviación mencionadas en el párrafo (4) del presente Artículo que aplique la otra Parte para la entrada, salida, o permanencia en el territorio de esa otra Parte.

7. Cada Parte garantizará que efectivamente se apliquen dentro de su Territorio las medidas adecuadas para proteger las aeronaves y hacer controles de seguridad a los pasajeros, la tripulación, su equipaje de mano, el equipaje, la carga y las bodegas de la aeronave antes del embarque y carga. Cada Parte considerará de modo favorable cualquier pedido de la otra Parte para tomar medidas razonables especiales de seguridad en caso de una amenaza en particular.

8. Cuando ocurra un incidente o amenaza de incidente de secuestro ilícito de una aeronave civil u otros actos ilícitos contra la seguridad de dicha aeronave, sus

pasajeros y la tripulación, los aeropuertos e instalaciones de aeronavegación, las Partes se prestarán asistencia mutua facilitando las comunicaciones y otras medidas adecuadas destinadas a ponerle fin en la forma más rápida posible y con riesgo mínimo para la vida a dicho incidente o amenaza de incidente.

9. Cada una de las Partes deberá tomar las medidas que estime adecuadas para garantizar que la aeronave de la otra Parte sujeta a un acto de interferencia ilícita o a cualquier otro tipo de interferencia ilícita dentro de su territorio sea detenida allí, a menos que su partida se haga necesaria en virtud del deber superior de proteger la vida de los pasajeros y de la tripulación.

10. Cuando una Parte tenga motivos razonables para creer que la otra Parte se ha apartado de las disposiciones del presente Artículo, las Autoridades Aeronáuticas de la primera Parte podrán solicitar mantener consultas de inmediato con las Autoridades Aeronáuticas de la otra Parte. En caso de no llegarse a un acuerdo satisfactorio dentro de los quince (15) días a partir de la fecha de la solicitud, ello será motivo suficiente para que se aplique el párrafo (1) del Artículo 4 del presente Acuerdo. Cuando una emergencia lo requiera, una Parte podrá tomar medidas provisorias en virtud del párrafo (1) del Artículo 4 antes de los quince (15) días. Las medidas tomadas en virtud del presente párrafo finalizarán una vez que la otra Parte cumpla con las medidas de seguridad dispuestas en el presente Artículo.

ARTÍCULO 12

ACTIVIDADES COMERCIALES

1. De conformidad con las leyes y reglamentaciones aplicables en la otra Parte, las Líneas Aéreas Designadas de ambas Partes tendrán derecho a establecer en el Territorio de la otra Parte oficinas de promoción de transporte aéreo y venta de documentos de transporte y otros productos complementarios asociados a la venta del transporte aéreo.

2. Con sujeción a las leyes y reglamentaciones de la otra Parte, las Líneas Aéreas Designadas de cada Parte podrán traer y mantener en el Territorio de la otra Parte

personal gerencial, comercial, operativo, técnico y de ventas y otro tipo de personal y representantes que se requiera para la provisión de transporte aéreo.

3. Las necesidades de representantes y personal mencionadas en el Párrafo 2 del presente Artículo, a elección de la Línea Aérea Designada, podrán satisfacerse mediante la incorporación de su propio personal de cualquier nacionalidad o bien utilizando los servicios de cualquier otra línea aérea, organización o empresa que opere en el territorio de la otra Parte y esté autorizada a brindar dichos servicios a terceras partes en el Territorio de esa otra Parte.

4. De conformidad con las leyes y reglamentaciones aplicables, las Líneas Aéreas Designadas de cada Parte, directamente y, a su criterio, a través de agentes, tendrán el derecho de vender transporte aéreo en el Territorio de la otra Parte. A estos fines, las Líneas Aéreas Designadas tendrán el derecho a utilizar sus propios documentos de transporte. La Línea Aérea Designada de cada Parte tendrá derecho a vender dicho transporte y toda persona tendrá derecho a comprar dicho transporte en moneda local o en cualquier otra moneda de libre convertibilidad, con sujeción a las disposiciones legales de la otra Parte.

5. Las Líneas Aéreas Designadas de una Parte tendrán derecho a abonar los gastos locales incurridos dentro del Territorio de la otra Parte en la moneda local o, en caso de que lo permitan las reglamentaciones locales sobre divisas, en moneda de libre convertibilidad.

6. Cada Parte aplicará el Código de Conducta elaborado por la Organización de Aviación Civil Internacional para la reglamentación y operación de Sistemas Computarizados de Reservas dentro de su Territorio u otras normas similares vigentes en sus respectivos países relacionadas con los Sistemas de Reserva Computarizados.

7. Las Líneas Aéreas Designadas tendrán el derecho de realizar sus propias operaciones en tierra con respecto a las operaciones de registro de pasajeros en el Territorio de la otra Parte. Este derecho no incluye los servicios de operaciones

terrestres y sólo estará sujeto a las restricciones emergentes de los requisitos de seguridad operacional, seguridad en la aviación e infraestructura del aeropuerto.

8. Cada Línea Aérea Designada de una Parte tendrá el derecho de elegir en el Territorio de la otra Parte a cualquier agente, entre los agentes competidores autorizados por las autoridades competentes de la otra Parte a brindar servicios de manejo en tierra a terceros, para la provisión total o parcial de dichos servicios.

ARTÍCULO 13

TRANSFERENCIA DE FONDOS

1. Cada una de las Partes permitirá a las Líneas Aéreas Designadas de la otra Parte el derecho a transferir libremente el excedente de los ingresos obtenidos por dichas líneas aéreas en su Territorio por las ventas de transporte aéreo y de otros servicios auxiliares asociados a la venta de transporte aéreo y los intereses comerciales devengados sobre dichos ingresos (incluyendo el interés sobre los depósitos a transferir). Dichas transferencias se efectuarán en cualquier moneda de libre convertibilidad, de conformidad con las disposiciones legales de cada Parte.

2. En caso de que una de las Partes imponga restricciones a la transferencia del excedente de los ingresos obtenidos por las Líneas Aéreas Designadas de la otra Parte por encima de los gastos, la otra Parte podrá imponer restricciones recíprocas a las Líneas Aéreas Designadas de la primera Parte.

3. En el caso de que los pagos entre las Partes se encuentren regidos por un acuerdo especial, se aplicará dicho acuerdo especial.

ARTÍCULO 14

APROBACIÓN DE HORARIOS

Las Líneas Aéreas Designadas de cada Parte, antes de que se inicien sus servicios, presentarán a las Autoridades Aeronáuticas de la otra Parte para su aprobación el horario de sus servicios previstos especificando la frecuencia, el tipo de aeronave y su período de validez. Este requisito también se aplicará a cualquier modificación al respecto.

ARTÍCULO 15

TARIFAS

1. Cada Parte permitirá que las tarifas por servicios aéreos sean fijadas por cada Línea Aérea Designada según los factores comerciales que rigen en el mercado. Ninguna de las Partes solicitará a sus Líneas Aéreas Designadas consultar a otras líneas aéreas sobre las tarifas que cobran o proponen cobrar.

2. Cada una de las Partes podrá requerir la previa presentación ante sus Autoridades Aeronáuticas de las tarifas a ser cobradas desde o hacia su Territorio por las Líneas Aéreas Designadas de ambas Partes. Se podrá requerir que las Líneas Aéreas Designadas o su representante realicen dicha presentación hasta treinta (30) días anteriores a la fecha propuesta para su entrada en vigor.

3. Salvo que se disponga lo contrario en el presente Artículo, ninguna de las Partes tomará medidas unilaterales para evitar el lanzamiento de tarifas o la continuación de tarifas propuestas a ser cobradas o que cobren las Líneas Aéreas Designadas de cualquiera de las Partes para transporte aéreo internacional.

4. La intervención de las Partes estará limitada a:

a) impedir la aplicación de tarifas que constituya un comportamiento anticompetitivo que tenga, pueda tener el efecto de imposibilitar o excluir a un competidor de una ruta, o tienda a ello;

b) proteger a los consumidores contra tarifas injustificadamente altas o restrictivas debido al abuso de una posición dominante; y

c) proteger a las Líneas Aéreas Designadas contra tarifas artificialmente bajas.

5. Cada una de las Partes tendrá el derecho de aprobar o rechazar las tarifas presentadas para viajes de ida o ida y vuelta entre los territorios de las dos Partes que se inicien en su propio territorio. Las tarifas a cobrar por una Línea Aérea Designada de una Parte por transporte entre el territorio de otra Parte y el de un tercer Estado con respecto a servicios cubiertos por el presente Acuerdo se encontrarán sujetas a los requisitos de aprobación de la otra Parte. Ninguna de las Partes tomará medidas unilaterales para evitar el lanzamiento de tarifas propuestas o la continuación de tarifas efectivas para el transporte de ida o de ida y vuelta entre los territorios de las dos Partes que se inicie en el territorio de la otra Parte.

ARTÍCULO 16

INTERCAMBIO DE INFORMACIÓN

1. Las Autoridades Aeronáuticas de ambas Partes intercambiarán información, lo antes posible, sobre las autorizaciones vigentes extendidas a sus Líneas Aéreas Designadas para prestar servicios aéreos en el territorio de la otra Parte.

2. Las Autoridades Aeronáuticas y las líneas aéreas de cualquiera de las Partes suministrarán a las Autoridades Aeronáuticas de la otra Parte, a su solicitud, información estadística periódica o de otro tipo que razonablemente se requiera.

ARTÍCULO 17

CONSULTAS

1. Animadas por un espíritu de profunda cooperación, las Autoridades Aeronáuticas de las Partes se comunicarán periódicamente para asegurar la implementación y cumplimiento satisfactorio de las disposiciones del presente Acuerdo, y cualquiera de las Partes podrá en cualquier momento solicitar la realización de consultas sobre la implementación, interpretación, aplicación o modificación del presente Acuerdo.

2. Con sujeción a los Artículos 4, 9, y 11, dichas consultas que se harán a través de negociaciones o correspondencia, comenzarán dentro de los sesenta (60) días contados a partir de la fecha de recepción de la solicitud, salvo que ambas Partes acuerden lo contrario.

ARTÍCULO 18

SOLUCIÓN DE CONTROVERSIAS

1. En caso de que surja alguna controversia entre las Partes, relacionada con la interpretación o aplicación del presente Acuerdo, las Partes en primer lugar intentarán solucionarla a través de negociaciones.

2. En caso de que las Partes no pudieran llegar a una solución a través de negociaciones podrán acordar referir la controversia a alguna persona u organismo para que actúe como mediador.

3. En caso de que las Partes no lleguen a un acuerdo para una mediación o no alcancen una solución mediante negociaciones, a solicitud de cualquiera de las Partes, la controversia será sometida a la decisión de un tribunal formado por tres árbitros, que quedará integrado de la siguiente manera:

a) Cada una de las Partes designará un árbitro dentro de los sesenta (60) días contados a partir de la fecha de recepción de una solicitud de arbitraje. El tercer árbitro será un nacional de un tercer Estado, que se desempeñará como presidente del tribunal arbitral, y será nominado por los otros dos árbitros dentro de los sesenta (60) días de designado el segundo árbitro.

b) En caso de que no se designen los árbitros dentro del período especificado, cualquiera de las Partes podrá solicitar al Presidente del Consejo de la Organización de Aviación Civil Internacional que efectúe la designación correspondiente dentro de los treinta (30) días. En caso de que el Presidente tenga igual nacionalidad que alguna de las Partes, el Vicepresidente de mayor antigüedad y que sea de nacionalidad distinta, será el que realice la designación. En tal caso, el árbitro o árbitros designados por el Presidente o Vicepresidente, según sea el caso, no podrán ser nacionales o residentes permanentes de los Estados Parte del presente Acuerdo, debiendo ser nacionales de un Estado que tenga relaciones diplomáticas con ambas Partes.

4. Salvo lo estipulado en el presente Artículo o acuerdo de las Partes en contrario, el tribunal determinará el lugar en el que se llevará a cabo el procedimiento y los límites de su competencia de conformidad con el presente Acuerdo. El tribunal establecerá su propio procedimiento. Dentro de los treinta (30) días de constituido el tribunal, se llevará a cabo una reunión para determinar las cuestiones concretas que serán sometidas a arbitraje.

5. Salvo que las Partes acuerden otra cosa o que el tribunal establezca lo contrario, cada una de las Partes enviará un memorando dentro de los cuarenta y cinco (45) días de constituido el tribunal. Las respuestas serán enviadas a los sesenta (60) días subsiguientes. El tribunal realizará una audiencia a pedido de cualquiera de las Partes o según su criterio, dentro de los treinta (30) subsiguientes al vencimiento del plazo para el envío de las respuestas.

6. El tribunal intentará emitir una decisión por escrito dentro de los treinta (30) días de llevada a cabo la audiencia o, en caso de no haberse celebrado audiencia, a los

treinta (30) días posteriores al envío de las dos contestaciones. La decisión será tomada por mayoría de votos.

7. Las Partes podrán presentar solicitudes de aclaración de la decisión dentro de los quince (15) días posteriores a la recepción de la decisión del tribunal, y dicha aclaración será emitida dentro de los quince (15) días posteriores a su solicitud.

8. Las Partes se comprometen a cumplir con cualquier estipulación, fallo provisional o decisión final del tribunal.

9. Conforme a la decisión definitiva del tribunal, las Partes pagarán los gastos del árbitro que hayan designado y en igual proporción los gastos restantes del tribunal de arbitraje, incluyendo los incurridos por el Presidente o Vicepresidente del Consejo de la Organización de Aviación Civil Internacional, con motivo de la implementación de los procedimientos establecidos en el párrafo (3.b) del presente Artículo, serán compartidos equitativamente por las Partes.

10. En caso de que una Parte no cumpla con una decisión establecida conforme al párrafo (8) del presente Artículo, la otra Parte podrá limitar, suspender o revocar cualquier derecho o privilegio que haya otorgado en virtud del presente Acuerdo a la Parte que haya incumplido.

ARTÍCULO 19

MODIFICACIONES DEL ACUERDO

1. Sujeto a lo dispuesto en el párrafo (2) del presente Artículo, si alguna de las Partes considera propicio modificar cualquier disposición del presente Acuerdo, dicha modificación se acordará de conformidad con las disposiciones del Artículo 17 y se efectuará mediante el Intercambio de Notas Diplomáticas y entrará en vigencia en la fecha que determinen las Partes, fecha que dependerá de que cada una de las Partes cumpla con el proceso de ratificación interno pertinente.

2. Cualquier modificación del Anexo del presente Acuerdo podrá ser acordada directamente entre las Autoridades Aeronáuticas de las Partes.

3. Se considerará que, sujeto a los cambios que sean necesarios, el presente Acuerdo ha sido modificado por las disposiciones de cualquier convenio internacional o acuerdo multilateral que sea vinculante para ambas Partes.

ARTÍCULO 20

REGISTRO

El presente Acuerdo y cualquier modificación del mismo, que no sean las modificaciones del Anexo, serán presentados por las Partes a la Organización de Aviación Civil Internacional para su registro.

ARTÍCULO 21

TERMINACIÓN

1. Cualquier Parte podrá, en cualquier momento, a través de los canales diplomáticos, notificar por escrito a la otra Parte su decisión de terminar el presente Acuerdo. Dicha notificación será comunicada simultáneamente a la Organización de Aviación Civil Internacional. En ese caso el presente Acuerdo se extinguirá doce (12) meses después de la fecha de recepción de la notificación por la otra Parte, salvo que la notificación de terminación sea retirada por acuerdo entre las Partes antes de la finalización de dicho período.

2. A falta de acuse de recibo de una notificación de terminación de la otra Parte, la notificación se tendrá por recibida catorce (14) días después de la recepción de la notificación por parte de la Organización de Aviación Civil Internacional.

ARTÍCULO 22

ENTRADA EN VIGOR

El presente Acuerdo entrará en vigor en la fecha de recepción por la vía diplomática de la última notificación escrita, en la que se confirme que las Partes han cumplimentado sus respectivos requisitos internos para la entrada en vigencia del presente Acuerdo.

EN PRUEBA DE CONFORMIDAD, los abajo firmantes, debidamente autorizados por sus respectivos Gobiernos, han suscripto el presente Acuerdo, por duplicado, en los idiomas español, árabe e inglés, siendo todos los textos igualmente auténticos y conservando cada una de las Partes un original en cada idioma a los efectos de su implementación. En caso de divergencia en la interpretación prevalecerá el texto en inglés.

Hecho en Abu Dhabi, a los 14 días del mes de enero del año 2013.

POR EL GOBIERNO DE LA REPUBLICA ARGENTINA	**POR EL GOBIERNO DE LOS EMIRATOS ARABES UNIDOS**
HÉCTOR MARCOS TIMERMAN **MINISTRO DE RELACIONES EXTERIORES Y CULTO**	**ENG. SULTAN BIN SAEED AL MANSOORI** **MINISTER OF ECONOMY OF THE UNITED ARAB EMIRATES**

ANEXO

PLAN DE RUTAS

Sección 1 :

Rutas a ser operadas por las Líneas Aéreas Designadas de los Emiratos Árabes Unidos:

Puntos anteriores	**Puntos en EAU**	**Puntos Intermedios**	**Puntos en la Rep. Argentina**	**Puntos más allá**
Cualquier punto(s)	Cualquier punto(s)	Cualquier punto(s)	Cualquier punto(s)	Cualquier punto(s)

Sección 2:

Rutas a ser operadas por las Líneas Aéreas Designadas de la República Argentina.

Puntos anteriores	**Puntos en la Rep. Argentina**	**Puntos Intermedios**	**Puntos en EAU**	**Puntos más allá**
Cualquier punto(s)	Cualquier punto(s)	Cualquier punto(s)	Cualquier punto(s)	Cualquier punto(s)

Notas a las Secciones 1 y 2 anteriores :

1. Las Líneas Aéreas Designadas de ambas Partes pueden omitir en cualquiera o todos los vuelos operar en cualquiera o ambas direcciones omitiendo cualquiera o todos los punto(s) anteriores, intermedios o más allá, transferir tráfico de una aeronave utilizadas por ellas o a cualquier otra aeronave de la misma Línea Aérea en cualquier punto(s) de la ruta, combinar diferentes números de vuelo en la

operación de una aeronave o servir puntos dentro del territorio de la otra Parte en cualquier combinación, siempre que no se ejerzan derechos de cabotaje.

2. En los servicios de pasajeros y combinados, las Líneas Aéreas Designadas de cada Parte estarán autorizadas a ejercer plenos derechos de quinta libertad en cualquier punto(s) anterior(es), intermedio(s) y más allá en Medio Oriente, Asia, Africa, América del Norte, América Central y Sud América. El ejercicio de derechos de quinta libertad en punto(s) en Europa se permitirá solamente sobre la base de un acuerdo de código compartido con una línea aérea de la otra Parte, siempre que haya una escala en un punto(s) en el territorio de la Parte que designa a la línea aérea.

3. En los servicios exclusivos de carga, las Líneas Aéreas Designadas de cada Parte estarán autorizadas a ejercer plenos derechos de quinta libertad en cualquiera de los punto(s) anterior(es), intermedio(s) y más allá, siempre que haya una escala en el territorio de la Parte que designa a la línea aérea.

[TRANSLATION IN FRENCH – TRADUCTION EN FRANÇAIS]

ACCORD ENTRE LE GOUVERNEMENT DE LA RÉPUBLIQUE ARGENTINE ET LE GOUVERNEMENT DES ÉMIRATS ARABES UNIS RELATIF AUX SERVICES AÉRIENS ENTRE LEURS TERRITOIRES RESPECTIFS

Préambule

Le Gouvernement de la République argentine et le Gouvernement des Émirats arabes unis (ci-après dénommés « Parties »),

Étant parties à la Convention relative à l'aviation civile internationale, ouverte à la signature à Chicago le 7 décembre 1944,

Désireux de conclure un accord complémentaire et conforme à cette Convention aux fins d'établir et d'exploiter des services aériens entre leurs territoires respectifs,

Reconnaissant l'importance du transport aérien pour créer et favoriser l'amitié, la compréhension et la coopération entre les peuples des deux pays,

Désireux d'assurer aux services aériens internationaux le niveau le plus élevé de sûreté et de sécurité, et réaffirmant qu'ils sont sérieusement préoccupés par les actes ou menaces dirigés contre la sûreté des aéronefs qui mettent en danger la sécurité des personnes et des biens, nuisent à l'exploitation des services aériens et entament la confiance du public dans la sécurité de l'aviation civile,

Sont convenus de ce qui suit :

Article premier. Définitions

1. Aux fins du présent Accord, à moins que le contexte n'exige une interprétation différente :
   a) L'expression « autorité aéronautique » s'entend, dans le cas du Gouvernement de la République argentine, du Ministère de l'intérieur et des transports, Secrétariat des transports, Sous-secrétariat du transport aérien commercial, Administration nationale de l'aviation civile (A.N.A.C.), dans le cadre de leurs compétences spécifiques conformément à la législation argentine et, dans le cas du Gouvernement des Émirats arabes unis, de l'Autorité générale de l'aviation civile ; et, dans l'un ou l'autre cas, de toute personne ou organisme autorisé à assumer toute fonction liée au présent Accord ;
   b) L'expression « services convenus » s'entend des services aériens internationaux réguliers entre les territoires respectifs de la République argentine et des Émirats arabes unis pour le transport de passagers, de bagages, de marchandises et de courrier, séparément ou selon toute combinaison possible ;
   c) Le terme « Accord » s'entend du présent Accord, de l'annexe qui l'accompagne et de tout amendement qui peut leur être apporté ;
   d) Les expressions « service aérien », « compagnie aérienne », « service aérien international » et « escale non commerciale » ont respectivement le sens que leur donne l'article 96 de la Convention ;
   e) Le terme « marchandises » inclut le courrier ;

f) Le terme « Convention » s'entend de la Convention relative à l'aviation civile internationale, ouverte à la signature à Chicago le 7 décembre 1944 et comprend : i) tout amendement à ladite Convention entré en vigueur conformément à l'alinéa a) de l'article 94 de la Convention et ratifié par les deux Parties ; ii) toute annexe ou tout amendement adoptés en vertu de l'article 90 de la Convention, dans la mesure où cette annexe ou cet amendement s'applique à tout moment aux deux Parties ;

g) L'expression « compagnie aérienne désignée » s'entend d'une ou de plusieurs compagnies aériennes désignées et autorisées conformément à l'article 3 du présent Accord ;

h) Le terme « tarif » s'entend des prix à appliquer pour le transport de passagers, de bagages et de marchandises, ainsi que des conditions dans lesquelles ces prix s'appliquent, mais à l'exclusion des rémunérations et conditions applicables au transport du courrier ;

i) Le terme « territoire », quand il s'applique à un État, a le sens que lui donne l'article 2 de la Convention ;

j) L'expression « redevances d'usage » s'entend de toute redevance imposée par les autorités compétentes, ou que celles-ci permettent de leur imposer, pour la fourniture de biens, d'installations aéroportuaires et/ou d'installations de navigation aérienne, y compris les services et les installations connexes, pour les aéronefs, leurs équipages, les passagers, les bagages et les marchandises ;

k) Le terme « capacité » s'entend de la quantité de services fournie au titre de l'Accord, généralement mesurée en nombre de vols (fréquence), de sièges ou de tonnes de marchandises offert sur un marché (une liaison entre des villes ou d'un pays à un autre) ou sur une route aérienne au cours d'une période précise, soit quotidienne, hebdomadaire, saisonnière ou annuelle.

2. L'annexe du présent Accord en fait partie intégrante.

3. Les Parties agissent, lors de l'application du présent Accord, conformément aux dispositions de la Convention dans la mesure où elles s'appliquent aux services aériens internationaux.

Article 2. Octroi de droits

1. Chaque Partie accorde à l'autre les droits énoncés dans le présent Accord afin de permettre à ses compagnies aériennes désignées pour établir et exploiter les services convenus.

2. Les compagnies aériennes désignées de chacune des Parties bénéficient des droits suivants :

a) Survoler le territoire de l'autre Partie sans atterrir le long des routes aériennes indiquées par les autorités aéronautiques de cette dernière ;

b) Faire escale sur le territoire de l'autre Partie à des fins non commerciales, aux points indiqués par les autorités aéronautiques de cette dernière ; et

c) Faire des escales aux points indiqués sur le tableau des routes, en annexe au présent Accord, en vue d'embarquer ou de débarquer, en trafic international, des passagers, des bagages et des marchandises, séparément ou ensemble, dans le cadre de l'exploitation des services convenus.

3. Aucune disposition du présent article ne peut être interprétée comme conférant à une compagnie aérienne désignée d'une Partie le droit d'embarquer sur le territoire de l'autre Partie des passagers, des bagages et des marchandises contre rémunération ou en vertu d'un contrat de location, à destination d'un autre point du territoire de cette autre Partie.

Article 3. Désignation et autorisation

1. L'autorité aéronautique de chaque Partie a le droit de désigner une ou plusieurs compagnies aériennes aux fins d'exploiter les services convenus, et de retirer ou modifier la désignation d'une compagnie aérienne ou de la remplacer par une autre compagnie aérienne. Cette désignation doit préciser la portée de l'autorisation accordée à chaque compagnie aérienne en ce qui concerne l'exploitation des services convenus. Les désignations et les modifications qui y sont apportées sont effectuées par voie diplomatique.

2. À la réception d'une notification de désignation, de remplacement ou de modification, et sur demande de la compagnie aérienne désignée dans la forme et la manière prescrites, l'autre Partie accorde sans délai, sous réserve des dispositions des paragraphes 3 et 4 du présent article, aux compagnies aériennes désignées les autorisations d'exploitation adéquates.

3. L'autorité aéronautique d'une Partie peut demander à une compagnie aérienne désignée par l'autre Partie contractante de démontrer qu'elle est à même de respecter les conditions prescrites par ses lois et règlements normalement et raisonnablement appliqués à l'exploitation des services aériens internationaux par cette autorité, et en conformité avec les dispositions de la Convention.

4. Chaque Partie a le droit de refuser d'accorder les autorisations d'exploitation visées au paragraphe 2 du présent article ou de soumettre aux conditions qu'elle juge nécessaires l'exercice, par la compagnie aérienne désignée, des droits énumérés à l'article 2 du présent Accord, dans tous les cas où, sauf accord spécial conclu entre les Parties, elle n'a pas eu la preuve que la propriété substantielle et le contrôle effectif de cette compagnie aérienne sont détenus par la Partie qui l'a désignée ou par des ressortissants de cette Partie, conformément aux dispositions de la législation de la Partie qui désigne la compagnie aérienne.

Lorsqu'une compagnie aérienne a été ainsi désignée et autorisée, elle peut commencer à tout moment l'exploitation totale ou partielle des services convenus, à condition que des tarifs soient en vigueur, conformément à l'article 15 du présent Accord et qu'un tableau des vols ait été établi, conformément à l'article 14 du présent Accord, en rapport avec ces services.

Article 4. Révocation et restriction de l'autorisation d'exploitation

1. L'autorité aéronautique de chaque Partie a le droit, concernant une compagnie aérienne désignée par l'autre Partie, de révoquer une autorisation d'exploitation ou de suspendre l'exercice des droits visés à l'article 2 du présent Accord, ou d'imposer les conditions temporaires ou permanentes qu'elles jugent nécessaires à l'exercice de ces droits :

a) Si la compagnie aérienne en question omet de se conformer aux lois et règlements normalement et raisonnablement appliqués par l'autorité aéronautique de la Partie accordant ces droits conformément à la Convention ; ou

b) Si la compagnie aérienne n'est pas exploitée conformément aux conditions prescrites par le présent Accord ; ou

c) Dans tous les cas où, sauf accord spécial conclu entre les Parties, elle n'a pas la preuve que la propriété substantielle et le contrôle effectif de cette compagnie aérienne sont détenus par la Partie qui désigne compagnie aérienne ou des ressortissants de cette Partie, conformément aux dispositions juridiques de la Partie qui désigne la compagnie aérienne ; ou

d) Conformément au paragraphe 6 de l'article 9 du présent Accord ; ou

e) Si l'autre Partie omet de prendre les actions appropriées pour améliorer la sécurité conformément au paragraphe 2 de l'article 9 du présent Accord ; ou

f) Dans tous les cas où l'autre Partie omet de se conformer à toute décision ou stipulation découlant de l'application de l'article 18 du présent Accord.

2. À moins que des mesures immédiates de suspension ou d'annulation ou que l'imposition de conditions visées au paragraphe 1 du présent article ne soient indispensables afin d'empêcher d'autres infractions aux lois ou règlements, ce droit n'est exercé qu'après consultation avec l'autorité aéronautique de l'autre Partie, conformément aux dispositions de l'article 17.

Article 5. Capacité

1. Les autorités aéronautiques des Parties conviennent de la capacité totale devant être fournie sur les services convenus par les compagnies aériennes désignées des Parties avant le début des opérations, puis par la suite en fonction des besoins de trafic prévus.

2. Les services convenus que doivent assurer les compagnies aériennes désignées des Parties ont pour objectif principal de fournir, à un taux de charge normal, une capacité suffisante pour répondre aux besoins du trafic entre les territoires des deux Parties.

3. Chaque Partie donne aux compagnies aériennes désignées des deux Parties des possibilités équitables et égales d'assurer les services convenus entre leurs territoires respectifs, afin de parvenir à l'égalité et d'obtenir des bénéfices mutuels, en principe au moyen d'un partage égal de la capacité totale entre les Parties.

4. Si, à l'occasion d'une révision, les Parties ne parviennent pas à se mettre d'accord sur la capacité à fournir pour les services convenus, la capacité qui peut être fournie par les compagnies aériennes désignées des Parties ne peut dépasser la capacité totale, variations saisonnières comprises, dont il avait été précédemment convenu.

5. Chaque Partie prend en considération les intérêts des compagnies aériennes de l'autre Partie afin de ne pas affecter indûment leur possibilité de proposer les services couverts par le présent Accord.

6. Le droit d'embarquer ou de débarquer, au cours de l'exploitation de ces services internationaux, du trafic international à destination ou en provenance de pays tiers en un ou plusieurs points situés sur l'une des routes indiquées au présent Accord, est exercé conformément à l'annexe au présent Accord relative au tableau des routes, ainsi qu'aux principes généraux du développement méthodique du transport aérien international approuvés par les deux Parties et il est soumis :

a) Aux besoins de trafic entre le pays d'origine et les pays de destination finale du trafic ;

b) Aux besoins en matière d'exploitation de services qui se poursuivent au-delà des points situés sur le territoire des Parties ; et

c) Aux besoins de trafic de la région que traverse la compagnie aérienne, compte tenu des services locaux et régionaux.

Article 6. Droits de douane et autres taxes

1. Chaque Partie exonère les compagnies aériennes désignées de l'autre Partie des restrictions à l'importation, des droits et taxes de douane, des impôts directs et indirects, des frais d'inspection et de tous les autres frais et droits nationaux et/ou locaux non liés au coût d'une prestation de service à l'arrivée sur les aéronefs ainsi que leur équipement ordinaire, les carburants, les lubrifiants, les fournitures à usage technique consommables, les pièces de rechange, y compris les moteurs, les provisions de bord, notamment la nourriture, les boissons et les alcools, le tabac et d'autres produits destinés à la vente aux passagers ou à leur consommation pendant le vol, et d'autres articles prévus ou utilisés uniquement en rapport avec l'exploitation ou le service d'aéronefs utilisés par ces compagnies aériennes désignées exploitant les services convenus, ainsi que le stock de billets imprimés, les lettres de transport aérien, les uniformes du personnel, tout document imprimé qui porte l'insigne imprimée de la compagnie aérienne désignée, le matériel publicitaire distribué gratuitement par lesdites compagnies aériennes et les ordinateurs et les imprimantes de billets utilisés par ces compagnies aériennes pour les réservations et l'émission de billets.

2. Les exonérations accordées par le présent article s'appliquent aux articles visés au paragraphe 1 du présent article, qui sont :

a) Introduits sur le territoire d'une Partie par une compagnie aérienne désignée de l'autre Partie, ou au nom de cette compagnie aérienne ;

b) Conservés à bord de l'aéronef de la compagnie aérienne désignée d'une Partie à l'arrivée sur le territoire de l'autre Partie jusqu'à son départ de celui-ci, ou consommés pendant le survol de ce territoire ;

c) Embarqués à bord de l'aéronef d'une compagnie aérienne désignée par l'une des Parties sur le territoire de l'autre Partie et destinés à être utilisés dans l'exploitation des services convenus ; que ces articles soient ou non utilisés ou consommés intégralement ou en partie à l'intérieur du territoire de la Partie qui accorde l'exonération, à condition qu'ils ne soient pas cédés sur le territoire de ladite Partie.

3. L'équipement ordinaire ainsi que les articles, fournitures et provisions de bord conservés à bord des aéronefs utilisés par les compagnies aériennes de l'une des Parties ne peuvent être débarqués sur le territoire de l'autre Partie qu'avec le consentement des autorités douanières de cette autre Partie. Dans ce cas, ces équipements et articles bénéficient des exonérations prévues par le paragraphe 1 du présent article, à condition qu'il puisse être exigé qu'ils soient placés sous la supervision desdites autorités jusqu'à ce qu'ils soient réexportés ou jusqu'à ce qu'il en soit autrement disposé conformément aux règlements douaniers.

4. Les exonérations prévues dans le présent article s'appliquent également lorsque les compagnies aériennes désignées de l'une ou l'autre Partie ont conclu avec d'autres compagnies aériennes des accords de prêt ou de transfert sur le territoire de l'autre Partie des équipements ordinaires et des autres articles visés dans le paragraphe 1 du présent article, sous réserve que les autres compagnies aériennes bénéficient des mêmes exonérations que cette autre Partie.

Article 7. Application des lois et règlements nationaux

1. Les lois, règlements et procédures de l'une des Parties régissant l'entrée, le séjour sur son territoire ou la sortie de ce dernier d'un aéronef affecté à la navigation aérienne internationale ou l'exploitation et la navigation dudit aéronef lorsqu'il se trouve sur ce territoire, s'appliquent à l'aéronef exploité par la compagnie aérienne désignée de l'autre Partie sans distinction de

nationalité, et sont observés par ledit aéronef lorsqu'il entre sur le territoire de la première Partie, lorsqu'il y séjourne ou lorsqu'il le quitte.

2. Les lois, règlements et procédures d'une Partie régissant l'entrée, le séjour sur son territoire ou la sortie de celui-ci de passagers, bagages, équipages et marchandises transportés à bord de l'aéronef, tels que les règlements relatifs à l'entrée, au dédouanement, à la sûreté de l'aviation, à l'immigration, aux passeports, aux douanes, à la devise, à la santé, à la quarantaine et aux mesures sanitaires ou, dans le cas du courrier, à la loi et la réglementation postales, sont observés par les passagers, bagages, équipages et marchandises ou en leur nom et par la compagnie aérienne désignée de l'autre Partie au moment de l'entrée dans le territoire de la première Partie, durant le séjour sur ce territoire ou à la sortie de celui-ci.

3. Aucune Partie ne peut accorder à sa propre compagnie aérienne ou à une autre compagnie aérienne un droit de préférence par rapport aux compagnies aériennes désignées de l'autre Partie en ce qui concerne l'application des lois et règlements visés au présent article.

4. Les passagers, les bagages et les marchandises en transit direct sur le territoire de l'une ou l'autre Partie et qui ne quittent pas les zones de l'aéroport réservées à cet effet ne sont soumis qu'à un contrôle simplifié, sauf dans des circonstances particulières ou en ce qui concerne les mesures de sûreté visant à prévenir des actes de violence, de piraterie aérienne ou les mesures de contrôle des stupéfiants. Ces bagages et marchandises sont exonérés de droits de douane, de taxes d'accises et d'autres frais et taxes nationaux et internationaux similaires.

Article 8. Certificats de navigabilité et brevets d'aptitude

1. Les certificats de navigabilité, les brevets d'aptitude et les licences délivrés ou validés par une Partie et en cours de validité sont reconnus par l'autre Partie aux fins de l'exploitation des services convenus, à condition que lesdits certificats, brevets et licences aient été délivrés ou validés conformément aux normes minimales établies en vertu de la Convention.

2. Chaque Partie se réserve cependant le droit de refuser de reconnaître, pour le survol de son propre territoire, les brevets d'aptitude et les licences accordés à ses propres ressortissants par l'autre Partie.

3. Si les privilèges ou conditions des licences, brevets ou certificats délivrés ou validés par une Partie permettent un écart par rapport aux normes établies en vertu de la Convention, que cette différence ait été ou non signalée auprès de l'Organisation internationale de l'aviation civile, l'autorité aéronautique de l'autre Partie peut, sans préjudice des droits de la première Partie en vertu du paragraphe 2 de l'article 9, demander des consultations avec l'autorité aéronautique de l'autre Partie conformément à l'article 17 afin de s'assurer que la pratique en question est acceptable pour elles. L'absence d'accord satisfaisant constitue un motif d'application du paragraphe 1 de l'article 4 du présent Accord.

Article 9. Sécurité

1. Chaque Partie peut en tout temps demander des consultations au sujet des normes de sécurité adoptées par l'autre Partie dans des domaines se rapportant aux installations aéronautiques, aux équipages, aux aéronefs et à l'exploitation des aéronefs. Ces consultations se tiennent dans un délai de 30 jours à compter de la date de la demande.

2. Si, à l'issue de ces consultations, une Partie constate que l'autre Partie n'adopte ni n'assure effectivement le suivi de normes de sécurité dans les domaines mentionnés au paragraphe 1, qui

satisfont aux normes en vigueur conformément à la Convention, cette autre Partie est informée de ces conclusions et des démarches jugées nécessaires pour se conformer à ces normes. L'autre Partie prend alors les mesures correctives nécessaires dans le délai convenu.

3. Conformément à l'article 16 de la Convention, il est en outre convenu que tout aéronef exploité par une compagnie aérienne d'une Partie ou pour son compte, pour des services à destination ou en provenance du territoire de l'autre Partie peut, lorsqu'il se trouve sur le territoire de l'autre Partie, faire l'objet d'une visite par les représentants autorisés de l'autre Partie, à condition que cela ne cause pas de retard déraisonnable dans l'exploitation de l'aéronef. Nonobstant les obligations visées à l'article 33 de la Convention de Chicago, cette visite a pour objet de vérifier la validité des documents pertinents de l'aéronef, des licences de son équipage, et de vérifier que l'état de l'aéronef et celui de son appareillage sont conformes aux normes en vigueur conformément à la Convention.

4. Lorsque des mesures immédiates sont indispensables pour assurer la sécurité de l'exploitation d'une compagnie aérienne, chaque Partie se réserve le droit de suspendre ou de modifier immédiatement l'autorisation d'exploitation d'une ou de plusieurs compagnies aériennes de l'autre Partie.

5. Toute mesure prise par une Partie conformément au paragraphe 4 du présent article est levée une fois que les faits motivant son adoption ont cessé d'exister.

6. En ce qui concerne le paragraphe 2 ci-dessus, s'il est établi qu'une Partie reste en situation de non-conformité aux normes en vigueur conformément à la Convention alors que le délai convenu est écoulé, le Secrétaire général de l'Organisation de l'aviation civile internationale devrait en être informé. Ce dernier devrait également être avisé de la résolution satisfaisante ultérieure de la situation.

Article 10. Redevances d'usage

1. Chaque Partie déploie ses meilleurs efforts pour veiller à ce que les redevances d'usage imposées par les autorités compétentes en matière d'imputation, ou que ces autorités permettent d'imposer aux compagnies aériennes désignées de l'autre Partie pour l'utilisation des aéroports et d'autres installations d'aviation soient équitables et raisonnables. Ces redevances sont basées sur des principes économiques sains et ne sont pas supérieures à celles payées par d'autres compagnies aériennes pour les mêmes services.

2. Aucune Partie n'accorde de préférence, en ce qui concerne les redevances d'usage, à ses propres compagnies aériennes ou à toute autre compagnie aérienne engagée dans des services aériens internationaux similaires, et n'impose pas ou ne permet pas que soient imposées à la compagnie aérienne de l'autre Partie des redevances d'usage supérieures à celles imposées à sa ou ses propres compagnies aériennes désignées exploitant des services aériens internationaux similaires et utilisant des aéronefs et des installations et services connexes similaires.

3. Chaque Partie encourage les consultations entre ses autorités compétentes en matière d'imputation et les compagnies aériennes désignées qui utilisent les services et les installations. Dans la mesure du possible, un préavis raisonnable est donné aux usagers de toute proposition de modification des redevances d'usage, ainsi que des informations et données justificatives pertinentes, afin de leur permettre d'exprimer leur avis avant que les redevances ne soient révisées.

Article 11. Sûreté de l'aviation

1. Conformément à leurs droits et obligations en vertu du droit international, les Parties réaffirment que leur obligation réciproque de protéger l'aviation civile contre des actes d'intervention illicites, pour en assurer la sûreté, fait partie intégrante du présent Accord.

2. Sans limiter la généralité de leurs droits et obligations en vertu du droit international, les Parties agissent en particulier conformément aux dispositions de la Convention relative aux infractions et à certains autres actes survenant à bord des aéronefs, signée à Tokyo le 14 septembre 1963, de la Convention pour la répression de la capture illicite d'aéronefs, signée à La Haye le 16 décembre 1970, de la Convention pour la répression des actes illicites dirigés contre la sécurité de l'aviation civile, signée à Montréal le 23 septembre 1971, et du Protocole pour la répression des actes illicites de violence dans les aéroports servant à l'aviation civile internationale, complémentaire à la Convention pour la répression d'actes illicites dirigés contre la sécurité de l'aviation civile, conclue à Montréal le 23 septembre 1971, signé à Montréal le 24 février 1988 et de tout autre accord régissant la sécurité de l'aviation civile ayant force obligatoire pour les deux Parties.

3. Les Parties s'accordent mutuellement, sur demande, toute l'assistance nécessaire pour prévenir les actes de capture illicite d'aéronefs civils et autres actes illicites dirigés contre la sécurité de ces aéronefs, de leurs passagers et de leurs équipages, des aéroports et des installations de navigation aérienne ainsi que toute autre menace pour la sûreté de la navigation aérienne civile.

4. Les Parties, dans leurs relations mutuelles, se conforment aux dispositions relatives à la sûreté de l'aviation qui ont été établies par l'Organisation de l'aviation civile internationale et désignées comme annexes à la Convention, dans la mesure où ces dispositions en matière de sûreté sont applicables aux Parties.

5. En outre, les Parties exigent des exploitants d'aéronefs immatriculés par elles ou des exploitants d'aéronefs dont le principal établissement ou la résidence permanente est situé sur leur territoire ou encore des exploitants des aéroports situés sur leur territoire qu'ils agissent conformément auxdites dispositions relatives à la sûreté de l'aviation qui s'appliquent aux Parties.

6. Chaque Partie convient que ses exploitants d'aéronefs peuvent être tenus d'observer les dispositions relatives à la sûreté de l'aviation dont il est question au paragraphe 4 ci-dessus, et que l'autre Partie applique pour l'entrée sur le territoire, la sortie du territoire ou le séjour sur le territoire de cette autre Partie.

7. Chaque Partie veille à ce que soient effectivement appliquées sur son territoire des mesures protéger les aéronefs et pour assurer l'inspection de sécurité des passagers, des équipages et des bagages à main, et procéder aux contrôles de sécurité des bagages, des marchandises et des provisions de bord avant l'embarquement ou le chargement. Chaque Partie convient également d'examiner avec bienveillance toute demande adressée par l'autre Partie en vue d'obtenir que des mesures spéciales de sécurité raisonnables soient prises en cas de menace particulière.

8. En cas d'incident ou de menace d'incident de capture illicite d'aéronefs civils ou tout autre acte illégal dirigé contre la sécurité de ces aéronefs, de leurs passagers et de leur équipage, des aéroports ou des installations de navigation aérienne, les Parties s'entraident en facilitant les communications et autres mesures adéquates pour mettre fin rapidement et avec le moins de risques possibles pour la vie humaine à un tel incident ou menace d'incident.

9. Chaque Partie prend les mesures qu'elle juge possibles pour faire en sorte qu'un aéronef de l'autre Partie sujet à un acte de capture illicite ou d'autres actes d'intervention illicite au sol sur

son territoire y soit maintenu à moins que son départ ne soit nécessaire en raison du devoir impérieux de protéger les vies de ses passagers et de l'équipage.

10. Lorsqu'une Partie a des motifs raisonnables de croire que l'autre Partie s'est écartée des dispositions du présent article, l'autorité aéronautique de la première Partie peut demander des consultations immédiates avec l'autorité aéronautique de l'autre Partie. L'absence d'accord satisfaisant dans les 15 jours à partir de la date de dépôt de ladite demande constitue un motif pour l'application du paragraphe 1 de l'article 4 du présent Accord. Si l'urgence de la situation l'exige, une Partie peut prendre des mesures transitoires au titre du paragraphe 1 de l'article 4 avant l'expiration du délai de 15 jours. Toute mesure prise conformément au présent paragraphe est supprimée dès que l'autre Partie se conforme aux dispositions de sûreté du présent article.

Article 12. Activités commerciales

1. Conformément aux lois et règlements applicables de l'autre Partie, les compagnies aériennes désignées de chaque Partie ont le droit d'établir des bureaux sur le territoire de l'autre Partie en vue de la promotion du transport aérien et de la vente de documents de transport et d'autres produits auxiliaires associés à la vente de transport aérien.

2. Sous réserve des lois et règlements de l'autre Partie, les compagnies aériennes désignées de chaque Partie ont le droit de faire venir et de maintenir sur le territoire de l'autre Partie le personnel de direction, commercial, technique, de vente et d'exploitation et autre ainsi que des représentants, dont elles peuvent avoir besoin pour la prestation de services de transport aérien.

3. Les exigences liées aux représentants et au personnel visées au paragraphe 2 du présent article peuvent, au gré des compagnies aériennes désignées, être satisfaites par leur propre personnel de toute nationalité, ou en recourant aux services d'une autre compagnie aérienne, organisation ou entreprise opérant sur le territoire de l'autre Partie et autorisée à fournir ces services à des tiers sur le territoire de cette autre Partie.

4. Conformément aux lois et règlements applicables, les compagnies aériennes désignées de chaque Partie ont le droit, directement et, à leur discrétion, par l'intermédiaire d'agents, de se livrer à la vente de transport aérien sur le territoire de l'autre Partie. À cette fin, les compagnies aériennes désignées ont le droit d'utiliser leurs propres documents de transport. Les compagnies aériennes désignées de chacune des Parties ont le droit de vendre et toute personne est libre d'acheter ces prestations en monnaie locale ou dans toute autre monnaie librement convertible, sous réserve des dispositions juridiques de l'autre Partie.

5. Les compagnies aériennes désignées d'une Partie ont le droit de régler leurs dépenses locales sur le territoire de l'autre Partie en monnaie locale ou, si cette pratique est conforme aux réglementations de change locales, en devises librement convertibles.

6. Chaque Partie applique le Code de bonne conduite établi par l'Organisation de l'aviation civile internationale pour la réglementation et l'exploitation des systèmes de réservation par ordinateur sur son territoire, ou toute autre réglementation similaire concernant les systèmes de réservation par ordinateur en vigueur dans leurs pays respectifs.

7. Les compagnies aériennes désignées ont le droit de se charger elle-même de leurs propres services d'escale en ce qui concerne les opérations d'enregistrement des passagers sur le territoire de l'autre Partie. Ce droit n'inclut pas les services d'escale côté piste et ne sera soumis qu'aux restrictions résultant des exigences liées à la sécurité, à la sûreté et aux infrastructures aéroportuaires.

8. Chaque compagnie aérienne désignée d'une Partie a le droit de choisir, sur le territoire de l'autre Partie, tout agent parmi les agents de services d'escale concurrents autorisés à fournir de tels services aux tiers par les autorités compétentes de cette autre Partie, pour la fourniture, en tout ou en partie, des services d'escale.

Article 13. Transfert de fonds

1. Chaque Partie permet aux compagnies aériennes désignées de l'autre Partie de transférer librement les recettes locales excédant les dépenses effectuées réalisées par ces compagnies aériennes sur son territoire dans le cadre de la vente de transport aérien et d'autres produits auxiliaires associés à la vente de transport aérien, ainsi que les intérêts commerciaux perçus sur ces recettes (y compris les intérêts perçus sur les dépôts en attente de transfert). Ces transferts s'effectuent dans une monnaie librement convertible, sous réserve des dispositions légales de chaque Partie.

2. Si une Partie impose des restrictions au transfert de l'excédent des recettes sur les dépenses accumulé par les compagnies aériennes désignées de l'autre Partie, cette dernière a le droit d'imposer les mêmes restrictions aux compagnies aériennes désignées de la première Partie.

3. Lorsque les paiements entre les Parties sont régis par un accord spécial, ledit accord s'applique.

Article 14. Approbation du tableau des vols

Les compagnies aériennes désignées de chaque Partie soumettent à l'approbation de l'autorité aéronautique de l'autre Partie, avant l'entrée en vigueur de ses services, le tableau des vols des services prévus, en précisant la fréquence, le type d'aéronef et la période de validité. Cette exigence s'applique également à toute modification apportée à ce tableau.

Article 15. Tarifs

1. Chaque Partie permet que les tarifs soient établis par chaque compagnie aérienne désignée sur la base de considérations commerciales du marché. Aucune des deux Parties n'exige des compagnies aériennes désignées qu'elles consultent d'autres compagnies aériennes au sujet des tarifs qu'elles appliquent ou proposent d'appliquer.

2. Chaque Partie peut exiger que soient déposés à l'avance à ses autorités aéronautiques les prix que les compagnies aériennes de l'autre Partie proposent de faire payer à destination ou en provenance de son territoire. Ce dépôt par les compagnies aériennes désignées ou pour leur compte ne peut être exigé plus de 30 jours avant la date proposée de l'introduction du tarif.

3. Sauf disposition contraire dans le présent article, aucune des deux Parties ne prend de mesures unilatérales pour prévenir la mise en application d'un tarif proposé ou le maintien d'un tarif déjà en vigueur par une compagnie aérienne désignée de l'une ou l'autre Partie pour les services de transport aérien international.

4. L'intervention des Parties se limite à :

a) La prévention des tarifs dont l'application constitue un comportement anticoncurrentiel qui a pour effet, est susceptible d'avoir pour effet ou vise à avoir pour effet d'entraver un concurrent ou de l'exclure d'une route ;

b) La protection des consommateurs contre des prix indûment élevés ou restrictifs par abus de position dominante ; et

c) La protection des compagnies aériennes désignées contre des tarifs artificiellement bas.

5. Chaque Partie a le droit d'approuver ou de désapprouver les tarifs des transports aller ou aller-retour entre les territoires des deux Parties qui commencent sur son propre territoire. Les tarifs à appliquer par une compagnie aérienne désignée d'une Partie pour le transport entre le territoire de l'autre Partie et celui d'un État tiers pour les services couverts par le présent Accord sont soumis à aux exigences d'approbation de l'autre Partie. Aucune des Parties ne prend de mesure unilatérale visant à éviter la mise en application des tarifs proposés ou le maintien des tarifs déjà en vigueur pour le transport aller ou aller-retour entre les territoires des deux Parties commençant sur le territoire de l'autre Partie.

Article 16. Échange de renseignements

1. Les autorités aéronautiques des deux Parties échangent des renseignements, aussitôt que possible, au sujet des autorisations actuelles accordées à leurs compagnies aériennes désignées respectives pour la prestation de services à destination du territoire de l'autre Partie.

2. Les autorités aéronautiques et les compagnies aériennes de chaque Partie fournissent à celles de l'autre Partie, sur leur demande, les relevés statistiques périodiques ou autres qui peuvent être raisonnablement requis.

Article 17. Consultations

1. Dans un esprit d'étroite coopération, les autorités aéronautiques des Parties se consultent de temps à autre en vue d'assurer la mise en œuvre et le respect satisfaisant des dispositions du présent Accord, et l'une ou l'autre Partie peut à tout moment demander des consultations au sujet de la mise en œuvre, l'interprétation, l'application ou la modification du présent Accord.

2. Conformément aux articles 4, 9 et 11, ces consultations, qui peuvent être conduites par communication directe ou par correspondance, commencent dans un délai de 60 jours à compter de la date de réception de la demande, sauf décision contraire prise d'un commun accord par les Parties.

Article 18. Règlement des différends

1. En cas de différend entre les Parties relatif à l'interprétation ou à l'application du présent Accord, les Parties s'efforcent en premier lieu de le régler par voie de négociations.

2. Si les Parties ne parviennent pas à un règlement par voie de négociations, elles peuvent convenir de soumettre le différend à la décision d'une personne ou d'un organisme pour médiation.

3. Si les Parties ne parviennent pas à un accord sur la médiation, ou si un différend n'a pu être réglé par voie de négociations, celui-ci est soumis, à la demande de l'une ou de l'autre Partie, à la décision d'un tribunal composé de trois arbitres et constitué de la manière suivante :

a) Dans les 60 jours suivant la réception d'une demande d'arbitrage, chacune des Parties désigne un arbitre. Un ressortissant d'un État tiers, qui exerce les fonctions de Président du tribunal, est nommé comme troisième arbitre par les deux arbitres désignés, dans un délai de 60 jours à compter de la désignation du second ;

b) S'il n'a été procédé aux désignations dans les délais précisés ci-dessus, l'une ou l'autre Partie peut demander au Président du Conseil de l'Organisation de l'aviation civile internationale de procéder à la désignation nécessaire dans les 30 jours. Si le Président est un ressortissant de l'une des Parties, le Vice-Président ayant le plus d'ancienneté qui n'est pas disqualifié pour la même raison, procède à la désignation. Dans un tel cas, l'arbitre ou les arbitres désignés par le Président ou le Vice-Président, selon le cas, ne peuvent pas être des ressortissants ou des résidents permanents des États parties au présent Accord et devraient être des ressortissants d'un État entretenant des relations diplomatiques avec les deux Parties.

4. Sauf disposition contraire du présent article ou accord contraire entre les Parties, le tribunal détermine le lieu où se déroule la procédure et les limites de sa compétence conformément au présent Accord. Le tribunal arrête son propre règlement. Une réunion visant à déterminer les questions précises à arbitrer doit se tenir au plus tard 30 jours après la constitution complète du tribunal.

5. À moins qu'il n'en soit convenu autrement par les Parties ou sur ordonnance du tribunal, chaque Partie soumet un mémoire dans les 45 jours qui suivent la date à laquelle le tribunal est pleinement constitué. Les répliques sont dues dans les 60 jours qui suivent. Le tribunal tient une audience à la demande de l'une ou l'autre Partie, ou à son gré, dans un délai de 30 jours à compter de la date à laquelle les réponses sont attendues.

6. Le tribunal s'efforce de faire connaître sa décision par écrit dans les 30 jours suivant la clôture de l'audience ou, en l'absence d'audience, dans les 30 jours suivant le dépôt des deux répliques. La décision est rendue à la majorité des votes.

7. Les Parties peuvent soumettre des demandes d'éclaircissements de la décision du tribunal dans un délai de 15 jours après avoir reçu la décision du tribunal, et ces éclaircissements sont donnés dans un délai de 15 jours à compter de la demande.

8. Les Parties se conforment à toute stipulation, décision provisoire ou décision finale du tribunal.

9. Sous réserve de la décision finale du tribunal, les Parties supportent les frais de leur arbitre et une part égale des autres frais du tribunal, y compris toutes les dépenses engagées par le Président ou le Vice-Président du Conseil de l'Organisation de l'aviation civile internationale pour la mise en œuvre des procédures visées à l'alinéa b) du paragraphe 3 du présent article.

10. Si et tant que l'une des Parties omet de se conformer à une décision envisagée aux termes du paragraphe 8 du présent article, l'autre Partie peut limiter, suspendre ou révoquer tous droits ou privilèges accordés conformément au présent Accord à la Partie en défaut.

Article 19. Modification de l'Accord

1. Sous réserve des dispositions du paragraphe 2 du présent article, si l'une ou l'autre des Parties juge souhaitable de modifier une disposition du présent Accord, cette modification est convenue conformément aux dispositions de l'article 17, effectuée par échange de notes diplomatiques, et entre en vigueur à une date devant être déterminée par les Parties contractantes ; cette date dépend de l'accomplissement de la procédure de ratification interne applicable de chaque Partie contractante.

2. Toute modification de l'annexe au présent Accord peut être convenue directement entre les autorités aéronautiques des Parties.

3. Le présent Accord est, sous réserve des changements nécessaires, considéré comme ayant été modifié par les dispositions de toute convention internationale ou de tout accord multilatéral qui a force obligatoire pour les deux Parties.

Article 20. Enregistrement

Le présent Accord et toute modification qui lui serait apportée, autre que les modifications de l'annexe, sont soumis par les Parties à l'Organisation de l'aviation civile internationale.

Article 21. Dénonciation

1. L'une ou l'autre Partie peut à tout moment notifier par écrit, par les voies diplomatiques, à l'autre Partie sa décision de dénoncer le présent Accord. Cette notification est communiquée en même temps à l'Organisation de l'aviation civile internationale. Dans ce cas, le présent Accord expire 12 mois après la date à laquelle l'autre Partie a reçu la notification, à moins que celle-ci ne soit retirée d'un commun accord avant l'expiration de ce délai.

2. Faute d'un accusé de réception de la notification de dénonciation par l'autre Partie, la notification est réputée avoir été reçue 14 jours après la date de sa réception par l'Organisation de l'aviation civile internationale.

Article 22. Entrée en vigueur

Le présent Accord entre en vigueur à la date de réception par note diplomatique de la dernière notification écrite confirmant l'accomplissement par les Parties des procédures internes respectives requises pour l'entrée en vigueur du présent Accord.

EN FOI DE QUOI, les soussignés, à ce dûment autorisés par leurs Gouvernements respectifs, ont signé le présent Accord en double exemplaire en langues espagnole, arabe et anglaise, tous les textes faisant également foi. Chaque Partie conserve un exemplaire original dans chaque langue pour la mise en œuvre. En cas de divergence d'interprétation, le texte anglais prévaut.

FAIT à Abou Dhabi, le 14 janvier 2013.

Pour le Gouvernement de la République argentine :

HÉCTOR MARCOS TIMERMAN
Ministre des affaires étrangères et du culte

Pour le Gouvernement des Émirats arabes unis :

SULTAN BEN SAEED AL MANSOORI
Ministre de l'économie

ANNEXE

TABLEAU DES ROUTES

SECTION 1 :

Routes à exploiter par les compagnies aériennes désignées des Émirats arabes Unis (EAU)

Point(s) arrière	**Points dans les EAU**	**Point(s) intermédiaire(s)**	**Points en République argentine**	**Point(s) au-delà**
Tout point	Tout point	Tout point	Tout point	Tout point

SECTION 2 :

Routes à exploiter par les compagnies aériennes désignées de la République argentine

Point(s) arrière	**Points en République argentine**	**Point(s) intermédiaire(s)**	**Points dans les EAU**	**Point(s) au-delà**
Tout point	Tout point	Tout point	Tout point	Tout point

Notes relatives aux sections I et II :

1. La ou les compagnies aériennes désignées par les deux Parties peuvent, sur tout vol ou sur tous les vols, effectuer des vols dans l'une ou l'autre direction ou les deux ; ne pas faire escale au(x) point(s) arrière, intermédiaire(s) ou au-delà ; transférer le trafic de tout aéronef qu'ils utilisent vers tout autre aéronef de la même compagnie aérienne à tout point de la route ; combiner différents numéros de vol au sein d'une même opération aérienne ou desservir des points situés sur le territoire de l'autre Partie, quelle qu'en soit la combinaison, à condition qu'aucun droit de cabotage ne soit exercé ;

2. En ce qui concerne les services de transport de passagers et les services mixtes, les compagnies aériennes désignées de chaque Partie sont autorisées à exercer des droits complets de trafic de 5e liberté à tout point d'arrière, point intermédiaire et point d'arrivée au Moyen-Orient, en Asie, en Afrique et en Amérique du Nord, centrale et du Sud. L'exercice des droits de trafic de 5e liberté à un ou plusieurs points en Europe n'est autorisé que sous réserve d'un accord de partage de code avec une compagnie aérienne de l'autre Partie, à condition qu'une escale soit faite en un ou plusieurs points du territoire de la Partie qui a désigné la compagnie aérienne.

3. Dans tous les services de transport de marchandises, la ou les compagnies aériennes désignées de chaque Partie sont autorisées à exercer des droits complets de trafic de la 5e liberté à tout point arrière, intermédiaire et au-delà, à condition qu'une escale soit faite en un ou plusieurs points du territoire de la Partie qui a désigné la compagnie aérienne.